옥스퍼드 인사이트
OXFORD INSIGHTS

옥스퍼드 인사이트

OXFORD INSIGHTS

박선영 지음

유럽에서 세계 읽기

이담북스

　이 책은 최근 영국 옥스퍼드 대학에서 연구하면서 직접적으로 경험한 바를 중심으로 옥스퍼드에서 본 영국 역사 및 문화에 대한 통찰뿐 아니라 유럽 각국의 역사, 더 나아가 세계사로 향한 나의 학문 여정을 담은 것이다. 많은 사람들과 대화하고 토론하고, 또 관련 자료를 찾으면서 배움의 시간을 가졌던 기록이라고 할 수 있다. 동아시아사를 전공한 나는 옥스퍼드대학에서 연구하는 동안 영국제국과 동아시아사의 관계에 천착하면서도 거시적인 관점에서 세계사를 이해하는 것이 매우 필요하다고 생각하였다.

　따라서 옥스퍼드에서 연구하는 기간의 전반기는 주로 옥스퍼드 대학에서의 강연과 연구 등 학술활동과 오케스트라 단원이자 합창단 단원으로서 문화생활에 치중하였다. 옥스퍼드가 영국의 전통적이면서도 고급스러운 문화를 누리고 즐길 수 있는 최적의 장소이기 때문이다. 후반기는 가능하면 다양한 역사현장을 답사하고 기록하는 일에 신경을 썼다. 제한된 시간으로 모든 국가를 전부 가 볼 수 없기에 과거에 많이 갔던 서유럽은 제한적으로 답사하고 이번에는 동유럽 국가에 치중하였다. 특히 예전에 러시아에 갔을 때 답사하지 못해 아쉬움을 남겼던 발트해 3국을 다녀온 것과 유럽의 화약고라 불리는 발칸반도의 국가들을 방문한 것은 나의 세계사적 시야를 넓히는데 기여하였다.

그나마 짧은 시간내에 다양한 국가를 답사할 수 있었던 이유는 영국에 거주하였기 때문이다. 영국에서 세계 각국을 오가는 비행편수가 많이 있고, 런던을 오가는 사람들이 워낙 많다보니 저가 항공을 이용하여 각 국가를 다녀오기가 편리하였다. 조금 일찍 답사를 계획한다면 저렴하게 비행기표를 구매할 수 있어서 오히려 기차를 타고 시간을 많이 들이면서 여행하는 것보다 훨씬 효과적이었다. 따라서 무조건 한꺼번에 답사계획을 잡지 않고 저가 항공으로 왕복 티켓을 구매해 특정 국가를 다녀온 후 관련 내용을 정리하는 시간을 가졌던 것이 의미있는 결과물을 생산하기에 더욱 효율적이었다.

옥스퍼드 대학에서 거주하는 시간 동안 개인적으로 학문적으로 또 문화적으로 워낙 다양한 경험을 하였기에 그 내용을 다 담을 수가 없을 정도이다. 되돌아보면 욕심을 부려 경험했던 수많은 내용을 더 정리했으면 어땠을까 하는 생각도 들지만 여기까지 온 것도 최선을 다한 결과라고 자부하며 만족해 보려고 한다. 런던에서 보았던 화려한 뮤지컬과 각종 박물관, 수많은 사람들과의 관계에서 나오는 에피소드, 수많은 교수들과의 학술교류, 연구차 다녔던 여러 도서관과 문서보관서 등 풀어서 함께 나누면 좋을만한 소재가 너무도 많다. 다 풀지 못한 추억은 기회가 있으면 풀어보기로 하겠다.

2011-2012년 하버드 대학 옌칭 연구소에서 연구할 때에도 『대경일보』에 칼럼을 썼고, 그 결과물이 『미국을 이해하는 창: 하버드 통신』(이담북스, 2013)으로 출판되어 독자들의 사랑을 받았다. 이번에도 옥스퍼드 대학에서의 경험을 『대경일보』에 연재하였고 이에 대해 주제별로 분류하고 수정 보완을 거쳐 독자들을 만날 수 있게 되었다. 지면을 통해 더 많은 독자

들과 대화를 나눌 수 있는 것은 나에게도 큰 기쁨이다.

이 책이 세상에 나오기까지 많은 분들이 협력하였다. 먼저 내가 옥스퍼드 대학에 초청되기 까지 어렵고 번거로운 절차를 세세하게 챙기면서 학문적으로 뿐만 아니라 생활면에서도 풍성한 결과물을 얻을 수 있도록 힘써 주신 제임스 루이스(James B. Lewis) 교수님께 특별히 감사드린다. 그 분의 적극적인 초청이 없었다면 이 모든 경험 그 자체가 불가능한 일이었다. 울프슨 대학(Wolfson College)에서 초청되어 그 곳의 구성원으로 함께 시간을 보낸 것은 일생에서 얻기 힘든 축복이었다. 그러기에 울프슨 대학에서의 삶은 내가 생각한 그 이상의 멋진 삶이었다. 또한 내가 옥스퍼드 대학에서 지적으로 도전을 받고 연구할 수 있도록 파견해 주신 세종대학교 및 세종사이버대학교 총장님과 관계자 여러분에게도 감사의 마음을 전하고 싶다. 나의 영국행 장도를 축하해 주신 전 포스텍 장수영 총장님과 송우진 교수님께도 감사드린다. 장수영 총장님은 영국 옥스퍼드 대학과 캠브리지 대학에서 맛볼 수 있는 정찬(Formal Dinner)의 전통을 잘 누릴 수 있도록 조언해 주었다.

옥스퍼드 대학에서의 경험을 독자들과 나눌 수 있도록 힘써 주신 전 한동대학교 박영근 교수님, 책 제목과 목차 등을 재설정하는데 조언해 준 한국공학대학교 최재선 교수님, 매회의 칼럼을 꼼꼼하게 챙겨준 『대경일보』 허경태 사장님께도 감사의 말씀을 전하고 싶다. 이 책이 나오기까지 읽기 좋게 편집해 준 편집진의 노고가 매우 크다.

무엇보다도 내 인생 최고로 자유롭게 학문적으로 문화적으로 다양한 경험을 할 수 있도록 완벽하게 시간을 배려해 준 남편과 두 아들들에게도 감사의 마음을 전한다. 아내에게 엄마에게 서운한 마음도 있었을텐데도 끊임없이 지지해 주고 사랑을 보내준 가족이 있어 더욱 행복한 시간을 보낼 수 있었다.

옥스퍼드 대학에 나가기 전에 그리스 아테네, 코린트, 스파르타, 올림피아, 크레타 섬 그리고 산토리니 섬까지 일대를 남편과 나만의 여행으로 자유롭게 누볐던 추억이 옥스퍼드에서 멋지게 살아갈 수 있었던 힘으로 작용하였다. 그리스에서의 통찰은 옥스퍼드 대학에 가기 직전이었던 관계로 이 책에서는 그 내용을 담지 않았다. 10여년 전에는 온 가족이 같이 영국을 여행했던 경험도 큰 힘이 되었다.

내가 옥스퍼드 대학에 나가기 위해 준비할 때부터 아니 평생에 걸쳐 나를 위해 기도해 준 부모님 덕분에 내가 더욱 풍성한 시간을 보낼 수 있었다. 이 책은 그 모든 사랑과 희생에 대한 감사의 마음을 담아, 하늘 나라에 계신 부모님께 바친다. 부모님께서 주신 믿음과 사랑이 제 삶을 이끌어 주셨다.

2025년 9월
세종대학교 집현관 연구실에서

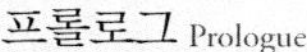

Ⅰ. 옥스퍼드 통찰
Insights from Oxford

1. 영국의 전통과 문화
Traditions and Culture of Britain

2. 옥스퍼드 대학의 일상과 학술 활동

Everyday Life and Scholarship at Oxford University

3. 대영제국과 성찰해야 할 유산

The British Empire and Its Legacy for Critical Examination

Ⅱ. 세계사로의 여정
Reflections on World History

1. 유럽의 역사와 문화 유산
The History and Cultural Heritage of Europe

4. 세계를 이해하는 창

Perspectives for Understanding the World

I

옥스퍼드 통찰

1

영국의 전통과 문화

옥스퍼드 시내 풍경

옥스퍼드는 영국 지성의 요람으로 불린다. 세계적으로도 가장 오래된 대학(1096년)중 하나로 1320년에 세워진 영국 최대 규모의 보들리안 도서관(Bodleian Old Library)이 있다. 영국에서 가장 오래된 에쉬몰리언 박물관(Ashmolean Museum)에는 각지에서 수집한 진귀한 물품들이 가득하다. 역대 영국수상 중 과반수 이상이 옥스퍼드대 출신으로 총리가 되려면 옥스퍼

옥스퍼드 도서관 전경

드대를 가야한다고 말하기도 한다. 옥스퍼드대학은 사물의 근원에 대해 집중적으로 추구하는 인문학 전통이 강한 곳이다. 이공계 학문에서도 이론적인 측면이 강조되고 있다. 이곳은 영국 기독교 신앙 흐름의 변화에서도 중요한 역할을 한 곳이다. 옥스퍼드에 와야 할 이유이다.

옥스퍼드대에서 초청받아 연구하면서 영국 더 나아가 세계를 이해하는 기회로 삼기 위해 장도에 올랐다. 좌충우돌의 영국살이가 시작된 셈이다. 런던에 도착한 후 입국심사대가 유럽인과 기타 외국인 줄로 나뉘어 있어서 외국인 줄에 서서 심사를 받았는데, 담당자가 한국인은 유럽인 줄에서도 된다고 하면서 다음에는 그렇게 하라고 귀띔해 주었다. 10여년 전에 영국에 왔을 때보다도 한국의 위상이 달라져 있음을 확인할 수 있었다.

런던 히드로 공항에서 좁고 복잡한 짐 찾는 곳을 빠져나와 옥스퍼드행 버스를 타기 위해 제5터미널로 이동해야 했다. 도착한 제4터미널에서 제5터미널로 가기 위해서는 먼저 제2번과 제3번터미널까지 지하철을 탄 후 그곳에서 다시 제5터미널행 지하철로 갈아 타야했다. 멀지 않은 곳인데, 과정이 복잡하다. 제5터미널에 도착해서 옥스퍼드행 버스 타는 곳으로 가기 위해 엘리베이터를 타는데 무조건 3층 출국장부터 도착한 후에 다시 2층 입국장에 내릴 수 있도록 설계되었다. 출국하는 사람에 대한 배려인가, 아니면 공간 활용에 따른 묘안인가? 이런 사소한 과정 하나 하나를 생각해 보는 것이 관습과 전통을 자랑하는 영국을 이해하는데 도움이 될까?

한국에서 영국행 비자를 받기까지도 단순하지 않았다. 먼저 옥스퍼드대학에서 초청받기까지도 지난한 과정을 거쳐야 했지만 그것으로 끝이 아니다. 한국인은 무조건 영국에서 지정한 2군데의 병원에서 폐결핵 검사를 받아야 하고, 조금이라도 이상하면 3달에 걸친 정밀 검사를 통과해야 한다. 그 결과가 확정된 후 인터넷 홈페이지의 내용을 자세하게 읽으면서 10여 페이지에 달하는 온갖 개인정보를 충실히 기록하고 관련 자료를 첨부해야 한다. 한국에서 비자가 바로 발급되지 않아 모든 것을 인터넷을 통해 신청하지만 여권 제출 및 지문채취 등을 위해서는 반드시 비자 업무를 위한 서울 사무실에 가야 한다. 이 모든 과정에서 문제가 없으면 수주 후에 여권을 찾아가라고 통보받게 되고 영국행을 확정지을 수 있다.

영국행 비행기를 타기까지 모든 절차가 순조롭기를 기도하면서 시간을 보냈는데 그래도 노을을 배경삼아 옥스퍼드로 달리는 버스를 타고 나니 마음이 편해졌다. 기숙사에 도착하니 안정적인 디자인의 방이 마음에 들었지만 이곳에서 지켜야 할 규칙 등이 빼곡하게 적힌 자료가 책상위에 놓

기숙사 동료들과 함께

여 있어서 눈길을 끌었다. 각자의 방은 조용하고 안정적이지만, 다같이 모일 수 있는 커다란 거실에는 당구대와 탁구대가 준비되어 있고 피아노와 기타가 있으며 텔레비전를 보거나 책을 읽을 수도 있게 되어 있다. 그 옆 부엌에는 큰 냉장/냉동고에 칸으로 나누어져 있고 방 번호가 배정되어 있어서 자신만 그 칸을 쓸 수 있도록 되어 있다. 개인주의적인 삶을 추구할 수 있게 하면서도 더불어 집단 생활을 할 수 있도록 구성되어 있어서 집단 속의 개인의 삶을 추구하는 영국의 면모를 볼 수 있었다.

주변 환경이 잘 정비되어 있고 안정적이어서 풍요로운 삶이 되지 않을까 기대하면서 긴 여정을 마무리하는 첫날 밤을 편안한 휴식으로 마무리하고 싶었다. 그러나 웬일인지 뭔가가 물어서 잠에 빠져 들 수 없었다. 모기도 아닌데, 도대체 이게 뭘까? 세상에 100%는 없는 것인가 하면서 피곤

옥스퍼드 시내 전경

한 밤을 설치고 나니 한숨이 절로 나온다. 다음날 아침, 이곳 저곳 물린 곳을 사진 찍어 관리자에게 보여주면서 해결해 달라고 했더니 주말이라서 공적 절차를 밟기가 어렵지만 임시적으로 다른 방을 배정해서 편하게 쉴 수 있도록 해 주었다. 월요일이 되자 관리자가 침대 메트리스를 포함하여 새로운 침구로 교체해 주어서 편안한 시간을 보낼 수 있게 되었다. 영국 도착 첫날부터 영국을 배울 기회가 생긴 것인데, 삶속에 녹아 있는 자신들만의 합리적인 규칙과 절차가 보이는 듯 하다.

• 고요함 속의 개방성

　일반적으로 옥스퍼드는 볼 것이 별로 없어서 심심하다는 말을 많이 한다. 옥스퍼드시 정부(Oxford City Council) 통계에 따르면 인구 165,200명 (2024년 통계) 중 학생 인구가 34,945 명 정도로 도시의 22%를 차지한다. 도시인구의 35% 정도는 해외에서 출생한 거주자로서 세계 각국의 두뇌들이 모이는 국제적인 도시로 젊음이 넘치는 곳이기도 하지만 오래된 중세도시이기도 하다. 12세기에 세워진 건물부터 현대식 건물까지 다양한 형태가 공존하지만 눈에 띄는 화려함없이 전체적으로 차분하고 안정된 모습이다.

　옥스퍼드에 도착한 다음 날 영국거주허가증을 우체국에서 수령한 후 느릿한 걸음으로 중심 도로를 30분 걸었더니 어느새 도시를 다 본 것 같다. 이곳에서는 별로 다른 일을 할 것이 없어서 공부를 열심히 하게 되는 것 같다. 나는 이곳에서 가장 영국적인 것을 보고 느끼려 하는데 그중 정

크라이스트 처치 내부 전경

치와 종교의 분쟁으로 영국에서 발생한 영국성공회를 접하는 것은 핵심을 보는 방법 중의 하나라고 생각했다.

한국에서부터 크라이스트 처치(Christ Church) 성가대 지휘자와 연락하여 옥스퍼드에 도착하면 성가대에 참석하기로 하였다. 크라이스트 처치는 옥스퍼드에서 가장 큰 칼리지로 16세기 추기경 교육을 위해 수도원으로 활용하였다가 헨리 8세가 교구 대성당으로 용도 변경한 곳이다. 옥스퍼드 대를 상징하는 곳으로 관광객이 가장 많이 몰리는 칼리지이기도 하다.

지휘자는 일단 성가대 연습에 참석해 보라고 제안하였고, 나는 옥스퍼드 도착 다음날 성가대에 참석하였다. 저녁 6시에 성가곡을 중심으로 하는 예배 이븐송(Evensong)의 성가대원은 20여명이 안되었고 대학생부터 70세가 넘은 어르신까지 있었지만 한명 한명의 실력이 놀라웠다. 나는 성가대원과 합창단원의 경험이 있어서 어느정도 따라 할 수 있을 것으로 생각했으나 처음 접하는 성공회의 성가와 연습방식 등으로 짧은 시간내에 모든 것을 마스터 하기가 쉽지 않았다. 연습을 통해 조금씩 익숙해 지기는 하였지만 40여 분의 연습 후에 바로 이어지는 실제 예배에서 몇 곡이나 찬양하면서 자신감을 갖는 것은 쉽지 않았다.

그럼에도 불구하고 루이스 캐럴의『이상한 나라의 앨리스』, 조앤 K 롤랑의『해리포터 시리즈』등 여러 영화와 소설의 무대가 된 크라이스트 처치 대성당에서 찬양대원으로 찬양을 한 경험은 당혹스럽고도 놀라운 것이었다. 공명이 아주 잘되는 웅장한 성당에서 울려퍼지는 찬양은 아름다운 천사들의 소리였다.

영국하면 일차적으로 전통을 강조하는 보수적인 면모가 떠오르는데 이번 경험을 통해 개방성과 보수성을 같이 볼 수 있었다. 실력있는 이방인에

크라이스트 처치에서

대해 일단 개방적인 자세로 받아 들이지만 특정 정도 이상으로 수준을 유지하는데는 매우 보수적이었다. 기회는 주되 오디션을 통해 최상을 유지하려는 규칙이 있어서 나는 차마 계속 성가대를 하겠다고 말하기가 힘들었다. 개인적으로는 성가대를 계속하면서 많은 것을 배우고 싶었지만 매일 저녁 드리는 예배 성가대에 지속적 참석 문제는 둘째 치고라도 오디션 통과가 가능할까 하는 것은 또 다른 관문이었다.

세인트 자일스 축제

옥스퍼드 도시는 비교적 조용한 편이지만 항상 조용한 것은 아니다. 9월 4일과 5일에 걸쳐 개최되는 230년 전통의 세인트 자일스 축제로 학생들이 거리로 쏟아져 나왔다. 도시 중심 거리 양편으로 각종 이동식 놀이기구가 즐비하고, 아이스크림, 소세지, 핫도그 등 간단하게 먹을 수 있는 푸드 트럭, 그리고 크고 작은 인형들을 상품으로 걸어두고 게임

세인트 자일스 축제 거리의 모습

하는 트럭으로 가득 메워졌다. 장난감 총으로 특정 물건 쏘기, 높게 쌓인 둥근 원통을 작은 공으로 던져 쓰러트리기, 빙빙 도는 콜라병 목에 고리 걸기 등 각종 놀이에 다양한 규칙을 정해 두었는데 일정의 돈을 내고 게임에 참여하여 이기면 크고 작은 인형을 상품으로 가져 갔다.

사자, 호랑이, 악어, 문어 등 근 2미터에 달하는 거대한 인형부터 작고 아담한 크기의 인형까지 상품으로 받아든 사람들은 다른 게임을 해 보려고 이곳 저곳을 기웃거렸다. 미친 소에서 떨어지지 않고 타기, 귀신의 집 탐험하기 등 놀이동산에 있을 만한 것들이 거리에 쏟아져 나와 있는데, 매우 '건전해 보여서' 웃음이 났다. 세인트 자일스 축제는 일년에 한번 개최하기 때문에 이 기회를 놓치지 않고 즐기려는 사람들로 거리가 흥청거렸다. 갑자기 뭔가의 이유로 어느 젊은이가 도망가자 거대한 몸집의 경찰 3명이 먹이를 잡으려 협업하는 동물들처럼 날렵하게 달려가 제압하는 것이 인상적이었다. 안전한 환경을 만들려는 숨은 노력이 빛을 발한다.

• '부드러운' 통제

옥스퍼드에 도착하고 며칠 후 기숙사 사무실에서 한국에서 가지고 온 전자제품의 전압을 일일이 체크해서 사용 가능하다는 인증 테그를 붙여 주었다. 외국에서 가져온 전자제품이 영국의 전압과 맞지 않아 화재 등 문제가 발생된다고 보고 일일이 전압을 체크하는 전용 기계에 적용해서 확인하였다. 오래된 건물인데다 실내가 나무재질로 되어 있어서 화재 관리에 유의하고 있는 것이다.

옥스퍼드 시내 전경

　한번은 노트북으로 온라인 회의에 참석해야 하는데 방의 전등은 들어오지만 코드를 꽂는 곳에 전기가 들어오지 않았다. 나는 건물 전체의 문제인가하고 기다렸는데, 회의 시간이 다되어도 전기가 없어서 마음이 급해서 다른 곳에 가서 확인해 보았다. 그 결과 내 방 전기에 문제가 있는 것이라고 생각되었다. 당직에게 전화해서 신속하게 처리해 달라고 하니 이것저것 점검 후 차 주전자가 과열인 것 같다고 하면서 다른 것으로 바꾸어 주었다. 생각해 보니 물이 끓으면서 조금 넘쳐 흘렀는데 그것이 감지되어서 자동으로 해당 방의 전기를 차단하는 시스템이 작동하였던 것이다.

　런던에서 학회를 하는 와중에 갑자기 화재 사이렌이 울려 모두들 건물 밖으로 나가야 했고 가능하면 건물에서 좀 더 멀리 떨어지도록 안내되는 일이 있었다. 사전에 특별한 공지가 없었기 때문에 처음에는 진짜 비상 상황이 발생했나 생각했는데, 영국인들은 급하게 뛰어 나가지도 않고 차례대로 계단을 이용해서 내려갔다. 알고보니 평상시에 비상 대처 연습을 하도록 되어 있어서 사이렌이 울리면 무엇을 하던지 건물 밖으로 나가야 했던 것이다. 기숙사 건물에서도 주기적으로 화재 사이렌이 울리는데 이때 화재 차단 시스템이 제대로 작동하는지 점검하는 계기로 삼고 있었다.

내가 거주하는 기숙사 방은 방마다 와이파이 비밀번호가 다 달라서 다른 곳에서는 통용이 되지 않는다. 비밀번호가 글자와 숫자를 섞어서 20자 정도되니 적당히 도용할 수 없어서 철저히 자신만의 와이파이 전용선을 사용하도록 관리하고 있다. 공동으로 쓰는 공간은 다른 비밀번호가 설정되어 있어서 과도하게 남용되지 않도록 관리하고 있다.

옥스퍼드 시내 전경

기숙사를 드나드는 문도 여러 곳인데 반드시 열쇠를 사용해야만 건물 내부로 들어 올 수 있다. 기숙사 둘레에 울타리가 있지만 내부 정원에 드나드는 것도 열쇠가 없으면 다닐 수 없다. 그러니 외부에서 울타리 안으로 들어오려고 해도 열쇠가 필요하고 울타리 안에서 다시 건물 안으로 들어오려 해도 열쇠가 필요하다. 물론 각자의 방 및 사물함도 자신만의 열쇠가 있다. 가끔은 자신이 사는 곳에서 항상 열쇠를 들고 다녀야 하는 것이 번거롭다는 생각도 드는데, 이중삼중 안전 장치가 되어 있어서 삶이 안전하게 느껴지기도 한다.

칼리지도 마찬가지다. 아무나 드나들 수 없도록 입구부터 관리하지만 입구에 들어가도 건물에 들어가는 것은 허락된 자만 드나들 수 있다. 칼리지 내부 인터넷 시스템에 들어가는 것도 비밀번호 넣고 통과한 후 다시 개인 전화번호에 새로운 비밀번호를 받아서 그것까지 넣어야 원하는 사이트로 들어 갈 수 있다. 내부자가 아니면 구체적인 시스템을 알기 어려운 구조이다.

타고 다니는 자전거도 모두 등록하도록 하고 등록되면 테그를 발급하여 달고 다니도록 한다. 좀도둑으로부터 보호한다는 취지가 있는데, 테그를 달았다고 안전하지는 않겠지만 그래도 모종의 압력으로 작용할 수는 있을 것이다. 옥스퍼드가 대학도시이다 보니 학생들이 자전거를 많이 탄다. 자전거를 안전하게 지키는 방법으로 커다란 자물쇠를 사용하지만 자신이 자주 다니는 곳에 세워두려면 그 곳의 등록 테그가 있어야 한다.

옥스퍼드가 중세도시이다 보니 과거의 것을 가능하면 그대로 고수하면서 도시가 발전하여 도로가 넓지 않다. 따라서 주차 관리가 굉장히 철저하다. 그냥 보면 도로변에 주차 공간이 있고 여유가 있지만 반드시 주변에 명시된 규칙에 따라야 한다. 만약에 2시간 주차 가능한 공간에 2시간이 넘도록 놔두면 어느새 주차위반 딱지가 붙는다. 이곳 벌금이 저렴하지 않으므로 철저하게 규칙을 지키게 된다. 개방된 사회이지만 안전을 명목으로 내부적으로 철저하게 통제되어 아무나 접근 불가능한 구조가 영국 곳곳에서 감지된다.

• 포트 메도우와 옥스퍼드 역사

옥스퍼드 시내는 자주 걸어 다녔지만 넓은 초지가 펼쳐진 포트 메도우(Port Meadow)는 내가 거주하는 곳과 매우 가까운 곳에 있어도 제대로 걸어보지 못했다. 그런데 옥스퍼드 걷기 클럽에서 포트 메도우를 걷는다고 해서 이 기회에 꼭 함께 걸어보고 싶었다. 드넓은 초지에서 소(Oxen)가 여울을 건너다(Ford)라는 의미에서 옥스퍼드라는 명칭이 유래한 곳이고 옥스퍼드에서 선사시대 이래 변화가 거의 없는 가장 오래된 기념물이기도 하기 때문이다.

걷기 전날도 비가 많이 왔는데, 걷는 날 아침에도 비가 내렸다. 비를 맞으면서 걸어야 하나 하는 생각에 주저하다가도 방수가 되는 외투도 있으니 그냥 걸어야겠다고 나서는데 날이 개이는 것 같았다. 그렇지만 계속 비가 내려서 템즈(River Thames)강변을 따라 걸어야 하는 오솔길 곳곳에 물이 흥건하였다. 쏟아진 비로 강물이 불어서 초지까지 올라와 보였고 유속도 매우 빨라서 거친 자연이 펼쳐진 것처럼 보였다. 이런 겨울날 강물에서 자유롭게 수영하는 사람도 있었다.

날이 갠 오후여서 그런지 군데 군데 물이 흥건한 오솔길임에도 불구하고 많은 사람들이 길을 걷고 있었다. 비가 오면 진흙덩이로 뒤덮인 길을 철퍼덩 거리며 뛰어 다니다가 옷을 다 버려서 어머니한테 혼났던 시절로 돌아간 것 같았다. 어떤 사람들은 긴 장화를 신고 나와서 걷기도 했다. 비가 온다고 장화신고 흥건한 진흙 길을 걸어본 적이 언제인가? 지금 한국은 시골길도 정비가 잘되어서 이런 풍경을 만나기가 매우 어려운데, 이곳은 자연 그대로의 상태로 보존하고 있는 곳이 많이 있어서 여전히 그런 경험을 할 수 있다.

이 초원은 10세기에 옥스퍼드 도시를 건설했던 알프레드 왕(King Alfred)이 당시 약탈을 일삼던 덴마크인으로부터 왕국을 지키는데 도움을 준 대가로 옥스퍼드 프리맨(The Freemen)에게 준 120헥타르의 땅에 기초하였다. 옥스퍼드에서 자유롭게 무역할 수 있는 계층의 프리맨의 초창기 명칭이 포트맨(Portman)이어서 포트 메도우(초원)라는 명칭이 유래한 것으로 보고 있다. 프리맨이 포트 메도우에 가축을 무상으로 방목할 수 있는 권리는 1086년 『돔스데이 북(Domesday Book)』에 최초로 기록되어 있다.

『돔스데이 북』은 1086년 윌리엄 1 세의 명령으로 영국과 웨일즈 지역 토지를 측량한 것에 대한 기록이다. 영주가 소유한 모든 토지 재산의 연간 가치와 그 가치의 원천이 된 토지, 노동력, 가축의 자원을 기록한 원고로 런던 국립 문서 보관소에 보관되어 있는 귀중한 역사서이다. 1873년 현대 돔스데이라고 불리는 『토지 소유자의 귀환(Return of Owners of Land)』이 나올 때까지 영국 내 토지 재산 분포에 대한 최초의 완전한 그림을 제시한 조사가 바로 『돔스데이 북』이다. 이런 책에 포트 메도우의 기록이 있다는 것이 그 역사성을 증명한 것이라 할 것이다.

포트 메도우 전경

　포트 메도우는 탬즈강변을 따라 드넓은 초지가 펼쳐진 곳으로 각종 야생 조류 및 동식물이 서식하고 있다. 소나 토종 야생말이 거니는 풍경이 목가적이다. 청동기 시대에는 이곳이 매장지였고, 철기 시대에는 여름동안 초원에 살면서 가축을 방목했는데 이런 역사적 유적지와 정착지가 보존되어 있다. 그 후로도 지속적으로 프리맨의 후예가 근처 농민과 이 지역을 공동 소유하면서 가축을 방목하거나 강에서 낚시할 수 있는 권리를 가졌다고 한다.

　17세기 영국 남북전쟁 당시 옥스퍼드는 왕당파가 도시 주변을 점령하고 요새를 건설하였다. 당시 옥스퍼드를 포위하기 위해 쌓은 구조물이 포트 메도우의 가장 낮은 부분에 남아 있어서 역사의 일면을 살펴볼 수 있다. 17세기와 18세기에는 이곳에서 인기 있는 사교 행사로 경마가 이루어지기도 하였는데, 드넓고 평평한 초원을 바라보면 절로 말을 타고 신나게 달리고 싶은 생각이 든다. 1차 세계대전 당시에는 이 초원이 비행장으로 사용되는데, 영국 최초의 항공 사고가 이곳에서 발생하였고, 이에 대한 역사가 추모 명판에 기록되어 있다.

포트 메도우는 전통적인 영국 계급 사회의 일면을 볼 수 있는 증거이기도 하다. 이는 단순히 10세기 시작되어 사라진 역사가 아니라 마지막으로 부지 할당식이 열렸던 1968년까지도 심지어 현재까지도 과거 전통의 그림자가 드리어져 있는 곳이다. 현재는 고고학 및 국제적으로 가치가 있는 식물과 무척추동물 군집을 보존하기 위해 초원이 보존되고 있다. 시대에 따른 홍수 변화를 고려하여 초원이 어떻게 구성되는 지를 통해 기후 변화를 확인하는 연구 실험실이기도 하다.

포트 메도우를 걸으면서 걸어야만 비로소 자세하게 보고 이해하고 느낄 수 있는 옥스퍼드가 눈에 들어왔다. 다른 날에는 비가 오는데도 굳이 비옷까지 챙겨입고 드넓은 초원에 다시 나갔다. 오롯이 혼자서 초원이 설명하는 역사를 느껴 보고 싶었다.

포트 메도우 설명판

• 울프슨 칼리지 불꽃놀이와 가이 포크스

울프슨 칼리지에서 불꽃 페스티발이 개최되었다. 옥스퍼드 대학 학생 뿐 아니라 일반인에게 공개된 행사이기 때문에 불꽃 놀이를 즐기려는 사람들로 건물 창문가 및 잔디밭이 발디딜 틈도 없다. 15분간 지속되는 아름답고 다채로운 불꽃놀이에 대해 특별한 설명이 없지만 옥스퍼드 주민들은 불꽃 놀이의 역사적 의미를 이해하고 있다.

하늘에 수놓은 각양각색의 아름다운 색채 이면에는 피비린내 나는 종교 갈등의 역사가 내재되어 있다. 헨리 8세(1491-1547)는 자신의 이혼 문제로 카톨릭과 갈등을 빚은 결과 영국 성공회의 수장으로 변모하고 카톨릭을 핍박하였다. 그러나 헨리 8세 뒤를 이은 영국 역사상 최초의 여왕인 메

울프슨 칼리지 불꽃놀이

리(1516-1558)는 카톨릭 확대를 위해 옥스퍼드 시내에서 성공회 대주교 3명을 화형시키고 개신교도들 300여명을 처형하였다. 피의 메리(Bloody Mary)라는 별명으로 불리게 된 이유이다. 옥스퍼드 시내를 진입하는 중앙에 대주교 3명의 순교를 기념하는 탑이 세워져 있고, 시내 중심가에는 실제 이들을 화형시켰던 곳 바닥에 돌로 만든 십자가 표시를 해 두어 당시의 역사를 기리고 있다.

메리 뒤를 이은 성공회 신자 엘리자베스 1세(1533-1603)는 평생 미혼이어서 처녀 여왕(Virgin Queen)이라는 별칭이 있는데, 국가와 결혼했다는 이야기가 나돌았다. 후사없이 여왕이 사망한 후, 스코트랜드에서 모셔온 제임스 1세가 성공회를 국교로 유지하고자 하자 이에 불만을 품은 카톨릭교도 귀족 로버트 캐츠비는 가이 포크스(Guy Fawkes)를 통해 제임스 1세를

카톨릭 주교들을 화형시켰던 장소에 십자가 표시가 그려져 있다

옥스퍼드 중심가 도로에 남겨둔 카톨릭 사제 화형장소

암살하려고 기획하였다.

의회에 국왕 및 주요 인사를 불러놓고 지하에서 대량의 폭약을 폭파시켜 몰살시키려 했으나 계획이 사전에 발각되어 사건이 미수에 그쳤다. 국왕은 영국이 또 다시 종교 갈등으로 피바람 부는 것을 원하지 않았기에 관련자만 처형하고 카톨릭에 대한 대대적인 탄압을 가하지는 않았다. 영국에서는 북아일랜드 지방을 제외한 지역에서 1605년 11월 5일 암살 미수범 가이 포크스의 테러를 막은 것을 기념하기 위해 11월 5일 전후로 불꽃놀이를 하거나 거대한 모닥불을 피우기도 한다.

가이 포크스의 유산은 여러 가지 측면이 있다. 먼저, 영어 단어 그 녀석이나 그 사람을 뜻하는 guy는 가이 포크스의 이름에서 유래하여 불특정

런던에 있는 국회의사당

한 남성을 지칭하는 단어로 쓰이고 있다. 둘째로는 가이 포크스의 암살기도 사건으로 인해 지금도 국왕이 의사당을 참석하기 전에는 반드시 근위병이 엄격하게 의사당 지하를 수색하는 전통이 생겼다. 마지막으로는 카톨릭 확대를 위해 제임스 1세를 살해하려던 기억은 희미해지고 반역자가 아니라 권력에 대항해 싸웠다는 의미로 평가되면서 세계 여러 지역에서 자유와 혁명의 상징으로 가이 포크스를 추켜세우기도 한다.

기원전 500년대의 고대 아일랜드 켈트족은 죽은 사람의 영혼이 1년간 살아있는 사람의 몸속에 머물렀다가 내세로 떠나간다고 믿는 풍속문화가 있었다. 이후 켈트족을 정복한 로마의 교황 보니파시오 4세가 11월 1일을 만성절(All Hallow Day)로 정하면서 켈트족의 풍속이 전야제(Hallows' eve 또는 Halloween)를 통해 할로윈(Halloween)으로 이어지게 되었다.

10월 중순부터는 영국의 각 상점이나 선술집에서 할로윈을 내세운 상술이 넘쳐나는데, 그 절정이 10월 31일 만성절 전야제로서 할로윈 파티를 하는 것이다. 가능하면 기괴한 복장으로 분장하여 만성절을 방해하는 귀신들이 살아나지 못하도록 하고 있다. 종교문화적인 의미를 담았던 할로윈은 미국의 대중문화 확산의 일환으로 세계로 확대되면서 역사 문화적 배경과 상관없이 각지에서 즐겁게 파티하는 날로 자리 매김하고 있다.

영국은 10월 31일의 할로윈, 11월 1일의 만성절과 더불어 11월 5일의 가이 포크스 데이까지 연결하여 신나고 즐거운 축제 문화로 만들어 나가고 있다. 아름다운 불꽃놀이에 취해 있으면 즐거운 날이구나 생각하고 지나칠 수 있지만, 영국 종교갈등의 역사가 켜켜이 쌓여 있어서 영국 역사를 다시 되돌아 보는 시간이 될 수 있다. 화려함 뒤에 보이지 않는 그늘을 볼 혜안도 필요하다.

• 영국 내전과 옥스퍼드 그리고 크롬웰

옥스퍼드시가 언제 어떻게 형성되었는지 정확한 것은 모른다. 전설로는 예수 탄생이전부터 도시가 있었다고 하는데, 고고학적 증거로는 8세기 정도부터 크라이스트 처치가 있었다고 한다. 1188년에 기록이 있는 것으로 보아 그 전부터 옥스퍼드 대학이 존재했음을 추론해 볼 수 있지만 정확한 연도는 아무도 모른다.

크라이스 처치 전경

1071년에 옥스퍼드 성이 세워졌고 이곳에서 왕족이 거주하고 행정기능이 유지되었다. 17세기 영국의 내전으로 찰스 1세가 런던에서 도망 나왔을 때 옥스퍼드를 수도로 삼기도 하였다. 제2차 세계대전 당시 히틀러가 옥스퍼드를 수도로 삼기 위해 이곳은 공격하지 않았다는 말도 전해지고 있다.

1642년 말 왕권신수설을 주장하는 찰스 1세의 왕당파와 의회 사이의 의견 충돌이 무력 충돌로 이어지면서 내전이 시작되었다. 캠브리지대학을 다녔고 캠브리지를 지역구로 두었던 크롬웰은 찰스 1세가 캠브리지셔에서 은괴를 밀반출하려 하자, 이를 저지하기 위해 기병대를 모집하여 의회파로 참전하였다. 크롬웰은 1643년 이래 각종 전투에서 대승을 거두면서 입지를 다졌고, 왕당파의 요새들을 포위하여 굴복시키는 일에 주력하였다.

빅토리아 암스 설명문

1646년 상반기까지 소탕전이 이어졌던 시기 크롬웰은 옥스퍼드에서 전황을 굳히는 일에 몰두하였다. 결국 크롬웰의 의회파 활약으로 전세가 기울자 찰스 1세는 1646년 5월 5일 스코틀랜드에서 항복하였고, 6월에는 옥스퍼드의 왕당파가 공식적으로 항복하였다.

옥스퍼드 대학 교수가 역사적인 장소를 소개해 준다고 해서 화창하게 좋은 날 같이 걸었다. 내가 소속된 울프슨 칼리지의 강을 낀 잔디밭에서 연결된 다리를 건너 다사로운 햇살을 즐기면서 들판을 따라 10여분 걸어가면 빅토리아 암스(The Victoria Arms)라는 역사적인 레스토랑을 만나게 된다. 1646년 크롬웰이 이곳에 앉아서 옥스퍼드시의 해방을 구상했던 곳이다. 벽난로 옆으로 그가 앉았다고 하는 위치에 팻말이 부착되어 있고, 전투에서 사용되었을 듯한 헬맷과 총이 전시되어 있다. 이곳에서 포를 싸서 옥스퍼드 시 중심을 공격했다고 한다. 나는 벽난로를 좋아하기도 하고 또 특별한 역사적인 장소이니 당연히 크롬웰이 앉았다는 곳에 자리를 잡고 케익과 더불어 오후차를 즐기면서 옥스퍼드의 역사를 되새겨보

크롬웰이 앉았던 의자

는 시간을 가졌다.

크롬웰의 활약으로 영국 내전은 결국 의회파가 승리하였다. 행정부 권한을 견제할 수 있는 것과, 정기적으로 선출되는 의회에 임기제를 더한 것, 그리고 주교제로 관리되는 교구의 비강제성과 장로제의 허용 등을 담은 크롬웰의 헌법 초안은 영국 정치 변화에 기여하였다.

왕당파의 반란으로 또 다시 2차 내전이 일어났으나 의회파는 1649년 찰스 1세를 처형하고, 찰스 2세는 추방한 후 잉글랜드 연방을 선포하였다. 그러나 찰스 2세를 옹립한 스코트랜드와의 갈등으로 크롬웰이 원정을 나간 사이 의회가 분열되어 혼란스러운 정국이 이어졌다. 그러나 스코트랜드와 아일랜드를 상대로 한 전쟁에서 승리한 크롬웰은 잉글랜드 연방을 장악하였고 그가 사망할 때까지 호국경 지위를 유지하였다.

캠브리지 대학 전경

그러나 1660년 다시 찰스 2세로 왕정이 복고되자 크롬웰은 부관참시되었다. 찰스 2세가 사망하기까지 30년 동안이나 웨스트민스터 궁 밖 기둥에 크롬웰의 참수된 머리를 매달아 두었다고 한다. 역사는 돌고 돌면서 복수에 복수가 이어진 셈이다. 크롬웰의 머리는 결국 우여곡절의 경매를 거쳐 1960년에 캠브리지 대학에 재매장되었다고 하는데, 이 이야기를 통해 크롬웰의 역사적 평가가 얼마나 혼란스러울지 알 수 있을 것 같다.

크롬웰 공화국 후 왕정복고를 하긴 하였지만 영국의 정책 결정권이나 정치 주도권이 의회로 넘어가서 의회 권력이 왕권을 능가하게 되었다. 따라서 영국 내전을 통해 국왕이 군림은 하되 통치하지 않는다는 입헌군주제 국가의 전통이 마련되기 시작하였다.

결국 권력의 힘을 어느 정도 어떻게 사용할 것인가 하는 것은 역사가 주는 질문이다. 국왕급의 호국경 지위를 죽을때까지 장악했던 크롬웰이나 왕권신수설까지 주장하며 국왕의 지위를 신성시했던 찰스 1세 국왕 모두 권력의 안정에 대해 집착했을 것이다. 권력이라는 보좌에 앉았을 때 국가와 국민을 위해 무엇을 할 것인지에 대한 고민보다 자신의 정권 유지나 연장에 관심을 갖게 되면 어느새 정치는 권력 투쟁에 빠지게 되고 이로 인한 피해는 고스란히 국민이 떠 안게 된다. 약 90만 명이 목숨을 잃었다는 영국 내전은 영국 전역에 미친 내상이 너무도 크다. 권력의 의미를 성찰해 봐야 한다.

빅토리아 암스에서 마신 차 한잔으로 영국의 내전, 권력의 무상함, 영국의 정치 전통의 형성을 되새겨 볼 수 있었다.

옥스퍼드는 기본 생활비가 많이 들어서 영국내에서도 거주하기 비싼 곳으로 인식되는 곳이다. 공부하러 온 학생들, 외국 교환학생, 연구하러 온 박사후 연구원, 방문 교수 등의 사람들을 다 수용할 방도가 없다. 각 대학 기숙사도 학생들을 전부 수용할 수 없어서 외부에 따로 거주하는 경우도 많다. 이런 곳에서 무료를 찾는다는 것은 매우 어려워 보인다.

그럼에도 불구하고 옥스퍼드에 많은 것이 무료이다. 정보만 잘 파악한다면 무료로 진행되는 수많은 문화 프로그램을 다 따라 갈수도 없을 정도로 많이 있다. 많은 문화행사에 점심이나 간식이 포함되기도 해서 무료 식사도 가능하다. 옥스퍼드 대학에 처음 온 사람들을 위해 매주 수요일 오전

뉴커머스 클럽 활동

에 뉴커머 클럽이라는 모임도 있다. 자유롭게 모여서 2시간 동안 서로 정보도 교환하고 특별한 행사도 기획하고 봉사활동도 한다. 영미권 등 영어가 자유로운 유럽인들과 영어로 이야기 하므로 자연스럽게 무료 영어 클래스가 진행되는 셈이다. 북클럽도 있어서 책을 정해서 읽고 토론하는데 옥스퍼드대에 있는 사람이면 누구든 무료로 참여가 가능하다.

선교활동에 열심 있는 교회의 경우 적극적으로 무료 영어 학습반을 운영하기도 한다. 이런 무료 영어 학습반은 모국어이거나 모국어 수준으로 영어를 구사할 수 있는 사람들이 봉사하고 있는데, 이들은 이방인에 대해 배려도 잘 하고 특히 러시아와 전쟁으로 난민이 된 우크라이나 인들에게 영어를 가르치는 것에도 열심이다. 이들에게 영어를 가르치는 것은 영국문화를 빨리 익혀야 이곳에 잘 안착해서 모두가 편하게 생활할 수 있기 때문에 결국은 자신들을 위해 영어를 가르친다고 볼 수 있다.

옥스퍼드를 돌아다니다 보면 다양한 박물관이 많이 있는데 무료이므로 발길 닿는대로 들어가서 구경하면 된다. 그러나 옥스퍼드를 오는 관광객은 이런 무료 박물관에는 별 관심이 없고 옥스퍼드 대학 그 자체를 보고자 한다. 옥스퍼드 대학은 옥스퍼드 도시를 구성하는 핵심 요소이므로 항상 관광객들로 붐빈다. 근 천년 또는 수백년이 된 특정 대학 건물을 구경하려면 비싼 입장료를 내고 들어가야 한다. 그 안에 영국의 역사와 문학이 넘치기 때문에 관람할 가치가 있다.

옥스퍼드는 한국 대학 시스템과 달라서 설명하기 쉽지 않는데, 미국의 연방정부와 주정부의 관계로 이해하면 편리할 것이다. 소위 연방정부 소속과 주정부 소속의 건물이 있고 각기 독립적이지만 전체로 이어져 있는데, 대학(유니버시티)과 칼리지(대학)지가 그런 관계이다. 옥스퍼드 대학안에 내가 속한 울프슨 칼리지가 있다. 칼리지는 한국의 단과대학 개념이 아닌 거의 독립된 하나의 대학이라고 할 수 있다.

유명 칼리지를 관람하려는 관광객이 너무 많아 일부 칼리지는 입장료를 내야 관람할 수 있지만, 이런 칼리지도 무료로 관람할 수 있는 날이 있는데, 그것이 바로 지정된 '대학 개방일'이다. 평소에 관심 있는 칼리지가 있으면 이런 날을 활용하면 무료로 관람할 수 있다. 내 경우야 옥스퍼드대에서 발행한 신분증이 있으니까 다른 칼리지를 드나들 수 있지만, 다른 칼리지를 가는 가장 좋은 방법은 해당 칼리지의 학자와 교류를 심화시키는 것이다. 그러면 칼리지도 구경하고 같이 식사하면서 학문적인 토론도 하고 그 칼리지만의 특별한 문화도 경험할 수 있기 때문이다.

자기가 소속된 칼리지가 아니면 다른 칼리지 레스토랑에서 마음대로 식사도 하기 어렵다. 각 칼리지마다 독립적인 재정을 운영하므로 소위 부자 칼리지, 가난한 칼리지가 있게 되고 그에 따라 시설 및 서비스 제공 범주도 달라진다. 다른 칼리지에 초청받아 식사를 하게 되면 초청자가 비용을 내므로 나는 무료이지만 나도 내가 있는 칼리지에 그 분들을 초청해서 식사하게 되므로 완전 무료라고 볼 수는 없다. 모두 옥스퍼드대학 소속이지만 칼리지 마다 이름도 다르고 특징도 다른 것은 흥미롭다.

일반적으로 사람들은 무료를 좋아한다. 그런데 특별한 가치가 없어서 무료가 아니라 무료에 담긴 가치를 볼 수 있어야 할 것이다. 익명의 다수에게 무언가를 무료로 제공하기 위해서는 공동체의 선을 추구하는 누군가의 헌신에 기반하는 면모가 있어야 할 것이다. 나는 옥스퍼드에서 많은 무료 문화를 누렸지만, 무료 안에 담긴 물질적, 정신적 봉사자들의 문화적 소양과 철학을 읽을 수 있고 배울 수 있어야 한다고 생각했다.

영국은 공공보건의료체계를 포괄하는 용어인 NHS(National Health Service, 국민 보건 서비스)를 통해 1948년부터 일반 세금으로 자금을 조달하여 무료로 의료 서비스를 제공하고 있다. 제2차 세계 대전 이후 사회 개혁의 일환으로 형성된 국민보건서비스는 포괄적이고 보편적이며 무료로 이루어져야 한다는 기본 원칙이 있다. 치료 비용을 지불할 경제적 능력 여부에 따라 치료하지 않고 임상 치료가 필요한지 여부에 따라 의료 서비스가 제공되는 시스템이다.

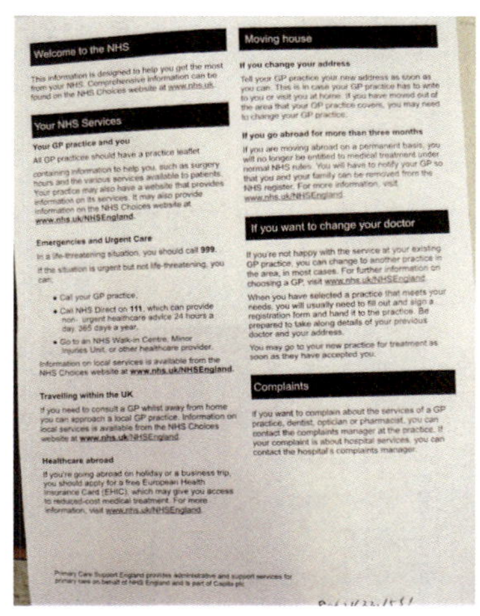

NHS안내문

치과와 안과 치료를 제외하고 영국에 거주하는 사람들은 무료로 종합 의료 서비스를 받을 수 있다. 처방전을 받을 때는 특정 요금을 지불하기도 하는데, 60세 이상 고령층 및 국가 보조금 수령자들은 이런 요금조차도 면제 받는다. 대형병원 입원을 포함하지 않는 긴급 치료 및 일반의사(GP)에게 진찰 받는 경우는 무료이다.

옥스퍼드에 도착했을 때 기숙사 사무실 직원은 나에게 지역기초병원이라고 할 수 있는 GP(General Practice)에 가서 의료 등록을 하라고 안내하였다. 살다보면 병원에 갈 일이 생길지도 모르고, 영국에 거주하려면 필요한 행정적 절차라 생각하고 10여 페이지에 달하는 질문에 답해 가면서 등록

절차를 마친 몇일 후에 나의 NHS 번호가 발급되었다.

얼마 후 NHS에서 우편으로 대장암 검사를 해 주겠다는 내용의 편지와 변을 담을 수 있는 작은 플라스틱 용기를 보내왔다. 내가 반송할 수 있는 편지봉투까지 포함되어 있었다. 영국이 어떤 식의 공공보건의료체계를 가지고 있는지 궁금하기도 해서 편지에 언급된 대로 준비해서 보내 주었다. 2주 정도 후에 특별한 이상이 없다는 검사 결과를 편지로 알려 왔다.

또 조금의 시간이 흘렀을까 이번에는 유방암 검사를 해 주겠다고 하면서 구체적인 검사 일정을 명시해서 편지를 보내왔다. 혹시라도 6개월 내에 엑스레이를 찍은 적이 있는지도 질문하고, 명시된 일정과 개인 일정이 부합하지 않으면 변경할 수 있다는 자세한 안내도 포함되어 있었다.

나는 일정 바꾸는 것도 번거롭고 해서 가능하면 정해진 일시에 병원에 가보려고 하다가 막상 해당 날자에 다른 학술 행사와 겹쳐서 가지 못했다. 사전에 병원에 연락하여 진료 시간을 변경하지도 못한 채 그 시간이 지나가 버렸다. 그런데 NHS는 다시 한번 나에게 진료 받을 수 있는 시간을 명시해서 우편물을 보내왔다.

이번에는 예약된 시간에 맞추어 병원에 가보았다. 이 병원은 지역에 있는 일반의 병원이 아니라 옥스퍼드대학 병원이었다. 다행히 예약시간이 잘 맞았던 것인지 도착하자마자 진찰을 받을 수 있었는데, 내가 나오자 그 다음 예약자들이 순차적으로 기다리고 있었다. 몇주 후에 결과가 우편으로 도착할텐데 그 시간에 내가 우편물 수령이 가능한지 여부 등을 꼼꼼하게 챙겼다.

이 정도면 영국 의료 시스템이 상당히 인상적이라는 생각이 든다. 영국에 1년정도 거주하는 방문학자 조차 해당 연령에 맞는 각종 검사를 무료로 실시해 주고 잘 챙겨주니 고맙게 느껴진다. 영국에 머무는 동안 큰 병이 걸린 사람은 좋은 의료 환경에서 무료로 치료를 받을 수 있어서 매우 좋다고 한다. 돈이 많이 들어도 무료로 치료해 주는 이유는 생명의 가치를 중시하기 때문이란다.

그럼에도 불구하고 영국인은 이런 의료 시스템에 대해 불만이 많다. 일상적인 건강 관리가 아니라 실질적으로 어딘가가 아파서 의사를 만나려면 예약이 밀려서 의사를 만나기가 너무 힘들다는 것이다. 차라리 돈을 지불하더라도 필요할 때 의사를 만날 수 있어야 하는데, 의사 만나려고 예약 기다리는 사이에 병이 치료되던가 아니면 위험에 처할 수도 있다는 것이다. 의사를 만나려면 일단 거주지 근처 일반의(GP)가 확인하고 필요하다고 판단되면 대형병원으로 안내해서 치료받게 하므로 이런 이중 절차가 매우 번거롭다는 것이다.

내가 옥스퍼드대 요트부에서 하는 요트여행을 하다가 물에 빠진 사람들을 구하는 특별한 경험을 한 적이 있다. 그때 내 개인의 안전을 덜 유의하는 바람에 왼 손목에 자그마한 상처가 났는데 그냥 무시하고 지내도 될지 여부를 간단하게 확인해 보려고 하니 칼리지 간호사 조차도 예약을 해야 만날 수 있다고 해서 포기한 적이 있다. 생명을 중시하는 영국의 무료 의료가 인상적이긴 한데 일상속에서 의사 만나기 어려움으로 쌓인 영국인의 불만이 무엇인지 이해할 수 있을 것 같다.

• 옥스팜과 옥스퍼드 기부 문화

연구차 자주 도서관에서 공부하다가 우연히 옥스팜(Oxfam)에 대해 알게 되었다. 옥스팜은 제2차 세계대전이 한참 진행되던 1942년 영국 옥스퍼드 학술위원회가 기근 구제를 위해 시작한 세계 최대 국제구호개발기구이다. 옥스팜이 한국전쟁 직후 한국에서 구호 활동을 한 것과 북한에서 식량 및 식수 개선에 대해 활동한 것을 알게 되니 옥스팜에 대해 더욱 관심이 생겼다.

국제적 활동을 활성화시키기 위해 단순 기금모금에만 치우치지 않고 수익을 창출하여 기금을 모으는 형태로 1948년에는 전 세계 중고품가게(charity shop)의 시초인 옥스퍼드 옥스팜 가게도 열었다. 중고품을 무료로 기증받아 잘 정리한 후 그것을 되팔아 수익을 창출하는 형태인데, 최초의 가게는 옥스퍼드 시내에서 여전히 영업을 하고 있다. 옥스팜 활동이 전세

옥스팜 점장과 함께

계적으로 확산되면서 2014년에는 한국사무소도 개설되었다.

옥스팜에 대해 관심을 갖던 차에 옥스팜 가게에서 자원봉사자를 뽑는다는 소식을 접하고 신청을 하였다. 옥스팜에서 자원 봉사 활동을 통해 옥스팜 가게 운영 및 영국의 기부문화 등을 이해할 수 있는 좋은 계기가 될 것 같아서 일주일에 한 두시간 봉사하기로 하였다. 이런 경험이 옥스팜을 연구하는데 도움이 될 것 같았다.

봉사하고자 하는 이유와 기본 정보 등을 확인하고, 추천자의 추천까지 꼼꼼히 거친 후 옥스팜 가게에서 봉사활동을 할 수 있도록 허락되었다. 나는 물건을 사러 오는 일반인들과 대화할 기회를 갖기 위해 계산대에서 봉사하는 것을 자청하였다. 처음에 시스템 익히느라 정신없지만 이 과정에서 물건 하나 하나에 어떤 의미가 있는지 확인할 수 있었다. 옥스팜에서 자체적으로 상품을 개발해서 파는 물품도 있지만, 대다수는 주변 시민들이 기부한 각종 의류와 생활용품, 사치품, 서적 및 음악관련 자료들이다. 기회를 잘 만나면 좋은 제품을 저렴하게 살 수 있다는 점에서 보물창고 같기도 하다.

특히 크리스마스 시즌을 맞이하다보니 기부가 많았다. 1층과 2층을 사용하는 중고품가게는 규모가 크다고 할 수 없는데 하루에 20-30차례 이상 다양한 크기의 기부물품 박스가 들어오는 것 보고 놀랍기도 하였다. 정기적으로 기부하는 사람은 기부자 번호가 있어서 그 번호에 기부 물품이 정리되고, 그 물품이 판매되면 해당 기부자에게 세금 혜택을 주는 형태로 체계화되어 있었다. 어차피 버릴 물건을 기부하면, 기부된 물품은 판매되어 국제 구호에 활용하고, 기부한 당사자는 세금 혜택을 받는 행태여서 모두에게 이익이 되는 구조였다. 굳이 세금 혜택을 받지 않겠다고 하는 분들

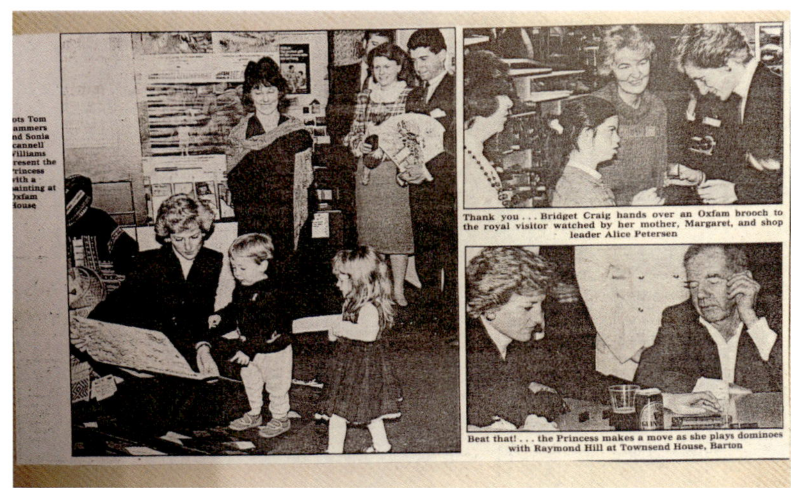

다이애나의 옥스팜 방문 사진

엘리자베스여왕의 옥스팜 방문 사진

옥스팜에서 판매하는 기부 카드

의 경우 그냥 물품만 기증하는 경우도 많았다.

내가 계산대에 있을 때 한 분이 카드 몇 장을 들고 왔는데, 일반적인 크리스마스 카드와는 다른 것이었다. 식수개선, 평화유지, 여성인권 향상, 기후변화 등과 관련된 주제의 카드에 자신이 기부하고 싶은 만큼 비용이 적혀 있었다. 크리스마스 시즌을 맞이하여 일반적인 크리스마스 카드를 사느라고 비용을 사용하지 않고 좀 더 의미있는 곳에 비용이 활용될 수 있도록 기부용 카드를 사서 크리스마스 카드로 활용하는 것이었다. 기부금을 모집해도 다양한 방법으로 사람들의 관심을 고조시키는 방법을 보면서 나름 의미있는 기부카드라는 생각을 하였다.

옥스팜은 수십년간의 중고품가게 운영으로 나름 체계가 잡혀 있었다. 가게 메니저급 정도만 월급을 받고 나머지는 모두 무료로 봉사활동을 한다. 내가 봉사하는 곳은 근 40여명이 활동하고 있고 많을 때는 70여명도 봉사하였다고 한다. 그러다 보니 물품 선별하는 사람, 제품 손질하는 사람, 가격 책정하는 사람 등 각자 자신이 봉사할 영역만 집중해서 봉사하는데 수 십년 동안 꾸준히 봉사하는 사람도 많았다.

나는 거주지와 가까운 곳에서 봉사하고 있는데, 알고보니 그 가게는 1990년에는 다이애나 왕세자비가, 1992년에는 엘리자베스 2세 여왕이 직접 다녀갔던 곳으로 옥스퍼드에서도 유명한 가게였다. 여왕과 왕세자비가 다녀갔을 때의 각종 보도와 사진을 보니 역사적인 곳에서 봉사한다는 생각에 의미있게 여겨졌다.

옥스팜 덕분에 다른 중고품가게도 관심을 가져 보니 다양한 목적을 지향하는 중고품 가게가 여러개 있어서 나도 가능하면 그런 곳에서 필요한 물품을 샀다. 외양적으로 부유해 보이는 옥스퍼드 안에 중고품가게가 이렇게 성황을 누린다는 것은 여러 가지 시사하는 바가 많다. 재활용을 통해 사회적 비용 감소 뿐 아니라 사회적 공생을 추구하는 단면을 보는 것 같다.

• 영국인 사귀는데 소비되는 문화적 요소

나는 음악을 사랑하고 예술활동을 좋아하므로 중세 도시 옥스퍼드에 있는 동안 문화적으로 많은 경험을 하고 싶었다. 자유자재로 첼로를 연주할 수준은 안되지만 이곳에 있는 동안 억지로라도 첼로를 연습할 수 있는 기회를 갖기 위해 옥스퍼드 스튜디오 오케스트라에 입단하였다. 60여년 전통의 오케스트라에 입단하는 것은 매우 어려운 일이지만 일반 영국인의 문화적 수준과 삶을 엿볼 수 있는 것이어서 입단하여 연습에 참여하게 되었다.

옥스퍼드 스튜디오 오케스트라 정기연주

초등학교 강당을 빌려 매주 월요일 저녁에 연습하는데 70세가 넘는 어르신이 악장으로 바이올린을 켜고, 자신의 키보다 큰 콘트라 베이스를 연주하는 백발의 할머니, 30세 부터 70세 이상의 사람들이 모여 있는 풀 오케스트라였다. 영국인들이 어려서부터 악기를 배우고 학교에서 오케스트라도 하기 때문에 어느 정도 수준이 된다는 것은 익히 알고 있었다. 60여 명 되는 단원 중 검은 머리는 나 한명인데, 첫날부터 베토벤, 멘델스존, 모차르트 원곡을 연주하였다. 말도 빠르고 매우 억양이 있는 영국 영어를 구사하는 지휘자의 말을 들으면서 처음 보는 대곡을 아무 준비없이 따라 하는 것은 거의 불가능에 가까웠다. 그래도 한국에서 대학 오케스트라에 있었던 터라 적절하게 흉내라도 내면서 따라가는데 자유자재로 연주하는 그들이 부러웠다. 물론 이미 수십년간 오케스트라 단원으로 활동하는 사람들과 나의 실력을 비교하는 것은 불가능하지만 거의 프로급 아마추어 오케스트라라는 점에서 식은 땀이 났다.

단원들은 부드러운 말로 나를 안위도 하면서 대화를 나누기도 하였지만 각자가 악기, 보면대, 악보, 악기 소리를 책임져야 하는 상황이라서 스트레스가 급상승하였다. 나는 그래도 파트마다 전공자 한명씩은 있어서 내가 도움이라도 받을 수 있을 줄 알았는데 그것도 아니다. 이곳에서 살아남는 방법은 어떤 형태든 연주를 따라가야 하므로 마음만 급하다. 첼로 수석은 관악기, 현악기, 피아노를 포함해서 7종 악기를 연주할 수 있고, 피아노는 음반까지 발매했는데, 직업은 스포츠카 수리라고 한다. 천재적으로 다재다능한 사람들이 즐비하다.

내가 제 발로 호랑이 굴에 들어와서 심리적, 물리적 압박을 어떻게 극복할 것인가? 물론 나의 삶을 풍성하게 만들기 위해 오케스트라에 입단한 것이므로 그곳에서 음악을 듣고 연주하는 것만으로도 충분히 행복하였다. 옥스퍼드대 졸업 후 컴퓨터 업에 종사하는 바순 플레이어가 오케스트라 비서로 활동하는데 나와 사는 곳이 멀지 않아 매번 나를 태워다 주는데, 유머있는 센스가 돋보인다.

이곳에서 영국인들과 이야기 하다 보면 악기를 연주할 수 있느냐라는

뮤지컬극장 내부전경

샌 앤드류 교회에서 크리스마스 연주회

질문을 많이 받게 된다. 다행히 내가 음악을 좋아해서 악기를 연주할 수 있었기에 대화가 자연스럽게 이어졌지만 몇 번 그런 질문을 받고 나니 왜 나에게 이런 질문을 할까하는 생각이 들었다. 한국인인 너가 악기를 연주할 수 있느냐 하는 뭔가 문화적인 우월감을 느끼고 싶어 하는 것일까? 아니면 적어도 악기를 연주할 수 있는 정도의 문화적 수준이 되어야 너랑 대화를 할 수 있겠다고 하는 의미일까?

뮤지컬 백투더 퓨처

물론 내가 만나는 상당수의 사람들이 옥스퍼드 대학을 나온 사람들이기 때문에 문화적 소양이 그럴 수도 있지만 교회에서 만난 사람들도 그런 질문을 하는 것을 보면 질문의 의미가 단순하지는 않는 것 같다.

내가 첼로를 연주한다고 하니 어떤 분은 또 다른 예술적인 활동은 어떤 것을 하느냐고 질문하였다. 자신은 그림을 그린다고 자랑하면서 자기 정원에 만들어 두었다는 설치 미술 형태의 공작과 퀼트로 만든 인형 등을 보여 주었다. 그래서 나는 도자기를 만들 수 있고 그릇 및 찻잔 세트, 장식용 도자기 등은 전부 내가 만든 것으로 쓴다고 했더니 더 이상 예술 이야기를 하지 않았다. 옥스퍼드에 와 있는 미국인은 런던 가서 뮤지컬과 연극 본 것을 한참 이야기 하였다. 나는 무대예술뿐 아니라 음악과 미술 등을 좋아하고 런던에 가서 수차례 다양한 뮤지컬을 관람하기도 하여서 어떠한 문화적 측면의 대화에서도 소외되지 않았지만 이들에게 문화가 주는 의미가 무엇인지 여러모로 곱씹게 되었다.

• 옥스퍼드 영국인의 취미 생활

예전에 내가 미국 하버드 대학에서 방문교수를 역임했을 때 보스턴 근처 부촌인 렉싱턴에서 저렴하게 살 수 있었다. 하버드 대학을 나왔다고 여전히 하버드 대학 근처에서 평생을 살고 있나 할 정도로 하버드 출신이 많았던 것이 독특하다고 생각했다. 이번에는 옥스퍼드대에 방문교수로 있는데 내가 머무는 기숙사가 옥스퍼드 시내 부촌이라 불리는 썸머타운 (Summertown)에 있어서 자연스럽게 이곳의 분위기를 즐기고 있다. 가끔 주변 사람들이랑 이야기를 나누다 보면 옥스퍼드 대학 출신들을 많이 만나게 된다. 옥스퍼드대 출신이라고 평생을 옥스퍼드에 살고 있는 사람이 이렇게 많나 할 정도이다.

썸머타운 합창단(Summertown Choral Society)은 일주일에 한번씩 모이는데 정해진 시간에 시작해서 정확하게 끝난다. 중간에 공지사항 전달하는 것 외에 열심히 연습만 하다가 귀가한다. 합창음악에 진심이 있는 사람들이 모인 곳이다. 모차르트나 브람스, 베토벤 등 세계적으로 최고인 작곡가의 곡들을 연습해서 1년에 두 차례 공연을 한다. 이런 곡들은 주로 전문 합창단들이 부르므로 상당히 난이도가 있는데, 워낙 노래를 잘 하는 일반인들이 모인 곳이어서 웬만한 어려운 곡들은 그냥 부를 수 있을 정도의 수준이다. 복잡한 부분은 소프라노, 알토, 테너, 베이스의 4부가 아니라 6부나 8부 합창으로 나뉘어지기도 하는데, 8부 합창이 각기 파트에 따라 정신없

썸머타운합창단

이 서로 다른 선율로 이어지는데도 아름다운 소리로 화합된다. 이곳 합창단 단원의 평균 연령이 거의 70세는 되어 보인다. 80이 넘은 고령자도 있다. 그런데도 그 어려운 곡을 부르는 것 보면 평생 합창을 한 프로급 아마추어라는 점에서 경이롭게 여겨진다.

알토 파트에 남자 단원이 있어서 왜 테너나 베이스를 하지 않고 알토를 하냐고 질문하니 자신의 목소리에 가장 적합하다고 대답하였다. 일률적으로 남자는 테너나 베이스, 여자는 소프라노나 알토를 하는 공식에 사로잡힌 나는 그 말이 매우 신선하게 들렸다. 맞다. 굳이 특정 관점에 따라 획일화시킬 것이 아니라 자신의 목소리 색채에 맞는 파트에서 활동하는 것은 너무도 당연하고 자연스러운 것이다. 거의 평생을 합창단에서 활동했다는 이 남자 알토 단원은 피아노 음처럼 정확하게 복잡한 음의 변화를 찾아내었다. 덕분에 내가 옆에서 음을 쉽게 잡을 수 있어서 무척이나 다행이었다.

인구도 별로 많지 않는 이곳에 옥스퍼드대학 내에 있는 학생들 합창단이나 오케스트라도 여러 개 있지만, 옥스퍼드 시내에도 상당히 여러 개의 합창단과 오케스트라가 운영되고 있다. 처음에 나는 대학 내의 합창단과 오케스트라에서 활동하려고 했는데 대학 학기에 따라 쉬는 시간이 발생하는 것 보다 꾸준히 활동할 수 있는 곳이 좋을 것 같아서 지역 합창단과 오케스트라에 가입하였다. 그러다 보니 오히려 일반 시민들의 문화생활을 엿볼 수 있어서 좋은 것 같다.

옥스퍼드대학에서 은퇴한 한 교수의 경우 옥스퍼드 시내에서 3개의 다른 오케스트라에서 활동하고 있고 하루는 합창단에 참여해서 노래하고 있어서, 일주일 내내 악기를 연주하며 노래한다고 한다. 매일 매일의 삶이 문화에 젖어서 살고 있는 것이다. 이 정도로 문화가 삶인 상황이다 보니 수준이 높을 수 밖에 없는 것 같다. 그렇지 않아도 내가 영국인에게 문화는 무엇일까 하고 질문한 적이 있는데 '삶'이라고 대답했던 의미를 알 수 있을 것 같다.

물론 오케스트라나 합창 모두 서양음악이다 보니 그들의 문화배경에서 나온 것이고 그들이 일반적으로 즐기는 것이지만, 평상시의 삶이 문화와 얼마나 밀접하게 향유되고 있는지 알 수 있을 것 같다. 옥스퍼드에는 매일 다양한 공연이 개최된다는 점도 평상시 문화생활의 단면을 보여주는데, 이는 옥스퍼드시의 교육수준이 높기 때문이기도 하다.

썸머타운합창단의 공연은 무료가 아님에도 불구하고 공연비용을 지불하면서도 많은 사람들이 관람하는 것을 보고 이런 문화를 향유하는 저변층이 얼마나 두터운지 확인할 수 있었다. 공연자는 합창단 활동을 통해 평상시 삶을 즐겁게 만들 수 있어서 좋고, 관람자는 특별한 기회에 직접 공연을 관람할 수 있어서 좋으므로 결과적으로 모두가 문화를 즐길 수 있는 분위기가 형성되는 것 같다.

나이 들었다고 노인정에서 놀거나 티비 시청 등으로 시간을 보내는 것이 아니라 끊임없이 이런 문화활동에 직접 참여하면서 삶의 풍요를 누리는 것이 내가 나이 들어도 살아가야 할 방향으로 보인다. 끊임없이 자신의 능력을 향상 시키면서 좀 더 건설적으로 문화적인 삶을 영위하는 것이 아름답고 평화롭게 나이 드는 방법이 아닐까 생각해 보게 된다.

• 전통의 의미를 사색케 하는 가든 파티

옥스퍼드대가 정식으로 학기를 시작한 후 옥스퍼드 선교 센타 학장 집의 가든 파티에 초청되어 참석하였다. 옥스퍼드 시내에서 자가용으로 10분 정도 거리의 조용한 갓스토우(Godstow)라는 시골마을에 그리 넓지 않은 길을 따라 들어가면 갈대로 엮어 만든 지붕의 시골집들이 늘어서 있다. 옥스퍼드 시내와는 사뭇 다른 풍경이고 이끼 긴 담장과 갈대로 엮은 지붕 그 자체에서 뭔가 칙칙해 보이지만 역사감이 묻어나는 전통이 보인다. 이 마을은 12세기부터 형성되었지만, 현재의 모습을 갖춘 것은 17세기 이후 점차 정착된 것이라고 한다. 세월이 흐르고 첨단 과학기술이 발전하는데도 이런 식의 갈대 지붕의 집들이 여전히 존재하는 이유는 거주자가 맘대로 바꿀 수 없도록 만들어 둔 규정 때문이다.

이 마을 전체가 옥스퍼드대학 소유라는 것도 신기했다. 이 마을에 거주하려면 옥스퍼드대의 허가가 있어야 하고, 정해진 규정에 따라야만 한다.

전통방식으로 지은 시골집

외부에 드러난 지붕의 두께가 30센티미터는 족히 되어 보이는데, 이것이 적어도 30년은 그대로 유지된다는 사실이 놀랍다. 볼리비아와 페루 경계에 있는 티티카카 호수 안에 있는 우로스 갈대 섬 위에 갈대로 집을 짓고 거주하는 원주민이 생각났다. 한없이 가냘프게 바람에 휘날리는 갈대이지만 서로 엮어 놓으면 무엇보다도 강한 자신만의 힘이 발휘되나 보다.

30-40년 만에 한 번씩 지붕을 교체해야 하는데, 전통방식을 유지해야 하므로 교체 비용이 상당히 든다고 한다. 그렇지만 가능하면 자신의 전통을 있는 그대로 유지하기 위해 규정을 만들고 그 규정을 반드시 지키도록 하여서 오히려 첨단 사회 속에서도 자연과 조화를 이루는 옛 정취가 그대로 살아 숨쉴 수 있는 것 같다.

집 옆으로 난 조그만 문은 정원으로 이어지는데 집 안쪽으로 아담한 정원이 보인다. 아담한 정원의 한 구석에 각종 음료와 간단히 먹으면서 대화할 수 있는 음식이 놓여져 있고 원하는대로 조금씩 들고 다니면서 정원에 있는 사람들과 이런 저런 이야기를 나누는 것이 파티의 핵심이다. 형식과 격식 없이 서로의 안부를 물으면서 대화를 통해 조금씩 더 알아가기도 하고 학문적으로 논쟁을 하는 자리이기도 하다. 특별하게 시작과 끝을 알리는 인사말조차 없다.

처음에는 아담한 정원으로만 보였는데, 그 앞으로 상당히 넓은 정원이 연결되어 있고 그 정원은 주변의 강 지류와 인접해 있어서 강에서 개인 카누를 탈 수 있는 시설도 갖추고 있었다. 그곳에 거주하는 학장은 정원에 캠프파이어 시설도 만들어 놓아 언제든지 자신만의 사색의 공간에서 자연을 즐길 수 있도록 준비해 두었다. 정원이 넓다 보니 한쪽 귀퉁이에는 채소 등을 가꾸어서 식용하기도 하는데, 다양한 크기와 생김새의 호박류 과실을 따서 정원 곳곳에 장식용으로 배치하여 가을 분위기를 한층 끌어올렸다.

가을의 다사로왔던 햇살이 수그러드니 어느새 각자의 사정에 따라 귀가하는 사람들이 생겼지만, 오랜만에 여유를 즐기는 사람들은 타오르는 불꽃 옆으로 모여들었다. 옹기종기 캠프파이어 주변에 모여 나무 타는 냄새 맡으

캠프 파이어

며 웃음꽃이 이어졌다. 군고구마 생각이 간절했다.

옥스퍼드 시내에서 거주하는 공간과는 비교가 되지 않지만, 시내에서

그리 멀리 떨어지지 않은 곳에 시골 풍경을 갖춘 마을에서 드넓은 정원과 자연을 벗 삼아 살 수 있다는 것이 부러웠다. 그곳은 개인이 집을 매매하는 것이 불가능하기 때문에 월세를 내야 하는데, 주변 환경을 포함한다면 삶의 질을 향상시키는데 충분한 가치를 지닌 것 같다.

보존을 이유 삼아 이곳에 아무도 살지 못하게 하였다면 마을은 금방 황폐화 되었을 것이다. 그런데 대학은 나름 효율적으로 사람이 사는 살아있는 마을로 관리하면서 원형을 보존하고 있었다. 수 백 년이 된 나무 하나도 대학 차원에서 자세하게 생장 환경을 체크해 두므로 거주자는 있는 그대로의 자연을 보존하면서 맘껏 누리면서 살면 된다. 전통을 어떻게 유지해야 미래 가치가 더욱 상승하는지를 잘 알고 있는 듯 하다. 급속한 근대화로 현대 문명을 추구하는 오늘날 전통의 자산과 가치가 인간과 국가에게 무슨 의미를 주는지 고민해 볼 필요가 있는 것 같다.

• 관습과 아집 사이

스코틀랜드 애딘버러 대학에서 주관하는 학술대회에 참석하면서 스코틀랜드 국립도서관에 가서 자료도 찾아 보려고 하였다. 애딘버러 대학 자료와 스코틀랜드 국립도서관 자료가 연동이 안되고 서로 다른 시스템이라고 해서 조금은 불안한 마음이었다. 대학 도서관 자료도 예약을 해야 볼 수 있는데 곧 주말이어서 자료 보기가 어렵다는 말을 듣고 마음이 불편하였다.

스코틀랜드 국립도서관

스코틀랜드 국립도서관에서 잠시 자료를 찾으려고 해도 등록하는 절차를 거쳐야 했다. 그런데 나에게 주소를 증명할 수 있는 자료를 제출하라고 한다. 영국은 주소를 증명할 수 있는 자료로 전기세나 가스비를 통보하는 공적 자료에 내 이름과 주소가 있어야 한다. 도대체 도서관에서 잠시 자료를 보는데 왜 주소를 증명하지 않으면 도서관에 들어갈 수 없는지 이해하기 어려웠다. 영국거주증, 여권, 옥스퍼드대학 신분증 그 어느 것도 소용이 없다. 국가에서 공식으로 발급한 자료와 상관없이 무조건 주소를 증명해야 한다.

문득 12년 전에 대영도서관에서 발생했던 일이 생각났다. 미국 하버드대학에 방문교수로 있으면서 영국 대영도서관에서 자료를 찾기 위해 인터넷으로 필요한 모든 정보를 기입하고 도서관 방문 일정도 신청해 두었다. 그러나 막상 도서관에 가서 자료를 보려고 하니까 무조건 영국 거주

주소를 증명하라고 한다. 나는 미국에 거주하고 있는 것과 전후 사정을 이야기 하고 여권 및 모든 정보를 보여주어도 무조건 영국 거주 주소를 증명하라고 한다. 호텔 주소는 안되고 주소 증명이 안되면 도서관을 들어갈 수 없다는 것이다. 상급자를 불러 달라고 해도 막무가내여서 자료 보는 것을 포기한 적이 있다. 그 이후 10년 넘도록 나는 이 사건을 까마득하게 잊고 있다가 다시 스코틀랜드에서 같은 경험을 하게 되면서 과거의 일이 생각났다. 그나마 스코틀랜드 국립도서관은 당일 일시 방문하는 것은 허락해 주어서 잠시 자료를 볼 수 있었으나 대영도서관에서는 아예 도서실에 들어가지도 못했다.

나는 상식적으로 이해가 가지 않았다. 도서관에서 자료를 보는데 주소를 증명해야 하는 논리적 이유가 무엇인지 궁금하였다. 애딘버러대학에

왕립지리학회 전경

서 학술회의하는 것이 도서관 사서와 관계된 것이어서 도서관 사서들에게 있었던 이야기를 하면서 도대체 영국은 왜 도서관 자료를 보는데 주소를 증명하지 않으면 안되는지 질문하였다. 꼭 그렇게 해야만 하는 이유는 무엇이며 주소가 증명되지 못하면 왜 도서관에 들어갈 수 없는지에 대한 이유를 논리적으로 설명해 보라고 요청하였다. 자신들이 도서관 사서이기 때문에 누구보다도 잘 알 수 있을텐데 그 어느 누구도 합리적이고 논리적인 설명을 해 내지 못한다. 기껏 한다는 말이 책을 분실하였을 때 주소지가 있어야지 사람을 찾을 수 있기 때문에 주소 증명을 해야 한다고 하였다. 나는 내가 책을 빌리는 것도 아니고 도서관에 있는 자료를 검색하고 잠시 살펴보는데 왜 무조건 자신들이 요구하는 특정 방법으로만 주소를 증명하지 못하면 도서관에 들어갈 수 없는지에 대해 캐물어도 돌아오는 대답은 똑같은 말의 반복이다. 그러면서 자신들은 제도적으로 그렇게 해 오던 것이어서 어떠한 불편함도 못느꼈다고 한다. 그 말을 듣고 나니 한편으로는 매우 한심하게 느껴졌다. 무엇이 합리적이고 무엇이 불합리적인지에 대한 생각도 해 보지 않고, 제도의 개선점을 이야기 해도 자신들의 관습이라고 아무런 태도 변화가 없는 것에 대해 도대체 어떻게 이해해야 할까? 다음에는 도서관 가려면 다른 무엇보다 주소를 증명할 자료를 챙길 생각을 하니 도서관 가기가 싫어졌다.

그리고 보니 또 다른 사건이 생각났다. 내가 연구할 자료가 런던 왕립지리학회 자료실에 있어서 방문한 적이 있는데, 그때도 똑같이 주소증명을 요구 받았고 사전에 열람할 자료를 신청하고 승인이 있은 후에야 비로소 자료를 볼 수 있다고 하였다. 그 날은 내가 옥스퍼드에서 런던까지 왔으니 특별히 자료 1개만 보여주겠다고 선심을 써서 애써 고맙다고 하면서 자료를 보았다. 필요한 자료를 카메라로 촬영하려고 하니까 핸드폰 카메라는 사용할 수 있지만 일반 카메라는 사용할 수 없다고 하였다. 나는 핸드폰 카메라 사용의 불편함과 용량 문제 그리고 자료 관리 문제로 일반 카메라를 사용할 수 있게 해 달라고 했는데도 무조건 안된다고 하였다. 두 카메라 사이에 무슨 차이가 있는지에 대해 질문했으나 그냥 핸드폰 카메라만 촬영이 가능하다고 주장한다.

도대체 영국에서의 전통이나 관습은 무슨 의미인가? 가끔은 이토록 합리적이고 논리적인 이유없이 자신들이 그렇게 해 왔다는 것만으로 특정 내용을 주장하는 것을 보면서 이게 전통인지 아집인지 알 길이 없다는 생각이 든다.

• 폴로 바서티와 일상의 깨소금

옥스퍼드 대학내에 상당히 많은 스포츠 동아리가 있는데 그중 승마클럽과 함께 폴로클럽에서도 활동하는 지인의 초대로 윈저 파크 폴로 경기장에서 개최되는 폴로 경기를 관람하게 되었다. 나는 승마클럽에서만 활동하지만 말이라고 하는 살아 있는 생명과의 조화로움 속에서 운동을 하는 부담감과 개인적으로 몇 번의 낙마 경험도 있어서 항상 조심스럽게 승마를 접했다. 그런데 역동적인 폴로 경기를 직접 관람하는 것은 너무도 좋은 기회이기에 빠질 수 없었다.

폴로는 승마와 하키를 합친 경기로 기원전 6세기부터 기원후 1세기까지 유목민인 이란과 투르크계 민족이 즐기던 것이었는데 페르시아로 전

승마

해지면서 왕실 근위대나 기병대 등의 훈련경기로 활용되기도 하였다. 1900년부터 1936년까지 올림픽 종목이기도 하였고, 세계에서 가장 오래된 팀 경기의 하나로 한 팀에 4명씩 출전한다.

현대의 국제적인 폴로 경기는 인도의 시골에서 유행하던 경기 형태에서 유래하였는데, 영국으로 퍼져나가면서 스포츠 명칭으로 자리 잡게 되었다. 1859년 인도 아삼(Assam)의 실차르(Silchar) 마을에 유럽 폴로 클럽이 설립되었고, 영국인 차 농장주들은 마니푸르(Manipur) 출신 이민자들에게 폴로를 배웠다. 1874년 영국이 공식적으로 폴로 규칙을 만들었고 그 중 많은 규칙이 여전히 존재한다.

한국에도 고구려때부터 격구(擊毬)라는 이름으로 비슷한 경기가 유행하였고, 고려시대에는 단오절 행사로 여성도 격구를 즐겼다는 기록이 있다. 조선에서는 왕들이 이 경기를 즐겼고, 세종대에는 무과시험에 격구를 포함시키기도 하였으나 정조이후에는 별 기록이 없다. 현재는 제주도에 폴로 클럽 하나가 운영되는 정도이다.

승마를 배우기도 어려운데 거기에다 폴로 경기까지 할 수 있을 정도로 연마하려면 돈도 있어야 하지만 시간적 여유가 있어야 가능하다. 따라서 초기 농민이나 유목민이 했던 폴로와는 달리 현대 폴로는 '왕들의 스포츠'라 불리며 상류층을 위한 관중 스포츠로 자리 잡고 있다. 경기의 역동성을 보면 폴로의 매력에 매료되지 않을 수 없다.

폴로경기가 열리는 날이면 영국 사람들은 경기를 관람하면서 피크닉을 즐기는 문화가 있어서 드넓은 잔디밭에 자리를 펴고 옹기종기 모여있는 사람들이 곳곳에서 눈에 띄었다. 만물이 싱그럽게 피어나는 6월은 피크닉을 하기 좋은 계절이지만 변덕스런 영국 날씨는 당일 쌀쌀하고 추웠다. 워낙 그런 기후에 적응되어 있어서 그런지 자신의 신체 조건에 맞게 옷을 벗은 사람, 입은 사람 등 자유로운 모습으로 여유로움을 즐기고 있었다.

폴로 경기

옥스퍼드와 캠브리지 대항전을 바서티(Varsity)라고 하는데 그의 사전적 의미는 특히 스포츠 종목에서 대학, 학교 또는 클럽을 대표하는 주전 선수단의 경기라고 할 수 있다. 옥스퍼드와 캠브리지 대학은 1878년부터 폴로 경기 대항전을 했다고 하는데, 최근에 지속적으로 옥스퍼드대학이 승리하였다고 한다.

이 날의 프로그램으로는 오전부터 두 대학 졸업생 대표의 폴로 경기가 펼쳐졌고, 그 후에는 영국 최고의 고등학교라 불리는 1440년에 개교한 이튼(Eton College)과 1572년에 개교한 해로우(Harrow)가 경기하였다. 이들 고등학교 졸업생 상당수가 옥스퍼드와 캠브리지를 가므로 자연스럽게 선후배들의 만남이 되기도 하고 또 향후 해당 대학에서 선수로 활약할 자신의 모습을 그려볼 기회가 되었을 것이다.

오후에는 옥스퍼드와 캠브리지대 재학생 대항전이 있었다. 역시 경기는 응원하는 팀이 있어야 더 재미있게 구경할 수 있는데, 옥스퍼드대를 응원하고 환호하면서 경기를 관람하니까 모두가 하나가 되는 느낌을 즐길 수 있었다. 특히 졸업생과 재학생 모두 옥스퍼드대가 승리하여 축제 분위기는 한층 뜨겁게 달아 올랐다.

고등학생, 대학생 모두 최상위 학교에서 스트레스 속에서 공부하면서도 이런 활동을 즐기는 것은 나름 지력과 체력을 갖춘 엘리트 코스를 밟고 있는 자들의 특권의식의 일면이기도 하다. 이들 아마추어 경기도 볼만 하였지만 뒤에 이어진 전문 선수들의 경기는 이들과는 비교도 되지 않을 정도로 역동적이었다. 공을 몰고 가는 속도나 골을 넣기 위한 전략, 엄청난 속도로 순간적인 질주를 하기도 하고 순간적으로 정지도 할 수 있을 정도로 자유자재로 통제되는 말들을 보는 것만으로도 스릴이 넘치면서 아찔

하였다. 경기 속도와 역동성으로 부상의 위험이 있기 때문에 경기 규칙도 안전을 위협하는 것은 벌점(페널티)을 주어서 철저하게 관리하고 있었다.

워낙 역동성있고 속도감있게 휘몰아 치는 경기여서 중간에 말을 계속 교체하면서 경기를 하는 것도 진풍경이다. 속도, 박진감, 역동성을 대변하는 폴로 경기와, 그 주변에서 맥주 한 잔 마셔가면서 담소하면서 평온하게 관람하고 있는 분위기가 사뭇 대조적이다. 물론 멋진 경기가 나오면 환호성이 터져 나오기도 하지만 대체적으로는 차분한 분위기에서 경기를 관람하는 피크닉 문화가 소소한 일상에서 깨소금을 역할을 하는 것 같다.

• 크리스마스의 의미

영국에서 매년 11월은 블랙프라이데이로 명명되는 쇼핑기간을 정해 소위 왕창 세일 개념으로 각종 물품을 판매하면서 소비를 진작시키는 분위기를 띄운다. 이는 자연스럽게 붉은색과 녹색 그리고 각종 불빛을 아름답

런던 도심지 크리스마스 풍경

게 장식한 크리스마스 마켓이라는 것과 연결되면서 도시의 분위기를 색다르게 만들고 있다. 조그마한 가건물에 색상이 덧입혀지고 크리스마스 장식을 달고 도시 한켠에 쭉 늘어서 있으면 크리스마스 시즌이 시작되는 것이다. 그러면 무조건 한번은 그곳을 거닐면서 구경도 하고 가벼운 물품 하나 정도는 구매하면 기분이 더 좋아지는 효과를 누리는 것 같다.

12월에 들어서면 본격적인 크리스마스 시즌이 시작된다. 대학도 학기를 마치고 휴가철에 돌입하게 되니 크리스마스와 연말연시까지 어딘가로 휴가를 떠나 재충전을 하려는 사람으로 넘친다. 많은 사람들이 휴가를 떠나기 때문에 이 기간에는 그동안의 모든 클럽 활동들이 휴식시간을 가지면서 자신들만의 휴가 계획을 갖게 된다.

크리스마스 분위기 형성에 앞장서는 것은 각종 백화점, 선술집과 레스토랑이다. 자기만의 독특한 방식으로 크리스마스 장식을 하고, 크리스마스 특별 메뉴를 개발하여 크리스마스 소비 심리를 자극한다. 다채롭게 크리스마스 장식을 하기 때문에 이런 장식을 구경하러 다니는 것만으로도 동화 속을 거니는 느낌이 있다. 어느 도시나 크리스마스 장식을 예쁘게 한 구역이 있고 그 구역에 가서 크리스마스 분위기를 느끼며 사진도 찍고 웃고 떠들면서 한 해의 스트레스를 날리는 것 같기도 하다. 크리스마스는 문화이고 축제처럼 보인다.

12월 초 부터는 각종 클럽이나 모

뉴커머스클럽의 크리스마스

임에서 크리스마스 기념으로 다양한 파티가 열리므로 12월 내내 각종 행사가 개최된다. 교회에서도 크리스마스 당일은 말할 것도 없고 그 전주부터 각종 크리스마스 행사가 준비된다. 합창과 오케스트라 연주, 연령에 맞는 각종 행사 등이 즐비한데 나는 그중 몇 개만 참석해도 12월이 어떻게 가는 줄을 모르겠다.

어느 날 저녁 귀가해 보니 나에게 소포가 전달되어 있었다. 영국에서 나에게 이런 소포를 보낼 사람이 없는데 이게 뭘까 생각하면서 보낸 사람을 보아도 누구인지 잘 모르겠고 괜히 이상한 것 아닌가 하는 생각에 뜯어 보아야 하나 말아야 하나 하고 망설였다. 그냥 반송할까도 생각하고 이것을 어떻게 해야 하지 하고 한켠에 놔 두었다가 별일이야 있을까 하면서 일단 누가 무엇을 보낸 것인지 확인이라도 하기 위해 소포를 살며시 개봉하였다.

크리스마스 카드와 선물이 포장되어 있었다. 카드를 읽고 나서야 내가 아는 사람이라는 것이 확인되어 안심이 되었다. 내가 한국에 소포를 보내기 위해 시 중심 우체국에 간 적이 있는데 그때 업무를 처리하는 과정에서 우체국 직원과 잠시 이야기를 나눈 적이 있다. 그 우체국 직원은 아프리카에서 옥스퍼드대학에 유학와서 공부한 후 이곳에 정착한 사람으로 한국에 대해서도 관심이 있고 한국에 아는 사람도 있어서 몇 마디 나누지 않았어도 말이 잘 통하였다. 짧은 업무시간이므로 전화번호만 나누고 언제 시간나면 만나서 이야기나 하자고 말한 후 헤어져서 문자만 두어번 하고 다시 만나본 적도 없는 사람이었다.

우체국 직원은 내가 해외에 혼자 있는 것을 알고 있으므로 외롭지 않게 선물을 보내 준 것이었다. 그러면서 그가 이런 선물을 보낸 이유는 크리스

옥스퍼드 스튜디오 오케스트라 연주장면

마스의 의미가 나눔에 있기 때문이라고 설명하였다. 뜻하지 않는 감동이었다. 손으로 쓴 크리스마스 카드와 맛있는 초콜릿을 포장한 손길이 따스했고 자신의 삶도 분주한데 한번 스쳐간 타인의 상황을 고려하여 자그마한 나눔을 실천하는 것은 쉽지 않은 일이다. 크리스마스가 단순히 상업적 쇼핑 시즌이 아니라 예수탄생을 기념하며 사랑을 실천하는 것이라는 점에서 나름 크리스마스의 의미를 실천하는 것이었다.

어느 날 첼로 연습을 하러 칼리지에 갔는데 직원이 누군가 크리스마스 카드를 나한테 남겨 놓았다고 하면서 카드를 건네 주었다. 누가 이런 카드를 나한테 보냈을까? 나는 일전에 영국교회에서 성경공부를 인도해 준 부부에게 감사의 의미로 칼리지에서 식사를 한번 대접한 적이 있었는데 그 부부가 나한테 크리스마스 카드를 보내준 것이었다. 한국에서 크리스마스 카드를 직접 받지 않은지 오래된 나로서는 이런 저런 이유로 크리스마스 카드를 받는 것이 매우 신선하였다.

외양적으로 보면 크리스마스 시즌이 먹고 소비하고 노는 것에 집중된 것처럼 보이고 실질적으로도 대다수 사람들은 그렇게 시간을 보낸다. 그런 상황에서도 자신만의 방식으로 크리스마스의 진정한 의미를 실천하는 사람들을 보면서 크리스마스의 의미가 되새겨지는 것 같다.

• 바스의 크리스마스 시장과 제인 오스틴

바스(Bath)는 영국 남서부 서머셋주(Somerset)에 위치한 도시로, 영국에서 유일하게 자연 온천수가 발생하는 곳이다. 이 도시의 형성은 약 1세기 중반 로마인들이 세운 로만 바스(Roman Baths)에서 비롯되었다. 기원후 70년 경에 목욕 및 사교 단지로 건설된 웅장한 로마 목욕탕은 세계에서 가장 잘 보존된 로마 유적지 중 하나로, 46°C에 이르는 온천수가 매일 목욕탕을 가득 채우고 있다. 직접 로마 목욕탕에 들어가서 실질적인 목욕을 할 수는 없지만 관광객을 위해 항상 온천수는 가득 채워 둔 상태이다. 바스는 다양한 극장, 박물관, 문화 장소, 스포츠 경기장 등을 갖추고 있는 주요 관광지로 1987년 유네스코 세계유산으로 지정되었다.

바스의 로마 목욕탕은 온천수를 담아 둔 탕만 있는 것이 아니라 건물 내부에는 온천수의 흐름을 볼 수 있도록 발굴되어 있다. 온탕, 냉탕, 사우나, 대기실, 체력단련실 등 수많은 용도의 공간도 표시되어 있어서 당시의 구조를 이해할 수 있다. 온천수가 솟아 나오는 곳도 직접 참관할 수 있고 온천수가 어떻게 강으로 흘러가는지도 확인할 수 있도록 구성해 두었다.

로만 바스 전경

또한 발굴된 유물도 상당히 많고 다양한 종류가 있는데, 그 중 신전에서

나온 황금 마스크 상과 신전에 바치는 인간들의 호소가 글로 새겨져 있어

로만 바스에서 발굴된 고고유물

로만 바스에서 발굴된 모자이크 바닥

서 당시의 생활상을 세세하게 확인할 수도 있다.

로만 바스 물도 직접 마셔 볼 수 있다. 상쾌한 맛은 아니지만 로마 최고의 휴양지로 명성을 얻었던 곳이고, 이곳에서 치료되지 않는다면 어떠한 희망도 없다고 할 정도로 유명한 곳이어서 물 한 컵을 다 마시고 나니 괜히 건강해진 기분이 들었다. 온천욕을 좋아하는 나는 직접 온천욕을 해 보고 싶은 마음이 간절하였지만 그것은 불가능한 일이기에 손으로라도 만져서 온천의 느낌을 느끼고 싶었다. 유황천이 아니어서 특별한 냄새도 없고, 피부가 매끈해 지는 느낌도 없었지만 직접 목욕한다면 기분은 상쾌해질 것 같았다.

973년 에드가 왕(Edgar the Peaceful)은 바스 교회에서 대관식을 가졌다. 로마 목욕탕 옆에 있는 바스 교회의 위용은 외관의 화려함과 더불어 내부에 장식된 각종 석상과 스테인드 글라스, 휘황찬란한 천장 장식만 봐도 금방 확인할 수 있다. 조지 왕 시대(Georgian era, 1714-1837)에 바스가 광천 휴양지로 인기를 끌면서 바스 스톤(Bath stone)으로 만들어진 전형적인 조지안 양식(Georgian architecture)의 건축물들이 현재 문화유산으로 잘 남겨져 있다. 가장 대표적인 것은 로얄 크레센트 팰러스(Royal Cresent Palace)이다. 초승달 형태의 건물은 전체 도시를 내려다 볼 수 있는 곳에 웅장하게 지어져 있다. 팰러스 1번 집이 박물관으로 개장되어 있는데 조지안 시대의 양식을 색채나 디자인에서 확인할 수 있고 지하로 가면 독특한 형태의 부엌과 식당도 생동감있게 구성해 두었다.

바스 건축에 사용된 스톤은 영국 서머셋의 콤 다운(Combe Down) 및 주변 광산에서 채취한 탄산칼슘의 알갱이 조각으로 이루어진 석회암이다. 석회암으로 웅장한 건물을 건축하려면 상당한 경제력과 대량의 노동력이 필요한데, 이것이 바로 대서양 횡단 노예 무역으로 인해 가능하였다는 사실도 같이 기억해 둘 필요가 있을 것이다.

바스는 11월 말부터 12월 초순까지 크리스마스 시장이 열리는 곳으로도 유명하다. 웅장하게 건축된 도시 시중심에 크리스마스를 기념하는 각종 상품이 전시되고 푸드 트럭이 나와서 쇼핑에 지친 사람들의 허기를 달

바스 크레센트 전경

제인 오스틴 하우스 전경

래 주었다. 크리스마스 불빛 장식과 크리스마스를 상징하는 각종 장식이 분위기를 달구고 게다가 블랙 프라이데이 세일까지 같이 하면서 인파로 넘쳐 났다.

바스 한 구석에는 영국 10파운드 지폐 속에 등장하는 인물인 제인 오스틴(Jane Austen, 1775-1817) 센터가 있는데 그녀가 바스에서 생활했을 당시의 내용을 가족사와 더불어 잘 전시해 두었다. 서양 문학사에서 매우 영향력 있고 중요한 작가 중 한 사람으로 평가받는 그녀는 주로 당대 영국 중상류층 젠트리의 생활을 소설로 썼다. 꿈 많던 소녀시절 나는 제인 오스틴의 명작인 『오만과 편견』을 읽었던 기억이 새록 새록 하다. 영화로도 만들어져 많은 사람들에게 사랑받은 작품이다.

울프슨 대학에서 영국의 역사와 문화를 이해할 수 있도록 만들어 준 1일 문화여행을 통해 문학소녀 시절 읽었던 제인 오스틴 작품을 떠 올리게 되고, 로마 목욕탕의 화려한 역사와 노예무역과 바스의 건축사를 새롭게 이해할 수 있는 계기가 되었다.

옥스퍼드대학에서 교회사를 연구하는 부부가 인도하는 성경공부에 참여한 적이 있다. 그 과정에서 남아프리카에서 목회를 한 적이 있는 노부부를 알게 되어 교회에서 만나면 가끔 인사도 하고 가볍게 대화도 나누고 하였다. 그 분은 크리스마스 당일에 특별한 계획이 없으면 자신의 집에 와서 식사하면서 시간을 보내자고 초대해 주었다.

노부부와 딸, 다른 2명의 영국인 그리고 나 총 6명이 한 나절을 즐겁게 보냈다. 나를 포함한 다른 2명의 손님도 크리스마스에 나름 혼자 있는 상황이기 때문에 초대한 것 같았다. 이곳 저곳에서 받은 카드로 빨래 널 듯 널어서 크리스마스 장식을 한 거실에서 다과와 음료를 나누면서 담소하였다. 그 후 크리스마스 분위기에 맞게 식탁을 꾸미고 작은 것이지만 흥을 돋울 수 있는 소형 폭죽, 형형색색의 왕관, 크리스마스 장식을 단 연필 등

크리스마스 선물

크리스마스 장식의 레스토랑

아기자기한 작은 선물들이 가득한 식탁으로 이동하였다. 잘 차려진 식탁에서 식사를 마치고 디저트를 먹기 전까지 짬을 내서 크리스마스 조크 게임을 하면서 잠시 소화를 시킨 후 디저트와 커피를 마셨다.

거실로 자리를 옮겨서는 서로 크리스마스 선물을 증정하고 그 선물을 뜯은 후 예쁘고 멋지다고 감탄하면서 서로에게 감사의 마음을 전하였다. 무슨 공식 절차는 아니지만 평상시에 이런 순서로 시간을 보낸다고 한다. 자신이 상대방을 생각해서 구입하여 예쁘게 선물한 포장을 뜯는 이 분위기가 상당히 따스했다. 나는 초대해 준 부부에게만 조그만 선물을 했다. 그런데 영국 손님들은 나한테 줄 조그만 선물과 카드도 준비해 왔다. 그들은 초대받은 사람이 누구인지 먼저 파악하고 나를 위한 크리스마스 선물을 준비한 것이다. 나는 내가 한 번도 본 적 없는 다른 분에 대해서 선물을 준비할 생각을 하지 못한 채 선물만 받으려니 마음이 편치는 않았다. 그래서 죄송하다고 말을 했더니 크리스마스는 나누는 것이니까 부담 갖지 말고 그냥 잘 받으면 된다고 알려주었다.

그러다가 딸이 국왕 연설을 듣겠냐고 의견을 물었다. 나는 호기심에 듣겠다고 하였는데 나머지 5명의 영국인에게는 너무도 당연한 것이었다. 오후 3시에 BBC방송을 통해 국왕에 오른 찰스가 첫 크리스마스 연설을 하는데, 이는 황실이 매년 꾸준히 하는 중요한 연례행사라 한다. 집안 분위기에 따라 국왕연설 이전에 선물 개봉도 하지 않고, 국왕연설 이후 애국가가 나오면 모두 일어서서 부르는 경우도 있다고 한다. 내가 이런 것이 모두 자발적으로 하는 것이냐고 되물었더니 그렇다고 해서 약간 신선한 충격을 받았다. 일반 국민들이 자연스럽게 황실의 권위를 인정하고 일부러 시간 맞추어 국왕연설 듣는 것이 너무도 자연스러운 관례인 것을 확인하니 정치의 권위가 뭘까 하는 생각이 들었다. 국가 지도자는 국민에게 어떤 존재인가라는 생각이 떠나지 않았다.

선물 개봉과 국왕 연설 이후에 탁자로 몰려가 보드 게임을 하였다. 제대로 재미있게 보드게임을 한 이후에는 티타임을 가지면서 또 다른 크리스마스 케익을 먹었다. 자르기가 아까울 정도로 예쁘게 장식한 케익은 노부부의 딸이 직접 만든 것이다. 케익과 차를 마시면서 담소를 나눈 후 또 다시 다른 종류의 게임을 하였고, 그 게임이 끝난 후에는 치즈 크래커와 과일을 먹었다. 몇 차례 간식을 먹었는데 먹을 때마다 간식 내용과 음료수가 달라졌다. 평상시 가족이 모이면 이런 저런 게임을 하면서 담소도 하고 음식도 나누고 하면서 하루 종일 시간을 같이 보내는 것이다.

점심 먹으면서 했던 크리스마스

크리스마스식탁장식

조크 게임을 포함해서 보드게임, 사람 이름 맞추기 게임, 도미노 게임을 하고 간식 타임, 선물 교환 및 국왕 연설 듣는 것 등을 포함해서 7시간이 넘도록 끊임없이 떠드는데 지루한 것이 없었다. 적절히 돌아가면서 서로에게 궁금한 것도 질문하고 대화가 이어지는 대로 대화하는데 화기애애한 분위기에서 시간 가는 줄 몰랐다. 80세가 넘은 노부부의 건강도 대단하였다. 점심 식사가 시작되기 전에 음식 준비하고 상차림 해두고 선물 준비하고 등등 분주하였고 식사후 쉴새없이 7시간 넘도록 같이 떠들고 대화하는데 피곤한 기색하나 없다. 귀가시에 노부부가 직접 운전해서 나를 집까지 바래다 주었는데, 도착해서는 두분이 모두 차에서 내려 나를 안아주면서 행복한 성탄을 축복해 주었다.

나를 배려해 준 노부부 덕분에 뜻밖에 영국 가정의 따스한 크리스마스 축제를 잘 누릴 수 있었다. 더불어 중산층 영국인의 일반적인 삶의 모습과 영국 황실의 정치적 권위가 일반인의 삶속에 어떻게 스며져 있는가도 볼 수 있었다.

• 조금은 엉뚱한 신년 맞이 파티

2023년을 마무리 하는 마지막 날 나는 NGO활동을 하는 인도-벨기에 출신 부부 집에 초대되었다. 한국에 있을 때는 일주일에 한번씩 서울 둘레길을 걸었는데 옥스퍼드에 와서 그런 시간을 갖지 못해 아쉬웠는데 옥스퍼드 주변 길을 걷는 모임이 있다고 해서 참석하게 되었다. 걷기에 관심있는 불특정 다수의 모임이었는데, 고고학자, 사회학자, 공인회계사 등 다양한 층위의 사람들과 대화할 수 있었다. 걷는 중간에 음료를 마실 수 있는 펍에 들렀을 때 인도-벨기에 출신 부부가 내 옆에 앉아서 나에게 차와 빵을 구매해서 대접해 주어서 자연스럽게 대화로 이어졌다. 걷는 것을 마친 후 갔던 또 다른 펍에서도 그들과 즐겁게 대화를 나누었는데 그 부부가 나와 몇 명을 자신의 집에 초대해 주었다.

12월 31일 오후, 일반 회사를 다니는 영국인, 파키스탄 출신 감옥 간수였던 영국인 그리고 나는 그 부부와 함께 시골 마을을 산책하였다. 마을 중심에 교회가 있고, 1743년에 건축된 곳에서 펍이 운영되며 8천여명이 거주하는 평화로운 시골 마을 풍경이 좋아서 이들도 5년 전에 이곳으로 와서 영주하고 있다고 한다. 옥스퍼드 근교의 조용한 마을에서 주민들끼리 서로 인사하고 다니는 것이 인상적이었다. 우리는 집 근처에 광활하게 펼쳐진 초지를 따라 1시간 반정도 산책하면서 이야기를 나누었는데, 차가운 겨울 바람의 한기가 스며들기도 하지만 시원한 느낌이 있어서 상쾌하였다. 지나가다 특별하게 생긴 돌담이 궁금하여 개를 데리고 산책하던 노인들에게 질문을 던져도 자연스럽게 대화를 받아 주어서 좋았다.

벨기에 출신 부인은 사회학자이면서 인도에서 요가를 가르쳤던 요가선생님이기도 해서 집에 돌아와서 나는 요가 훈련을 하자고 요청 하였다. 그녀는 흔쾌히 나의 의견을 들어 주어서 요가를 할 수 있도록 인도해 주었고, 요가로 몸도 마음도 가벼워진 상태에서 다시 차를 마시며 대화를 시작하였다.

그러다가 각국의 민요를 돌아가면서 부르면서 음악과 대화, 차와 간식 등이 어울어지는 시간을 가졌다. 우리 모두가 알만한 음악을 찾다가 발견한 동요에 간단한 율동을 곁들이게 되자 다같이 일어나 웃고 노래하며 몸

동작까지 하는 시간을 가지면서 동심으로 되돌아 갔다. 꼭 무엇을 해야 하는 것이 아니므로 서로 즐거운 마음으로 대화가 흘러가는대로 시간을 보냈다.

저녁 8시가 넘어서 인도식 카레로 저녁을 먹고 난 후 남아프리카에서 온 교수 부부가 저녁 9시경에 합류하였다. 그들은 다른 집에 초대되어 파티를 즐기다가 뒤늦게 이 집의 신년맞이 파티에 합류한 것이다. 옥스퍼드 대학에서 박사학위를 받은 물리학 교수의 인도계 부인은 집주인이 두드리는 뮤직 박스의 비트에 맞추어 힌디어로 인도의 민요를 부르며 즐거운 시간을 보냈다. 남아프리카 정치 경제 현황이나 만델라에 대한 이야기도 나누었고, 영국과의 경제적 유착 관계 및 세금 문제 등 각종 사회 현안에 대해서도 이야기를 나누었다.

새해맞이 종 울리는 모습

저녁 11시 20분경이 되니 마을 교회의 종소리가 울려 퍼졌다. 집주인을 포함하여 모두 교회를 다니지 않았지만 나는 교회를 가 봐야겠다고 해서 집주인과 함께 나와 교회를 갔다. 그 교회의 종은 300년이 넘은 것이라고 하는데, 매년 신년맞이 저녁에 종을 울리는 것이 전통이라고 한다. 교회 종탑에 걸린 종을 치기 위해 교회 안에서 7명이 서로 박자를 맞추며 조화롭게 긴 줄을 잡아당기는 것을 지켜보고 있는 노신사가 있어서 그분과 이 마을의 신년맞이 전통에 대해 이야기를 나눌 수 있었다.

교회를 다녀온 후 거의 12시가 되어가자 모두가 분주하였다. 12시 정각을 맞추기 위해 시간을 설정해 두고 그 시간에 맞게 모두가 일어나 손에 손을 맞잡고 스코트랜드 민요인 올랭자인(Auld Lang Syne)을 부르면서 새해를 맞이하였다. 밖에서는 새해를 알리는 축포가 쏟아졌고 집 안에서는 서로를 안아주면서 새해를 축복해 주었다. 새해를 맞이하는 케이크에 불을 붙여 우리만의 신년맞이를 축하하였다.

신년맞이 축하 케익을 먹기까지 10시간이 넘도록 대화하고 노래하고 먹고 마시고 또 대화하고 웃고 떠드는 시간이 계속되었다. 그 부부도 영국에 거주한 5년 동안 이번이 가장 특별한 새해맞이를 했다고 즐거워하였다. 마음을 열고 서로가 서로에게 조금만 손을 내밀면 모두가 행복한 시간을 보낼 수 있다는 것을 다시 한번 체험하게 되었다. 민족도 종교도 배움의 많고 적음도 상관없이 모두가 열린 마음으로 대화하고 어울릴 수 있는 사회는 스스로의 조그만 실천으로 만들 수 있다는 사실이 마음에 새겨지는 새해이다.

신년모임에 모인 사람들

2

옥스퍼드 대학의 일상과 학술 활동

옥스퍼드 대학 레스토랑 풍경

옥스퍼드대는 자신만의 특징이 많이 있다. 영국에서 가장 오래된 대학이고 최고의 학부이기도 해서 그런지 옥스퍼드만의 시스템을 따로 가지고 있다. 1년을 3학기제로 나누는데, 각 학기당 일반적으로 옥스퍼드 대학은 8주씩 공부하고, 캠브리지는 10주, 나머지 대학은 12주 정도로 운영한다고 한다. 옥스퍼드와 캠브리지를 제외하고 1년에 2학기제로 운영하는 대학도 많아서 영국 대학 시스템을 일괄적으로 설명하기 쉽지 않다. 옥스퍼드 내에서도 학과에 따라 공부하는 기간을 달리 적용하기도 하여서 하나의 시스템으로 일반화하기 쉽지 않다.

옥스퍼드는 학기가 시작되면 모든 활동이 같이 진행된다. 각종 학술행사, 강의, 문화행사 및 자신이 선택한 과외활동까지 이어지기 때문에 시간관리가 안되면 모든 것이 엉망이 될 수 있다. 8주동안 공부면 공부, 활동

옥스퍼드에서 공부하는 학생들과 함께

이면 활동 이 모든 것을 몰아서 하기 때문에 집중적으로 시간을 활용해야 한다.

옥스퍼드는 도제식으로 공부하는 형태인데, 상황에 따라서는 교수와 몇 명의 학생이 같이 토론하기도 하지만 교수와 학생이 1:1로 토론하기도 한다. 이런 경우 본인이 공부해 오지 않으면 아무것도 할 수 없다. 임시방편으로 떼우는 것도 한계가 있다. 교수가 일주일에 논문 10여편을 읽고 특정 주제에 맞게 자신의 의견을 써 오라고 하면 그것을 제출하면서 교수와 논의를 해야 한다. 그러면 자신이 그 주제에 대해 무엇을 어떻게 생각하며 왜 그렇게 생각하는지 거기에서 해결되지 않는 문제는 무엇인지 논의하게 된다. 개인마다 의견이 다른 것을 존중하고 그것을 어떻게 효과적으로 발전시킬 것인가 하는 문제를 매우 중시한다. 이런 과정을 통해서 자신만

한숨의 다리라고 일컫는 다리

의 독특한 견해를 논리적으로 발전시킬 수 있도록 만드는 것이다.

옥스퍼드 의대의 경우 필수과목으로 반드시 수강해야 하는 것이 있지만, 일반적으로는 대학에서 공개적으로 열리는 수업에 출석체크를 하지 않으므로 참석 여부는 학생 자율에 맡긴다. 출석 자체가 성적에 반영되지 않는다. 물론 이것마저도 학과에 따라 반드시 수업을 들어야 하는 것과 자율에 맡기는 것이 있어서 일반화하기 어렵다. 그래도 학생이 필요하다고 생각하면 수업을 듣고 그렇지 않으면 안들어도 누가 뭐라고 하지 않는다. 다만 평상시에 열심히 공부해 두지 않으면 1년동안 공부한 것을 한꺼번에 치르는 시험에서 낭패를 볼 가능성이 매우 높고 그 결과는 본인이 책임져야 한다. 일명 한숨의 다리라고 일컬어 지는 다리는 시험 보고 기숙사로 넘어가면서 한숨을 쉬었다고 하는 데서 유래하는 옥스퍼드 대학의 명물이기도 하다.

1년의 마지막에 3학기 동안 배운 과목에 대해 논술식으로 시험을 보게 되는데, 평상시에 열심히 공부해 두지 않으면 최종 시험을 제대로 통과하기 어려우므로 알아서 자율적으로 자신의 능력에 맞게 공부를 해야 한다. 평상시에 수업도 안듣고 맘대로 놀아도 시험을 잘 통과한다면 모르지만, 평상시 과제를 전혀 하지 않고 시험을 잘 볼 방법이 없다. 따라서 교수들은 학생들이 최종 시험에 원만하게 통과할 수 있도록 평상시에 과외를 해주는 셈이다. 개인 교습을 통해 학생의 상황에 맞게 능력을 배가시키는 노력을 하게 된다.

무언가를 단순하게 외워서 시험을 보는 것보다는 해당 과목을 종합적으로 이해하면서도 구체적인 내용을 충분히 파악하여 자신만의 색채로 정리해 낼 수 있어야 한다. 이런 능력을 배가시키기 위해 옥스퍼드내 다

양한 독서클럽이 있다. 각 칼리지에 독서 클럽이 따로 있고, 포스닥 이상
의 연구자들이 모인 그룹에는 전공과 관계없이 다양한 방면의 주제로 토
론하는 모임이 몇 개나 있다. 옥스퍼드대 뉴커머 클럽(Newcomer's Club)에
서도 독자적인 독서 클럽이 운영되고 있다. 자신이 좋아하는 주제의 독서
클럽에 가면 수준에 맞게 토론하면서 타인의 생각을 들을 기회를 가질 수
있게 된다.

끊임없이 책을 읽고 자신의 생각을 토론해야 하는 기회가 지천에 널려
있으므로 자연스럽게 책을 읽는 문화로 이어진다. 인문학 위기라는 말이
발을 붙일 여지도 별로 없어 보인다. 학생들이 굳이 의대나 법대를 가야
할 필요를 느끼지 못한다. 자신이 좋아하는 과목을 열심히 하다보면 자연
스럽게 그 분야에서 역할할 기회가 많으므로 자신이 좋아하는 일을 하면
되는 것이다. 장래 안정된 직업을 찾기 위해 특정 학문을 공부해야 한다는
이야기를 들어 보지 못한 것도 신선한 일이다. 옥스퍼드 대학이 적게 배우
는 것 같지만 다양한 분야에서 영향력을 발휘하는 이유는 자율적으로 자
신만의 색채를 만들어 내는 교육 시스템이 힘을 발휘하기 때문인 것 같다.

• 걸어서 옥스퍼드 이해하기

옥스퍼드 시내를 다니다 보면 옥스퍼드 만의 내면적인 삶이 잘 보이지
않는다. 그냥 좁은 거리를 사이에 두고 건물이 늘어서 있기 때문에 외관상
으로는 속살의 푸르름을 볼 여지가 없기 때문일 것이다. 그러나 건물 안으
로 들어가면 많은 경우 커다란 사각형의 잔디밭을 건물이 둘러싸고 있는

모들린 칼리지 내부 사슴 공원 전경

형태로 건축되어 있어서 건물 어느 곳에서도 푸르름을 누릴 수 있다.

모들린(Magdalen) 컬리지의 경우, 컬리지 자체에 푸르고 드넓은 사슴 공원이 있는데, 풀밭이 황폐화되지 않도록 하기 위해 시기에 따라 사슴이 노니는 공간을 적절하게 재배치해 주기도 한다. 공부에 지친 학생들이 산책을 하면서 사슴과 대화를 나누는 시간을 갖기도 하는 사슴공원은 둘레길을 걷는데만 30-40분 정도 걸린다. 겉에서는 보이지 않지만 내부로 들어가서야 푸르름을 누릴 수 있는 넓은 공간이 펼쳐지는데, 내가 속한 울프슨 칼리지도 넓은 잔디밭에 강 지류를 끼고 있어서 야외 바비큐도 즐길 수 있는 남다른 풍경을 지니고 있다.

옥스퍼드를 이해하는 좋은 방법 중 하나는 걸어서 골목을 누비는 것이다. 그냥 다니면 건물외관 밖에 볼 수 없기 때문에 주제를 가지고 다녀야 효과적으로 도시를 이해할 수 있다. 따라서 다양한 주제의 워킹 투어가 상당히 발달되어 있다. 시 중심에 가면 항상 소규모 그룹의 사람들이 같이 걸어다니면서 설명을 듣는 광경을 자주 목격하게 된다.

　대체로 2시간 정도 걸어다니면서 보게 되는데, 가장 유명한 투어가 칼리지 투어일 것이다. 옥스퍼드 대학에서 유명한 칼리지 몇 개를 특정하여 살펴보는 것은 큰 재미이다. 나도 옥스퍼드 대학 칼리지를 다 가봐야겠다고 목표를 세워 두고 있지만 한군데씩 방문해 볼 때마다 각자가 가진 특성을 확인하는 재미가 쏠쏠하다. 각 칼리지에는 다양한 스토리가 녹아 있고, 특히 역사적인 사건과 관계된 사연이 있는 칼리지라면 더욱더 흥미를 자아내게 된다.

　일반인이나 어린아이들에게 인기 있는 코스는 『해리포터(Harry Potter)』와 『이상한 나라의 앨리스』 투어이다. 해리포터 책이 전 세계적으로 엄청난 인기를 끌었고 영화도 만들어졌기 때문에 일반인에게도 매우 익숙하다. 주요장면이 옥스퍼드 대학에서 촬영되었는데 해리포터를 잘 모른다고 해도 이곳이 해리포터 어느 부분에서 나온 장면을 촬영한 곳이라고 설명하면 관광객은 기념 사진 찍기 바쁘다. 해리포터 촬영장소는 뉴 칼리지(New College)나 크라이스트 처

영화 해리포터를 촬영했던 디비니티 스쿨 내부 전경

치(Christ Church), 디비니티(Divinity) 스쿨 등에서도 확인할 수 있기 때문에 해리포터 관련 투어만 따로 하기도 한다.

모들린 대학 안의 해리포터 촬영 장소

뮤지컬 해리포터 전용관

또한 루이스 캐럴의 작품인 『이상한 나라의 앨리스』(1872년)를 쓰는데 실제로 영감을 준 인물인 세인트 캐서린의 스테인드 글라스가 크라이스트 처치에 있다. 똑같은 장소를 가도 어떤 것에 관심을 갖느냐에 따라서 보는 것이 다를 것이다. 근처에는 앨리스와 관련된 상품가게도 있어서 문전성시를 이룬다. 『해리포터』나 『이상한 나라의 앨리스』 작품의 팬이라면 반드시 방문해야 할 곳이 크라이

뉴 칼리지 내부 전경

스트 처치인데, 이곳에는 뉴튼과 아인슈타인의 스테인드 글라스도 있다.

즉, 유명 과학자의 역사적인 흔적을 찾아 보기에도 적절하다는 것이다.

문학을 좋아하는 사람이라면 루이스(C.S. Lewis)나 톨킨(J.R.R Tolkien)의 길을 선택할 것이다. 그들은 문학토론 모임인 「인클링스(Inklings)」에서 만나 『호빗』, 『반지의 제왕』, 『나니아 연대기』 등을 열심히 토론했는데 그들이 자주 찾았다는 선술집도 남아 있다. 또한 그들이 옥스퍼드 대학에 있었을 때의 삶의 흔적을 살펴보기 위해 관련된 여러 칼리지를 방문하는 것은 또 다른 즐거움이다. 루이스가 제2차 세계대전시 설교했던 유니버시티 처치(University Church)도 주요 방문 지역이다.

아동소설가로 유명한 필립 풀만(Philip Pullman)을 위한 투어 코스뿐 아니라 영국과 세계에 영향력을 미쳤던 옥스퍼드 여성을 위한 투어도 따로 있다. 개혁가로 정치가로, 세계적인 지도자 및 활동가, 배우, 작가, 과학자 등에 대해 그들의 작품 내지는 그들이 어느 칼리지에 있으면서 어떤 일을 했는지 듣는 것도 옥스퍼드를 짧은 시간동안 이해하는 방법이다. 피곤한 하루를 달래기 위해 선술집(Pub)에 모여들었을 일반인의 삶을 이해하기

1654년에 건립된 유럽에서 가장 오래된 커피 하우스

위해서는 옥스퍼드 최초의 선술집에서부터 옥스퍼드 역사로 이어지는 투어도 옥스퍼드의 내면을 이해하는 지름길이다.

믿거나 말거나 일 수 있겠지만 옥스퍼드 시내에는 1654년에 시작한 유럽에서 가장 오래된 커피 하우스가 있다. 고풍스러운 면모를 담고는 있지만 상술에 녹아 있는 문구에 100% 동의하지는 않는다고 해도 중세도시 옥스퍼드의 면모를 본다면 충분히 가능성은 있어 보인다.

• 옥스퍼드 도서관 카드의 위력

옥스퍼드대는 보들리안 도서관을 들어갈 수 있는 도서관 카드가 발급되면 그것으로 그 사람의 신분을 증명한다. 카드에는 각자의 번호가 입력되어 있고 교직원이나 학생의 구체적 신분(학사생, 석사생, 박사생) 등이 명시되어 있어서 카드만 보면 신분을 파악할 수 있다. 이 카드는 각 칼리지의 특정 시스템에 들어가기 위해서나 옥스퍼드 시내를 돌아다니는데도 매우 유용하다.

옥스퍼드대 중앙 도서관인 보들리안 도서관은 말할 것도 없고 각 칼리지 도서관을 드나들 때도 반드시 카드 인식을 해야 하고, 다른 칼리지를 방문할 때도 신분증으로 활용된다. 이 카드가 없으면 다른 칼리지를 방문하는데 관람 비용을 내야 하는 경우도 많지만 카드가 있으면 내가 모셔가는 손님 2명까지는 무료로 통과시켜 준다. 따라서 반드시 카드를 소지하고 다녀야만 활동하기 편하다.

이 카드는 옥스퍼드 대학 내부에서만 위력을 발휘하는 것은 아니다. 옥스퍼드 시내의 다양한 서점이나 기념품 판매 상점에서도 이 카드를 제시하면 구입한 제품의 10-15% 정도를 할인해 준다. 옥스퍼드 시 중심에 백화점이라고 할 수 있는 웨스트 게이트에서 생활용품을 산 적이 있는데, 아무 생각없이 계산하려고 하니 오히려 종업원이 도서관 카드가 있는지 질문한 후 있으면 할인해 준다고 알려 주었다. 게다가 자기 매장에서 처음 구매하는 것이면 환영의 의미로 총 20%를 할인해 줄 수 있다고 하였다. 큰 돈은 아니지만 할인 혜택도 알려 주고 실제 할인도 해 주니 기분이 좋았다. 일종의 옥스퍼드 대학 구성원 할인인데, 카드를 소지했다는 것 그 자체로 이런 저런 혜택을 받게 되니 카드가 '대단한 권력'이라고 표현되기도 한다.

카드의 위력은 또 있다. 옥스퍼드 시내 중심지는 걸어 다녀도 충분한 거리이지만 매번 몇 십분씩 걸어 다니기가 번거로워서 자전거를 많이 이용하기도 한다. 나는 타지 않고 오랫동안 방치된 자전거를 지인에게 무상으로 빌리게 되었다. 지인은 옥스퍼드 시내 몇 군데에서 특정 요일과 시간대에 옥스퍼드 구성원에게 무료로 자전거를 점검해 주는 제도가 있다고 알려 주었다. 나는 자전거를 빨리 탔으면 좋겠는데 특정 시간과 요일에 맞추어 수리하러 가야한다는 것이 매우 귀찮게 느껴졌다. 그렇다고 구성원에게 무료로 점검해 주는 제도가 있는데 굳이 몇 일 빨리 타겠다고 비용을 내고 점검하는 것도 좋은 방법은 아니라는 판단에 특정 날짜를 기다렸다가서 점검 받았다.

오전 9시부터 영업이 시작되고, 나는 10시 20분경 자전거를 가지고 갔는데 오후 4시 10분에 찾으러 오라고 하였다. 나는 간단하게 점검하면 되는데 이렇게 오래 기다려야 하는지 질문했더니 오는 순서대로 서비스를 받는 시스템이고 이미 아침부터 접수된 자전거가 쌓여 있어서 어쩔 수 없다고 하였다. 이런 상황을 잘 아는 구성원들이 아침 영업 시작부터 자전거를 맡겨둔 것이다.

다른 일을 보고 오후에 조금 일찍 도착해서 가보았더니 마침 나의 자전거를 수리하고 있는데, 4시 10분이 되어야 수리를 마칠 수 있다고 해서 커피 한 잔 마시고 다시 자전거를 찾으러 갔다. 정비된 자전거를 보면서 이 분이 정말 전문가라고 생각했다. 왜냐하면 자전거를 접수할 때 어디를 어떻게 수리해야 한다고 말한 후 내가 자전거를 찾을 수 있는 시간을 말해 주었는데, 그 전에 접수된 자전거 수리 시간을 차근히 계산하고 내 자전거 수리시 걸리는 시간까지 계산되어서 찾을 수 있는 시간이 나온 것이다. 그리고 정해진 시간이 되어서야 수리가 완료되어 자전거를 가지고 갈 수 있었다.

특별한 문제가 없는 일반적인 안전 점검이면 무료이지만 특정 부품을 교체하는 경우 비용이 발생하기도 한다. 그러나 카드를 제시하면 전체 비용의 절반만 청구된다. 대학구성원의 복지를 위해 대학이 보조를 해 주면서 조금의 혜택을 주는 것 같다. 카드가 없다면 일반인 수리비용을 전부 지불해야 하는데 카드의 혜택을 조금 본 것 같다.

옥스퍼드에서 재미있게 살기 위해서는 이곳에 있는 시스템에 속히 익숙해 져서 그 환경을 누릴 수 있으면 아주 편리할 것 같다.

• 식사할 수 있는 권리

옥스퍼드 도서관 카드의 아주 중요한 위력 가운데 하나는 칼리지에서 식사할 수 있는 권리이다. 옥스퍼드대 중앙도서관을 포함해서 각종 칼리지의 도서관을 들어갈 수 있는 카드이지만, 그보다 앞서 자신이 속한 칼리지에서 식사할 수 있는 권리가 주어진다. 외양적으로는 도서관 카드이지만 그 카드 안에는 칼리지마다 비용을 정산할 수 있는 시스템이 각기 심어져 있어서 도서관 카드가 있어야만 칼리지에서 식사할 수 있다. 각 칼리지가 독립채산제이므로 해당 칼리지에 소속된 사람만이 그곳에서 식사할 수 있고, 손님을 모셔가는 경우 초청자가 해당 칼리지 자신의 계좌에서 식사비용을 지불해 주어야 한다. 특정 칼리지 소속없이 방문자로서 대학 도서관에 들어갈 수 있는 카드만 있는 경우는 이런 권리가 주어지지 않는다.

많은 칼리지의 경우 사전에 식사 예약을 해 두어야만 식사할 수 있다. 음식을 낭비하지 않고 먹을 분량만 제공하기 위해 엄격하게 식사 분량을 관리하는 것이다. 내가 속한 울프슨 칼리지의 경우는 예약하지 않고 그냥 가도 점심과 저녁식사를 할 수 있는 것은 그나마 다행이다. 이런 일반적인

정찬을 할 수 있는 레스토랑

식사 이외에 칼리지 마다 50파운드 정도의 비용을 내고 코스 메뉴로 이어지는 정식 저녁 식사가 있다. 이 경우 교수들과 학생들이 전부 참여할 수 있는데, 예복 규정이 까다로와서 기본적으로 정장을 입도록 한다. 엄격한 칼리지의 경우 학위 가운을 입고 식사에 참여하여야 한다. 평상시는 자유롭게 청바지 입고 다녀도 특별하게 예복 규정을 정해둔 경우는 반드시 규정에 따라야 한다. 이런 것을 통해 자유와 규칙, 비형식과 형식 등을 적절하게 분배하여 균형있는 삶을 이끌어 나가는 훈련을 하는 것 같다.

상황이 이렇다보니 다른 칼리지에서 식사해 보려면 다양한 칼리지에 속한 친구들을 많이 아는 것이 도움이 된다. 어느 칼리지의 음식이 최고인지 어느 칼리지의 음식이 부실한지 등을 평가하는 것도 소소한 재미이다. 각 칼리지마다 자신들만의 클럽도 많이 있지만 대학 전체 차원의 클럽 활동이 다양하게 있는데, 이런 활동에 참여하다 보면 다양한 칼리지 사람을 만나게 되므로 서로 자신의 칼리지에 초청해서 식사할 기회를 만들 수도 있다.

배타적이고 폐쇄적인 구조를 타파하기 위해 각 칼리지는 상호 교환 식사 이벤트를 만들기도 한다. 이는 단순히 다른 칼리지에 가서 식사하는 것에 그치지 않고 그 시간을 활용하여 그 칼리지 사람들과 교류를 할 수 있도록 하는 것이 목적이다. 비록 소속된 칼리지에서 식사 비용을 일부 보조하고 스스로도 식사 비용을 지불하지만 다른 칼리지에 가서 독특한 분위기도 확인하고 학문적 교류도 할 수 있는 장점이 있다.

물론 내가 원하는 시간에 아무 때나 할 수 있는 것이 아니라 칼리지끼리 이벤트를 만들어서 특정 날짜를 정해 놓은 시간에만 참여 할 수 있다. 식사하는 것 마저도 통제되는 느낌이어서 불편하고 답답하게 느껴지기도 한다. 그러나 나름 폐쇄성과 개방성을 적절히 가미하여 자신만의 색채로 포장한 옥스퍼드의 전통이 재미있게 다가오기도 한다.

여러 칼리지에서 식사해 보니 칼리지마다 특성이 있는 것을 확인할 수 있다. 어느 칼리지의 경우 점심 메뉴는 무엇을 먹든 똑같은 가격을 지불하고 마음대로 더 먹을 수 있게 하는 곳도 있다. 그러나 대부분 메뉴와 양이 정해져 있고 뭔가를 추가하면 그 만큼의 비용이 더 추가된다. 영국 물가가 저렴하지 않기 때문에 칼리지 식당에서 식사하는 것도 자신만의 지혜를 발휘하면 비용을 절약할 수 있다.

옥스퍼드 구성원 중 정식 옥스퍼드 대학 소속이 아닌 경우 칼리지에 소속되지 못한 사람들도 있다. 일정 기간 단순 방문이나 연구원, 교환 프로그램 등 다양한 경우가 있는데, 이런 경우 대학 소속 학과 건물에서 일반 신용카드로 계산해서 식사할 수 있다. 따라서 칼리지가 있던 없던 기본적인 생활은 가능하지만, 칼리지에 소속되어 있는 경우 다양한 활동에 참여할 기회도 있고, 기본 생활을 영위할 수 있는 공간이 부여되므로 옥스퍼드에서의 삶을 다채롭게 즐길 수 있다. 단순하게 도서관 카드로 보이는 카드 안에는 눈에 보이지 않는 옥스퍼드의 시스템이 녹아져 있고 다양한 활용도가 세분화하여 규정되어 있다.

• 전통과 교류가 돋보이는 정찬의 의미

옥스퍼드대의 대다수의 칼리지는 규격화된 저녁식사(Formal Dinner)라는 제도가 있다. 이런 정찬에 참석할 때에는 격식 있는 장소에서 격조 높은

칼리지마다 색다른 느낌이 있는 레스토랑

식사를 한다는 점에서 의복 규정도 엄격한 편이다. 유서 깊은 전통이 뿌리내려 있는 칼리지의 경우, 학위복을 입고 참석해야 한다. 자신이 차려입을 수 있는 최고의 격식 있는 옷을 입고 그 격에 맞는 품위 있는 식사와 대화를 이어나가는 것이다. 교수들은 단상위에 앉고 학생들은 그 아래 위치한 식탁에서 식사하는 칼리지도 있는데, 과거 전통과 맞닿아 있어서 신분과 계급이 보이는 구조를 유지하고 있는 것이다.

이러한 분위기를 가장 잘 느낄 수 있는 곳 중의 하나가 크라이스트 처치(Christ Church) 저녁 식사이다. 먼저 정해진 시간 직전까지 학생들이 들어와서 앉고, 시간에 맞추어 단상위에 있는 하이 테이블이라고 하는 곳에

103

교수와 교수의 초대 손님들이 앉게 된다. 이런 분위기에 맞추려고 나는 다른 교수한테 옥스퍼드대학 학위복을 빌려 입고 참석하였다. 식사 참여자 모두가 도착하면 공부를 가장 잘한다는 학생 1명이 라틴어로 식사 기도를 한다. 그 이후에는 각자 자연스럽게 서빙해 주는 음식을 먹으면서 대화를 이어간다.

칼리지의 정찬 프로그램은 칼리지 규모에 따라 일주일에 한번 있거나 서너번 혹은 한 학기에 몇 번 정도 있을 수도 있다. 크라이스트 처치의 경우는 거의 매일 있을 정도로 인기가 높다. 이것도 특별 정찬과 일반 정찬으로 나뉘어서 식대도 다르기 때문에 자신이 관심있는 것을 사전에 찾아서 예약해 두어야 한다.

과거 옥스퍼드가 수도였을 때 크라이스트 처치가 왕궁으로 쓰였다. 그런 곳에서 정찬을 하는 것이기 때문에 상당히 우아한 분위기에서 최고의 음식을 대하면서 수준 높은 대화를 이어가는 수백년의 전통은 누구나 경험해 보고 싶어 하는 것이다.

나는 위클리프 홀(Wycliffe Hall)의 정찬과 울프슨 칼리지의 정찬에도 초청받아 참석하였다. 각 칼리지의 정찬 장소에 따라 상당히 다른 분위기가 형성되고, 식사 이후에는 공동의 거실같은 커먼룸이라는 곳으로 자리를 옮겨 기타를 치며 생음악이 연주되는 프로그램으로 이어지기도 하고, 자유롭게 차를 마시면서 대화를 이어가기도 한다.

정찬을 하는 동안, 또 그 이후의 다과나 티타임 아니면 와인을 마시면서 대화를 이어나가는 핵심은 다양한 사람들과 대화하는 것이다. 대체로 자신이 모셔온 손님들과 주로 대화를 하지만 다양한 사람들이 모여서 함께 식사하는 것이므로 일부러 무조건 다른 분하고 대화하도록 분위기를 만들어서 더 많은 사람들과 교류하게 만들기도 한다. 일반적으로는 특별 강연 후에 정찬을 하는 경우가 많아서 당일 주제를 중심으로 다양한 사람들과 토론하는 것이 백미이기도 하다.

정찬의 의미가 무엇일까? 바쁜 일상 속에 굳이 특별하게 격식있는 옷을 차려입고 여러 코스의 음식을 먹으면서 대화하는 이유는 무엇일까? 한국의 경우 일반적으로 식사를 빨리 하고 차를 마시면서 대화하는 경우가 많다. 그러나 이곳은 천천히 코스에 따라 음식이 나오므로 이런 과정동안 충분히 다양한 이야기를 나누는 기회를 만드는 것이다. 이렇게 하다 보면 정찬에 소요되는 시간이 3시간 이상은 족히 걸린다. 이 정도면 충분한 시간을 갖고 서로 대화할 수 있다.

또한 식사 테이블이 쭉 이어져 있어서 적어도 자기 주변 양옆이나 앞쪽에 앉는 다른 사람과 대화할 수 있는 기회도 있다. 가능하면 그렇게라도 하면서 새로운 사람을 알아가게 하는 것이다. 서로를 알아가게 하는 효과는 2가지이다. 공동체의 일원으로 다양한 사람들과 대화하면서 서로 친해지면 일상이 즐거울 수 있다. 또한 각자 연구하는 분야가 있기 때문에 이야기 나누다 보면 관심이 생기게 되고 상호 협력하여 연구할 수 있는 방향도 나오게 된다.

서로 이야기가 잘되다 보면 몇 시간이라도 이야기를 나눌 수 있는 아늑한 공간이 있고, 서로 시간 맞추어 다시 교류할 수 있는 기회도 생기게 된다. 일종의 사교장이면서도 학술 토론의 장이지만 삶속에서 격조높은 문화를 유지하는 방편으로 활용되기도 한다. 삶의 존엄성을 스스로 생각하면서 여유와 더불어 인간과 학문을 이해하는 사회적 교류의 장이 정찬이 가진 의미이지 않을까? 옥스퍼드대학의 전통이 돋보이는 것이기도 하다.

600여명의 석박사 대학원생을 중심으로 구성된 울프슨 칼리지는 학생과 연구자들이 문화적 소양을 갖추는 것에 대해서 상당한 관심을 갖고 있다. 일반적으로 대학에서 석박사 학위를 하는 바쁜 시간에 문화생활을 하는 것은 사치라고 생각하기 쉽다. 그런데 이곳은 문화예술을 전문으로 관리하는 담당자가 있어서 연구자들이 삶속에서 다양한 문화를 즐길 수 있도록 배려하고 있다.

학기별로 시나 산문을 잘 쓰거나, 그림을 잘 그리거나, 스포츠 활동에서 역량을 드러내는 학생들을 선발하여 특별 장학금을 주기도 하는데, 논문 잘 쓰는 것은 더 말할 것도 없을 것이다. 공부할 환경은 주어졌으니 알아서 능력껏 하면 되지만 문화생활을 하기 위해 찾아 다니는 수고를 덜어주기 위해 칼리지에서 자체적으로 다양한 문화활동을 기획하고 있다.

울프슨 칼리지는 복도나 특정 전시실에 주기적으로 다양한 예술장르를 전시하여서 평상시에도 전문가 수준의 예술을 접할 수 있다. 상당히 명성 있는 전문 연주자 및 예술가를 모셔와 칼리지 자체 내 음악회나 예술가와의 만남을 통해 그들의 예술세계에 대해 이해하는 시간을 갖

다채로운 칼리지 프로그램

기도 한다.

 옥스퍼드에 유학 온 학생들 상당수는 주어진 과제 따라 하기도 바쁘고 시간 내에 학업 마치는데 집중하고 있기 때문에 자신의 주변에서 어떤 문화적 혜택이 있는지에 대해 관심이 없어서 즐기지 못하는 경우가 태반이다. 정보를 알려 주어도 그 가치를 잘 모르고 그런 것이 시간 낭비라고 생각하기도 한다. 그러나 같은 처지에 있는데도 문화 혜택을 충분히 누리면서 공부하는 학생들을 보면 공부를 효과적으로 하는 방법을 아는 것 같다. 창의적인 사고는 책상 앞에서만 이루어지는 것이 아니다.

 학생들의 생활면을 책임지는 칼리지는 다양한 기회를 만들어서 학생들이 자주 모이고 교류할 수 있는 기회를 주고 있다. 칼리지 내부에 바(Bar)가 있어서 알콜을 좋아하는 학생들은 바에서 모여서 이야기를 나눈다. 커먼 룸이라 불리는 넓은 거실에 체스나 각종 게임을 할 수 있는 기구가 있기도 하고, 신문 잡지 등이 배치되어 있으며 항상 우유, 커피와 차 등이 있어서 자유롭게 대화할 수 있도록 한다. 자신이 돈을 지불하고 더 좋은 맛의 커피를 마시는 경우는 칼리지 안의 카페에 갈 수도 있다.

 특정 시간에는 케익과 다과를 무료로 제공하여서 그것을 먹기 위해서라도 학생들이 모여서 대화를 하게 한다. 다양한 명칭의 모임을 구성하여 무료 식사를 제공하기도 한다. 자주 마주치다 보면 일반적인 인사 외에 자신의 학문적 고민도 나눌 수 있게 되는데 서로 다른 학문분야가 대화와 토론을 통해 새로운 분야가 창출될 수 있도록 하여 자연스럽게 사회적 다양성을 인식하도록 하는 것 같다.

 정신적인 영양분 공급을 위해서는 주기적으로 다양한 주제의 강연을 열어서 자유롭게 토론하는 장을 만들어 준다. 음악 청취 능력을 향상시키는 강연이 있어서 일부러 참석해 보았다. 강연은 다양한 음악이 어떤 형식과 패턴으로 이루어지는지에 대해 분석하였다. 대중음악과 클래식 음악의 차이, 클래식 음악 중에도 다양한 장르가 어떻게 서로 다른 형식으로 이루어지는지를 분석하였다. 일반적으로는 자신이 좋아하는 음악을 들을 뿐이지 그 안에 어떤 패턴이 존재하는지에 대해 별관심이 없을 것이다. 그러나 이런 것을 기본적으로 알고 있다면 음악에 대한 이해가 달라질 수 있고, 더 나아가 어떻게 새로운 장르를 만들어 볼 수 있을지 고민해 볼 수도 있어서 호기심을 자극하기도 한다.

울프슨 칼리지에 소속된 사람만 참여할 수 있는 프로그램으로 목탄화나 연필로 누드 모델을 그렸던 수업은 백미였다. 아마추어가 누드 모델을 대상으로 그림을 그려볼 수 있다는 것은 상상하기 어려운 일이다. 특정 시간 내에 모델의 다양한 포즈를 직접 그려보게 한 후에 전문 화가가 그리는 모습을 보면서 자연스럽게 그림을 그리는 기본 원리를 이해할 수 있게 하였다. 시류에 적합한 각종 강연 뿐 아니라 다양한 장르의 예술을 이해할 수 있게 하는 각종 프로그램은 문화를 영위함으로써 효과적으로 우아한 삶을 누리는 방법을 훈련시키는 것 같다.

누드모델 그리기 수업에서 그린 작품

• 캠브리지대학과 옥스브리지 교류

캠브리지라는 명칭은 캠(cam) 강을 건널 수 있는 브리지(bridge)가 합쳐진 용어인데, 875년에 이 이름이 존재하였고, 1086년 경에는 캠 강을 끼고 있는 지리적 이점으로 중요한 거래중심지로서 역할하였다고 한다. 시내에 몇 개의 종교관련 수도사들의 지적 명성과 학문적 공헌이 캠브리지 대학 설립에 기초가 되기는 하였지만, 직접적인 계기는 옥스퍼드 대학에서 학자들이 몰려 오면서부터이다.

캠브리지 이야기

캠브리지 전경

옥스퍼드 지역에서 여성 한명이 죽었는데, 여기에 옥스퍼드 학자 3명이 연루되었다고 하면서 마을 당국이 학자들에게 우호적인 교회 당국과 상의도 없이 교수형을 집행하는 사건이 발생하면서 옥스퍼드 마을에서 학자들에 대한 반감이 극에 달하였다. 마을에 사는 사람들을 지칭하는 타운(town)과 가운(gown)을 입고 다니는 학자간의 반목이라는 의미에서 '타운과 가운의 대립'이라고 설명한다. 옥스퍼드 마을 사람들의 폭력을 두려워한 옥스퍼드대학 학자들이 대거 주변 지역으로 떠났고 그 중 캠브리지에 정착한 학자들이 1209년 새로운 캠브리지대학 설립에 핵심 역할을 하게 되었다.

캠브리지대학은 1231년에 구성원을 규율하고 세금을 면제 받을 권리가 허용되는 대학헌장을 헨리 3세로부터 부여받게 되었다. 1233년 그레고리 9세 교황은 기독교를 받아 들인 모든 나라에서 캠브리지 대학 졸업생이 가르칠 수 있는 권리를 부여해 주기도 하였다. 헨리 8세는 캠브리지에서 교회법 학부를 해체하고 스콜라 철학 교습을 철폐함으로써 교회법에서 고전학, 성서학, 수학 등으로 배울 수 있는 학문 범주를 확대시켰다.

캠브리지는 한 때 문학사 학위를 공부하는 학생들도 반드시 수학시험을 보도록 하였고 17세기 후반부터 19세기 중반까지 응용수학 발전에 노력하였다. 이런 전통이 이어져 현재 120명의 노벨수상자와 11명의 필즈메달리스트를 배출한 대학으로 유명세를 날리고 있으며 14명의 영국 총리도 배출하였다. 세계에서 가장 오래된 토론 클럽인 캠브리지 유니온(Cambridge Union)의 본거지이기도 하다.

캠브리지는 오랫동안 남학생만 등록해서 공부할 수 있었는데, 1869년에 최초의 여자대학 거튼 칼리지(Girton College)가 세워진 이래 여학생을 받는 칼리지가 여러개 있기는 하였으나 1921년에 가서야 여성들은 문학사 학위에 해당하는 학위를 받을 수 있었다. 대학원 중심 대학인 다윈 칼리지는 1964년 창립 때부터 남녀학생 모두 입학이 가능하게 되어 시대적 변화가 반영되었다. 이후에 남자만 받던 칼리지도 여자를 수용하고, 여자만 받던 대학도 남학생이 들어올 수 있도록 문호를 개방하였지만 여전히 영국에서 유일하게 여성전용 칼리지가 남아 있는 것도 캠브리지 대학이다.

캠브리지 대학 출신의 유명한 사람이 여러명 있지만 그 중의 하나가 뉴튼(Isaac Newton, 1642-1726)이다. 1664-1666년 페스트가 런던에 퍼지면서 잠시 고향에 머물던 뉴튼은 어느 날 산책하면서 사과가 떨어지는 것을 보고 중력의 법칙을 발견했다는 일화가 있다. 따라서 뉴튼하면 사과나무를 연상한다. 이런 연유 때문에 뉴튼이 다녔던 트리니티 칼리지(Trinity College) 정문 앞에는 아무런 설명 없이 사과나무 한그루가 심어져 있다. 이미 입소

뉴튼의 사과나무 앞에서 사과 들고 촬영

문으로 알고 있는 관광객은 트리니티 칼리지 앞에 심겨진 사과나무 앞에서 이를 배경으로 사과 들고 사진 찍는 재미있는 풍경을 만들고 있다. 물론 칼리지에서 관광객을 위한 배려이자 자연스럽게 뉴튼을 연상케 하여 칼리지의 위상을 드높이려는 생각이 있는 것인지도 모르겠다.

캠브리지 대학 시작부터 옥스퍼드 대학과의 관계는 떼어 놓을 수 없고 두 대학 모두 영국뿐 아니라 세계적으로도 매우 중요한 대학이므로 이 두 대학간에는 자존심을 건 다양한 라이벌 경기가 열린다. 이 두 대학이 대항전을 펼치는 게임을 지칭하는 바서티(Varsity)라는 용어도 있다. 영국에서 이 두 대학의 교육 시스템은 일반적인 대학과 다르므로 이들만 사용하는 특별한 단어가 많이 있다. 물론 그런 단어를 알아 듣는 사람이라면 분명 이들 대학과 관계된 사람일 것이다. 따라서 이 두 대학은 다양한 교류를 하는데 이를 묶어서 옥스브리지(Oxbridge) 교류라고 한다. 옥스퍼드와 캠브리지를 줄여서 하는 말인데, 런던에는 이 두 대학 관계자들이 갈 수 있는 클럽이 따로 있고, 세계 각지에서도 이 두 대학 졸업생은 같이 모여서 활동하기도 한다.

이런 분위기를 따라 옥스퍼드 대학 한인학생회도 캠브리지 대학 한인학생회와 같이 활동을 하는데 한 해는 옥스퍼드에서 다음 해에는 캠브리지에서 돌아

캠브리지 대학에서의 식사

가면서 학술심포지엄을 열어서 서로 교류하고 있다. 구정 설을 맞이하여 캠브리지 대학에서 개최하는 교류회에 참석하기 위해 옥스퍼드 대학 학생회는 버스를 대절해서 2시간을 달려 캠브리지 대학에 도착해서 주요 칼리지와 도서관 등을 방문한 후 학술회의를 마치고 3시간에 걸쳐서 저녁 코스 요리를 먹으면서 다양하게 대화 하는 시간을 갖기도 하였다. 이렇게 다져진 우애는 졸업 후 한국에서도 같이 동문회를 하면서 교류하고 있다.

비록 간단한 교류였지만 캠브리지 대학이 형성되는 역사와 옥스퍼드 대학과의 교류가 어떻게 이어지게 되는 것인지를 확인할 수 있는 계기가 되었다. 이번 캠브리지 대학 방문 계기를 통해 도시 규모는 작지만 영국의 과학계뿐 아니라 세계의 첨단 학문을 이끄는 기지로서 캠브리지를 다시 생각할 수 있는 기회가 되었다.

• 영국의 유럽 연합 탈퇴와 미래

브렉시트(Brexit)는 영국(Britain)이 유럽 연합에서 탈퇴(Exit)한 것을 일컫는다. 영국의 독자적인 발전을 추구하기 위해 2016년 6월 23일 실시된 국민투표에서 51.9%의 찬성과 48.1%의 반대로 유럽 연합 탈퇴의 중의가 모아졌고, 관련 협의를 거쳐 2020년 1월 31일 최종적으로 유럽연합에서 탈퇴하였다.

투표의 결과가 현실적으로 어떤 의미를 지닐지에 대해서 정확하게 인식하지 못한 상황이었지만 브렉시트 후 영국은 새로운 정치적, 경제적, 사회적 문제에 봉착하게 되었다. 유럽 국가와의 무역 협정, 국경 문제 등 새롭게 조정할 것이 많아졌고, 브렉시트 후 더욱 번성할 줄 알았던 현실은 물가상승, 인력부족, 경제 악화로 이어져 정치적 불신뿐 아니라 뉴질랜드 등으로 이민가려는 문의가 폭증하기도 하고 과거의 투표 결과를 후회하는 사람도 많아졌다. 이런 후회(regret)로 브레그레트(Bregret)라는 단어도 유행하고 있다.

영국의 미래 운명과도 연관될 수 있는 브렉시트는 초미의 관심사이므로 울프슨 칼리지에서도 토론이 열렸다. 유럽연합과 탈퇴 문제를 협상했던 대표는 브렉시트를 찬성하는 입장이고, 옥스퍼드대 교수는 영국의 결정에 반대하는 입장에서 근거를 제시하면서 자신의 논지를 펼쳤다.

찬성하는 입장에서는 유럽연합의 정치가 관료적이며 비민주적이어서 유럽연합 그 자체에 대해 상당히 회의적인 시선을 유지하였다. 영국이 NATO에 많은 비용을 지불함에도 불구하고 자유로운 정치를 하기에 한계가 있는 점, 외부에서 유입된 저임금 노동자들과의 사회적 통합 문제, 정치적 핵심체로서의 영국의 정체성 문제를 들어 브렉시트에 찬성하였다.

그에 비해 반대 입장에서는 브렉시트로 인해 영국은 안보 외교 문제에서 많은 위협을 느끼게 되고 효과적인 정책 운영의 한계, 경쟁 강화의 문제점을 지적하였다. 또한 스코트랜드와 북아일랜드는 유럽연합에 잔류하자는 비율이 높아서 향후 스코트랜드 독립 문제도 제기 되므로 역사속의 영국 내전의 상처와 악몽이 다시 떠오르는 점도 지적하였다.

현재 영국은 급등한 물가 상승으로 경제적 어려움을 호소하는 사람도 많아졌다. 물론 이런 말이 사실인가 할 정도로 옥스퍼드에서 펍이나 레스토랑에 사람들이 넘쳐 나는 것을 보면 각자의 경제사정에 따라 체감하는 온도는 너무도 다르다. 그래도 국민투표에 따른 결과가 주는 충격이 민주주의 위기로도 설명되고 있는 상황이다.

영국에서 토론을 할 때 자신의 주장에 대해 감정을 섞어서 호소하는 형태가 아니라 변호사가 사건을 수임해서 대변하는 것처럼 무미건조하지만 근거가 있는 주장을 추구하도록 한다. 변호사는 승소여부와 상관없이 기본 수임료를 받으므로 감정을 실어 흥분할 필요 없이 자신이 주장해야 할 것을 논리적으로 주장하면 된다. 따라서 토론이 격화되어 싸움으로 가는 상황보다는 토론자의 주장을 듣고 청중들이 알아서 자신의 관점을 정리하는 형태이다.

내 주변의 학자를 포함해서 일반인들에게도 브렉시트를 어떻게 생각하느냐 질문했을 때 브렉시트는 매우 어리석은 결정이었다고 후회하는 사람이 대다수였다. 실제 학술 데이터로도 이런 사실을 증명할 수 있다. 그렇다고 해서 영국이 자존심을 버리고 다시 유럽연합에 들어 갈 수도 없고, 설사 들어가고 싶어도 유럽연합에서 다시 받아 줄지도 의문이다. 진퇴양난의 상황에서 국민 스스로가 투표로 결정한 결과를 겸허하게 받아들이고 그 안에서 묘법을 찾아야 하는 상황이다.

영국은 어떤 형태든 영국에게 가장 좋은 최선책을 찾아 나가겠지만 자유롭고 평화롭게 더불어 살아가는 시대가 개인의 행복한 삶에 얼마나 큰 영향을 미치는지에 대해서는 갈등과 전쟁을 겪었을 때 비로소 처절하게 깨닫게 되는 것 같다. 러시아와 우크라이나 전쟁, 중동에서 이스라엘과 팔레스타인의 전쟁이 다시금 과거 세계 대전의 공포를 기억하게 하는 것 같다. 영국은 과거 내전 당시 지역간의 종교 갈등, 문화갈등으로 혼란을 겪은 경험이 있고 그 상처는 여전히 남아 있다. 브렉시트가 영국의 정체성을 강화하고 더욱 번성할 것인지 분열의 시초가 될 것인지에 대해 전세계가 관심을 곤두세우고 있다. 이것이 세계 각 지역 정치에 미치는 파장이 크므로 변화상에 주의를 기울일 필요가 있는 것 같다.

• 인공지능과 윤리

일반인들도 챗GPT를 사용하기 시작하면서 인공지능(AI)은 우리 삶에서 없어서는 안될 중요한 존재로 대접받고 있다. 인간 삶의 모든 분야에서 인공지능이 빠지면 대화가 안되는 상황으로 전개되고 있고, 대학에서도 첨단 과학을 진흥시키느라 인문사회 교과목을 축소할 뿐 아니라 심지어 인문사회계열 학과까지 없애면서 인공지능에 투자하고 있는 상황이다. 인간의 삶을 기계로 대처하기 위한 작업의 심화가 불러올 위기는 불보듯 뻔하지만 지금은 그런 것에 마음을 쓸 여유가 없는 것 같다. 진짜 위기

강연후 만찬

기독교 윤리와 AI 강연

라이오넬 타라센코 교수

가 닥쳤다고 생각될 때 또 다시 대처방법을 고민하겠지만 지금은 일단 누가 먼저 첨단 인공지능의 승기를 잡느냐의 경쟁에 불붙어 있어서 새로운 기술 개발에 박차를 가하고 있는 실정이다.

인공지능을 활용한 눈속임과 사기도 늘어나고 있는데, 무엇이 진실이고 무엇이 거짓인지에 대한 경계가 불분명해져서 인간에 대한 불신은 더욱 확대되고 있는 중이다. 가치판단에 위기를 느끼면서 인간과 인공지능과의 관계를 어떻게 설정해야 할 것인지에 대한 고민도 터져 나오고 있다. 나중에는 이런 것을 감별하는 감별사가 새로운 직업군으로 탄생할지도 모르겠다. 인간 삶을 더욱 편리하게 하겠다고 시작한 인공지능의 늪에서 인간은 제대로 방향을 설정하고 있을까? 인간에게 자정 능력이 있기는 하지만, 항상 명백한 잘못을 저지른 후에야 후회하면서 돌아오는 습성이 있다는 것을 역사가 증명하고 있으므로 이 거대한 세파를 아무도 막지는 못할 것이다. 결국은 개개인이 자신의 철학을 바탕으로 고민해야 할지도 모르는 예측불가한 상황이 전개되고 있다. 이러한 시대 변화를 보면서 인간의 지혜에도 놀랍고, 과학자들의 구현 능력에도 놀란다.

이 와중에 인공지능의 폐해를 고민하면서 어떻게 대처해야 할 것인가를 고민하는 소수의 목소리가 있는 것은 매우 반가운 일이다. 옥스퍼드대기독교 연합 단체에서 의학적 차원에서 인공지능을 활용하는 세계적인 대가인 옥스퍼드 대학의 라이오넬 타라센코(Lionel Tarassenko, 1957-)교수를 초청하여 기독교적 관점에서 보는 인공지능 문제에 대해 강연하고 토론하는 시간을 가졌다. 그는 급성 질환 환자를 위한 조기 경보 시스템 개발의 선구자로 스마트폰 앱을 사용하여 장기 질환에 대해 자가 관리하는 시스템을 구축하여 중환자실 환자 모니터링을 설계하였다. 이 시스템은 전 세계 병원에서 10억 시간 이상의 모니터링과 임상실험을 통해 환자 결과를 개선한 것으로 평가받고 있다.

그는 최첨단의 학문 발전을 위해 노력하고 이를 인간 삶에 적용할 수 있도록 상용화하고 있으면서도 인간이 기독교 철학에 의해 무엇을 어떻게 가치판단해야 하는지에 대해 고민하였다. 스스로가 과학자이지만 철학과 윤리에 기반한 과학기술 개발의 중요성을 강조하면서 첨단과학이 살상무기화 되는 것에 대해서는 단호하게 반대하는 입장도 드러내었다.

스코틀랜드 에딘버러 대학에서도 인공지능과 관련된 회의가 개최되었다. 옥스퍼드 브룩스 대학의 나이젤 크룩(Nisel Crook) 교수는 인공지능 혁명을 도덕적 기계의 부상이라는 주제로 연관하여 인공지능 기계에게 어떻게 도덕성을 부여할지에 대해 강연하였다. 그는 인공지능 알고리즘과 로봇이 자신의 선택과 행동의 윤리적 결과를 인식하고 대응할 수 있는 능력을 갖추게 함으로써 이를 바로잡으려는 '도덕적 기계'라는 새로운 과학의 출현을 설명하였다.

그는 인공지능, 신학, 철학, 신경과학의 교차점에서 사려 깊고 접근하기 쉽게 논의하면서 궁극적으로 인공지능과 로봇 공학에 대한 인간 정체성의 공포를 완화시키려고 노력하였다. 그는 로봇의 본질, 인공 지능, 시뮬레이션과 현실의 차이점을 이해시켜 인간이 자신의 가치속에서 인공지능을 활용해야 한다고 강조하였다.

인공지능 로봇으로 인해 인간이 피해를 보지 않으려면 로봇에게 도덕적 감수성을 부여하는 방법을 연구하여 다양한 윤리적 관점에서 미래를 대비해야 한다고 하였다. 로봇에 구축된 윤리 체계는 필연적으로 프로그래머의 세계관을 반영할 것이기 때문에 제대로 된 가치관을 갖고 첨단 과학을 개발시켜야 인류의 삶을 더욱 풍성하게 만들 수 있고, 그런 기계에 인간이 종속되는 일을 배제시켜 나갈 수 있을 것이다.

첨단 과학시대에 인간이 무엇을 어떻게 지향해야 하는지에 대한 성찰의 목소리는 참석한 모두에게 큰 울림을 주었다. 상당수 첨단과학을 공부하는 학생 및 과학자들은 빠른 시일내에 상업적 성공을 이루려는데 혈안이 되어 있다. 그런 시대적 쏠림현상 속에서도 인간 사회의 존엄을 지켜나가면서 철학과 윤리를 고민하는 사람들이 있고, 그런 강연을 듣고 깨달음을 얻으려는 학생들이 있으며, 이런 지성의 집단 속에서 나도 같이 고민을 해 볼 기회를 가질 수 있다는 것은 분명 나 뿐 아니라 모두에게 축복인 것 같다.

• 런던의 영국중국학회 스케치

옥스퍼드 도착해서 몇 일 안되었는데, 옥스퍼드대 친구 교수가 런던에서 영국중국학회를 개최한다는 소식을 알려 주어서 급하게 런던행을 결정했다. 친구도 런던 가는데 나를 데리고 가지 하는 마음도 있었지만 워낙 개인주의적 성향의 서양인들이기에 내가 알아서 가는 방법을 택하였다. 나름 주변에 물어서 런던 가는 방법을 확인하고 스마트 폰에 기차 및 구글 맵 등을 깔아서 처음 가는 길도 손쉽게 찾아갈 수 있도록 준비하였다. 그렇지만 초행길에 예약을 해 두고 시간에 맞추는 것이 부담이 되어 여유를 갖고 천천히 가는 방법을 택했다.

적당한 수면을 취한 후 오전에 옥스퍼드 기차역에 도착하여 가장 빠른 시간의 티켓을 구매했다. 결재한 후 자세히 보니 직행이 아니라 한번 갈아타는 것이어서 순간 다시 변경할까 하다가 어차피 이곳에서 생활하려면 다양한 방법을 아는 것도 좋을 것 같다는 생각에 그냥 그 기차를 탔다. 플랫폼에서 한번 갈아탄 기차는 중장거리행 기차였는데, 개별 의자 선반 밑에 고객의 행선지가 전광판에 표시되는 것이 인상적이었다. 해당 좌석이 비면 아무나 앉을 수 있다는 표시가 뜨므로 단순하게 행운에 맡겨 좌석 확보 여부를 기다리지 않아도 되어 편리해 보였다.

옥스퍼드에서 런던까지는 기차로 1시간 거리로 인천에서 서울 가는 정도의 느낌이지만 창밖 풍광은 확연히 다르다. 런던 근처를 제외하고는 드넓은 초지나 개간지 등이 창밖으로 펼쳐져 푸르름과 벗 삼아서 갈 수 있는 특징이 있다. 기차에서 승무원이 표를 확인하는 것은 없었지만 런던 패딩턴 역에서 기차표를 체크하고 나가야 하므로 무단 승차는 불가능해 보였다.

런던에서 학회가 개최되는 킹스칼리지로 가는 도중 스마트폰으로 지도를 확인하기 위해 고개를 숙였는데 어느 흑인 여성이 내 팔을 살짝 밀치

면서 지나가서 깜짝 놀랐다. 거리에 공
간적 여유도 있었는데 왜 밀었을까 생
각했지만 그냥 지나치면서도 불쾌하기
도 하고 혹시 편견과 혐오인가 하는 생
각도 스쳐갔다. 그런데 아침인데도 거
리에서 노숙하는 사람들이 눈에 띄는
런던 거리에서 외국인이 배낭과 카메라
를 메고 스마트폰 보느라고 정신없이
거리를 걷는 것이 위험하다는 경고를

런던의 노숙자

해 주기 위해 나를 밀었던 것은 아닐까 생각하니 고맙게 느껴졌다.

학회가 개최되는 장소에 도착하자 사전에 인터넷으로 신청을 마친 학
자들에게 종이 스티커에 인쇄된 이름표와 안내 팜플렛을 나누어 주었다.
학회가 개최되는 당일에 인터넷 홈페이지에 핵심 자료를 올려서 종이가
낭비되는 것을 최소화하였다. 중국의 역사와 현재를 이해할 수 있도록 다
양한 주제로 분산하여 1시간 반 동안 발표와 토론을 한 후 로비에 나와 30
분간 커피를 마시면서 각자의 관심사에 따라 열심히 토론하였다. 그 후 또
다시 새로운 주제를 찾아 정해진 방에 가서 발표 토론한 후 또 다시 로비
에 나와 차를 마시면서 담소하였다. 이틀 내내 하루 종일 학문의 성찬에
취해서 발표하고 토론하고 새로운 사람들과 인사하는 것으로 시간 가는
줄 몰랐다.

내가 옥스퍼드대 방문교수로 있다고 하니 옥스퍼드대 출신 학자들이
저녁에 간단하게 식사하는 곳에 같이 가자고 초대해 주었다. 어느 국가나
정도의 차이는 있겠지만 학맥의 위력을 확인하는 순간이었다. 그리고 옥

스퍼드대 출신들이 곳곳에서 역량을 발휘하고 있는 것을 영국 학회내에서도 확인할 수 있었다.

학회에서 만난 옥스퍼드대 교수한테 어떻게 귀가하는지 질문했더니 왕복 21파운드의 버스 티켓을 보여주었다. 억대가 넘는 연봉을 받는 교수들이 영국 물가가 비싸다고 왕복 21파운드 버스를 타고 다니는데, 나는 정확한 정보가 없다보니 편도 31파운드 런던행 기차를 타고 왔던 것이다. 질세라 나도 버스를 타고 옥스퍼드에 가려고 버스에서 편도 티켓을 구매했더니 14파운드를 받는다. 사전에 여행을 계획하면 저렴하게 티켓을 구매할 수 있지만 현장 구매는 항상 비싸다는 것을 알게 되었다. 또한 시내외버스도 1년짜리 티켓이 훨씬 저렴하다는 것을 알았는데, 구매여부는 나의 옥스퍼드 생활이 어디에 중점을 두느냐에 따라 다를 것 같다. 영국 시스템을 빨리 파악해야지 낭비없는 생활을 할 수 있을 것 같다.

• 옥스퍼드 대학에서의 특별 강연과 원고 청탁

옥스퍼드 대학에 와 있는 동안 내가 해야 할 중요한 일 중의 하나가 몇 차례의 특별 강연을 하는 것이다. 내가 영어권에서 학위 공부를 한 것이 아니어서 일반 생활 영어도 아니고 학술용어를 영어로 학술발표하는 것에 대해서는 항상 마음에 부담이 있었다. 전문적인 학회에서 학술발표를 하는 경우는 짧은 시간 정확한 발표를 위해 자료를 미리 준비해서 읽으면서 설명해도 가능하므로 마음에 부담이 적은데, 이번 특별 강연의 경우 1시간 동안 강연을 한 후 30분간 질의 토론을 하는 것이었다.

강연장면

　영어로 한시간 동안 강연하고 30분간 질의응답하는 것은 내가 평생 영어로 공식적인 장소에서 발표한 것 중에는 가장 긴 시간이라고 할 수 있다. 발표일이 결정되고 자료를 준비하면서 가능하면 최대한 미리 준비해두고 다양하게 고민해 보면서 좀더 효과적인 방법이 무엇일까 고민해 보았다. 언어마다 특성이 있기 때문에 해당 언어에 맞는 방향을 고려해서 좀더 설득력있게 강연하는 것은 매우 필요한 기술이다.

　발표 자료를 정성껏 만들고 그에 맞는 원고도 준비해서 영어 교정도 해두고 가능하면 외워서 유창하게 발표하고 싶은데, 평상시에도 특정 내용을 그대로 외우는 것을 너무 싫어해서 그런지 머리에 들어오지 않고 억지로 외워둔 것도 금새 머리에서 지워졌다. 괜히 이런 형태로 준비하다가는 오히려 당황할 수도 있겠다는 생각이 들어서 평상시 하던대로 이미 내용을 충분히 숙지하고 있으니 자신이 정확하게 표현할 수 있는 방법으로 강연을 시도하는 것이 훨씬 설득력 있을 것으로 보였다.

　이미 대학에서의 강의 뿐 아니라 대중 강연 경험도 많이 있고, 중국어, 일본어, 영어로 발표한 경험도 있으니 그냥 하던대로 충실하게 하자는 마음을 먹고 준비하였다. 그래도 발표하기 전까지는 괜히 다른 일을 하는 것이 부담이 되어 가능하면 발표 준비와 관련 내용 정리 등에 집중하면서 시간을 보냈다.

옥스퍼드대학에서 내가 강연으로 이슈를 던져줄 만한 것은 역시 한국과 중국 간의 국경 영토 문제인 간도문제와 연관하여 중국이 어떻게 논리를 만들어 나가는지에 대해 강연을 하는 것이 가장 좋을 것 같았다. 강연 후에 다양한 소재로 토론하기도 좋고, 한참 공부하고 있는 대학원생들에게 새로운 연구 기회를 제공할 수 있을 것 같아서 동북공정을 둘러싼 한국과 중국간의 인식 차이에 대해서 발표하였다. 이 주제는 학생들이 다른 학자들에게 들어보기 매우 어려운 주제이므로 모두에게 의미있을 것으로 보였다.

강연이 시작되었고 나는 평상시하던대로 강연을 하다보니 어느새 1시간이 흘렀다. 물론 시간에 맞게 강연 준비를 하였고 1시간에 충분히 소화하면서도 다양한 볼거리를 제공하는 자료들을 충실하게 하였기 때문에 준비한대로 시간에 맞게 강연을 할 수 있었다. 영국의 경우 시간 관리가 철저한 편이어서 약속된 시간이 1시간이면 1시간을 한다. 시작도 끝도 약속한 시간을 잘 지키는 편이다. 따라서 나도 정해진 시간에 맞게 강의를 하였고 질의 응답의 시간이 되었다.

영어 공포증이 있으면 질의 응답 시간이 가장 공포스러울 수 있다. 왜냐하면 발표는 자신이 준비해서 할 수 있지만 질의 응답은 누가 무슨 내용을 어떻게 질문할지 사전에 준비할 수가 없기 때문에 가장 긴장 될 수 있는 시간이다. 그럼에도 불구하고 내가 익숙하게 알고 있는 주제에 관련된 내용이어서 어떠한 질문이 와도 어려움이 없이 대답할 수 있었다. 간도 문제와 관련하여 문제의 시작부터 어떻게 중국이 간도 문제를 해결하기 위해 논리를 만드는지, 언제부터 누가 어떻게 행정력을 발휘했고 세수를 걷었는지 등의 질문도 나왔다. 이 부분은 누구의 영토인가를 결정하는데 매우 중요한 문제이다. 이 뿐 아니라 중국이 만든 장백산 문화론의 문제점, 만주의 현대적 위상, 그리고 만주에 있는 천연자원의 문제까지 세세한 질문들이 쏟아졌다.

학문을 하는 학생 및 교수답게 강연한 내용의 주제에 가장 핵심적이면서도 이 문제를 이해하는데 중요한 질문을 해 주었다. 모든 질의토론이 끝나자 벌써 한시간 반이 지나갔나 하는 생각이 들 정도로 모든 것이 잘 진행되었다. 강연 후에 강연을 주관해 주신 옥스퍼드대학 교수가 멋진 저녁을 사겠다고 해서 칼리지에 가서 같이 정찬을 하였다. 저녁식사 중에도 계속 관련 주제를 토론하였는데, 그 중 백미는 강연 원고를 영국학술지에 투고해 달라는 요청을 받은 것이다. 국제적으로 인정받는 학술지에 원고를 제출하기 위해서 또 열심히 준비해야 할 것 같다. 처음 강연을 준비하면서 조금은 긴장하고 마음 졸였는데, 결과적으로 원고 청탁까지 받고나니 뭐든 대담하게 시도해야 새로운 돌파구를 만들어 낼 수 있다는 것을 다시 한번 절감할 수 있었다.

• 영국 교회 지도자와 옥스퍼드 대학

영국은 종교로 인한 전쟁도 많았지만 종교적인 국가이기도 하다. 영국 국교회뿐 아니라 수많은 개신교 교파가 시작된 요람이기도 하다. 장로교, 오순절 운동, 구세군, 침례교, 감리교 등이 이곳에서 시작되었다. 구세군

런던 웨스트민스터 전경

의 윌리암 부스, 장로교의 존 녹스, 감리교의 존 웨슬리 등은 성경에서 말하는 진정한 가치를 실천하기 위해 노력했던 사람들이다. 기독교 역사에서 매우 중요한 역할을 한 위인 중 옥스퍼드대학 출신들이 상당수 있다. 그들의 발자취가 옥스퍼드 곳곳에 자리하고 있는데 그냥 지나칠 수 없기 때문에 기회가 있는데로 찾아 보았다.

영국의 헨리 8세는 1534년 수장령을 발표하여 영국 교회의 머리가 국왕이라고 선언했다. 개인적인 혼인 문제를 해결하기 위한 방편으로 로마 카톨릭 교황청과 결별한 것이었는데, 성경에서 교회의 머리가 그리스도로 지칭하는 것과 정면으로 배치되는 수장령은 영국 종교계 내에서도 갈등을 촉발시키는 요소가 되었다. 그러다가 1647년 웨스트민스터 총회를 통해 하나님의 절대주권과 그리스도가 교회의 머리됨을 선포하는 신앙

고백문이 나오게 되었다. 지금도
전 세계에서 사용하고 있는 웨스
트민스터 신앙고백서는 개혁적인
신앙고백서로 소중한 신앙의 유
산이 되었다.

웨슬리 형제가 홀리클럽으로 처음 만난 곳

웨스트민트터 신앙 고백을 이끌었던 토마스 굿인(모들린 칼리지)과 존 오웬(퀸스 칼리지)은 옥스퍼드에서 기독교 교육과 예배를 확립하였다. 그러나 왕정복고 이후 영국 국교회로 대체되면서 청교도 신앙의 지도자들은 입지를 잃었다. 그러나 예배가 회복되는 것이 매우 중요하다고 깨달은 존 웨슬리는 1720년대 말 옥스퍼드 링컨 칼리지 내 그의 방에서 동생 찰스 웨슬리와 함께 1729년 홀리클럽을 조직하여 규칙적으로 기도하고 성경공부에 힘썼다. 그는 11세기에 건축되어 1950년대까지 사형이 집행되었던 옥스퍼드 성에 있는 감옥에 가서 죄수들에게 복음도 전하였다. 이 감옥은 지금 고급 호텔로 변경되어 역사를 이어가고 있다.

감리교의 창시자인 웨슬리 형제의 역사는 옥스퍼드 대학뿐 아니라 옥스퍼드 시내 곳곳에서 그 흔적을 찾아 볼 수 있다. 크라이스트 처지 성당 안 바닥에 존 웨슬리 기념 명패가 있고, 대학 레스토랑 벽면에는 그의 초상화도 걸려 있다. 크라이스트 처치에서 걸어서 멀지 않은 곳에 웨슬리 기념 감리교회가 있는데, 이곳에 가면 웨슬리가 옥스퍼드에서 활동했던 역사에 대해서 자세하게 이해할 수 있는 전시와 자료가 제공된다.

감리교회를 영어로 Methodist Church라고 하는데, 이는 웨슬리가 만든 홀리클럽이 'Methodist(형식주의자)'라고 하였던 것에서 출발한 것이다. 이

웨슬리 기념 교회 전경

러한 운동은 영국 성공회에도 새로운 활력을 불어 넣었고, 영국 전반에 걸친 개혁운동에도 영향을 미쳤지만 현재 영국에서 감리교 교세는 그리 크지 않다. 물론 존 웨슬리 자신이 영국성공회 사제였고 성공회 사제로서 개혁의 바람을 넣은 것이기도 하지만, 옥스퍼드는 전통적인 왕당파의 근거지로 영국 성공회의 교세가 큰 곳이기도 하다. 크라이스트 처치 같은 옥스퍼드 주요 대학이 성공회 사제를 배출하는 곳이기도 하기 때문이다.

런던 웨스트민스터 사원 맞은편에 감리교 센트럴 홀이 있는데, 1912년 감리교를 창시한 웨슬리 형제를 기념하기 위해 세운 교회로 세계 감리교

본부이기도 하고, 최초로 UN총회가 열린 곳으로도 유명하다.

16세기에 성경을 영어로 번역한 윌리엄 틴테일은 옥스퍼드 허트퍼드 (Hertford) 칼리지를 나왔다. 카톨릭 사제였던 모들린(Magdalen) 대학의 존 폭스는 수많은 종교재판과 성경을 비교하다가 순교자들 속에 진리가 있음을 발견하여 사제를 내려놓고 가난하고 배고픈 삶을 살았다고 한다. 또한 종교개혁의 샛별이라고 할 수 있는 존 위클리프(John Wycliffe, 1329-1384)는 옥스퍼드 밸리올(Balliol) 칼리지를 나왔다. 위클리프는 라틴어 성경의 뜻도 모른 채 성직자의 말을 근거로 믿음 생활하는 민중들의 현실적인 종교 생활이 성경에 위배된다는 것을 깨닫고 구원은 믿음으로 말미암고 교회의 머리가 그리스도라 여겨 성경 번역에 힘을 쏟았다. 그는 모든 사람은 자신의 모국어로 성경을 볼 수 있어야 한다고 강조했는데, 이런 정신이 전 세계에 퍼지면서 각 민족의 언어로 성경 번역이 활발하게 이루어지고 있다. 그의 정신은 체코의 후스에게 또 루터에게 전달되어 1517년 종교개혁을 일으키게 되었다.

1925년부터 30년간 모들린 칼리지에서 영문학을 교수하며 '회의론자를 위한 사도'라는 별칭으로 기독교 진리를 담은 명작을 남긴 C.S. 루이스는 회심 후 아침마다 뉴 칼리지(New College) 채플에서 기도회에 참석했다. 그는 『순전한 기독교』, 『나니아 연대기』로 세계적인 명성을 얻었다. 『반지의 제왕』으로 유명한 J.R.R 톨킨이 루이스에게 로마서 말씀을 권한 것이 루이스 인생을 그리스도인으로 변하게 된 계기를 만들었다. 옥스퍼드 대학 출신들이 영국 교회의 변화 더 나아가 세계의 개신교에 새로운 바람을 불어 넣는데도 기여하였다.

옥스퍼드대 요트 클럽에서 남부 영국해협으로 내려가 요트를 타는 특별행사를 하였다. 옥스퍼드에서 항구까지는 1시간 반 내지 2시간 정도 걸리는 거리인데 자동차로 가면 편리한 상황이었다. 운전면허가 없는 대학생이 많아 운전자가 부족하다고 운전 가능한 사람을 찾았다. 비록 나는 운전석이 오른쪽에 있는 영국에서 운전해 보지도 않았고 길도 모르지만, 운전자 위치가 영국과 같은 일본에서 운전해 본 경험도 있고 또 학생들을 위해 봉사하는 마음으로 자원하였다.

옥스퍼드 대학은 학생들의 다양한 활동을 지원해 주기 위해 자동차를 대여해 주는 시스템이 있었다. 학생들 동아리 활동을 위해 타지로 가는 경우 외부에서 대여하는 것보다 저렴한 가격으로 자동차를 대여해 주고 해당 운전자는 스포츠센터 시스템에 등록케 하여 자동적으로 보험에 가입할 수 있도록 처리해 주었다. 이런 시스템이 없다면 학생들이 활동을 할 때마다 차량 대여 등으로 힘들고 비용도 많이 들지만 대학 차원에서 이렇게 관리해 주니 매우 편리하였다. 강에서 조정 경기를 하는 클럽은 반드시 수영 테스트를 하도록 되어 있는데, 이 경우에도 대학 수영장에서 전문가들 입회하에 무료로 테스트 할 수 있도록 하여서 안전을 우선시 하면서 학생들이 자유롭게 과외 활동을 할 수 있도록 지원해 주었다.

요트 행사를 하는 날에 일기가 고르지 않고 바람이 세서 위험 요소가 있다는 판단 하에 이번에는 요트 경험이 있는 사람들만 가기로 했다. 다행히 초보자들이 빠지면서 내가 직접 운전하지 않고 다른 영국인이 운전하는 차를 타고 갈 수 있었다. 요트 타는 동안 간간히 비가 쏟아지고 파도가

특별한 요트 여행의 한 장면. 멀리서 무지개가 보인다

쳤지만 모두들 전문 장비를 갖추고 있어서 비를 맞으면서도 크게 어렵지 않고 즐겁게 요트 여행을 할 수 있었다. 거친 자연을 즐기려면 제대로 된 장비를 갖추는 것이 얼마나 중요한지 새삼 깨닫게 되었다.

영국 남부 와이트 섬(The Isle of Wight)까지 다녀오는 내내 변화무쌍한 날씨가 계속되었다. 햇빛이 내리쬐다가 엄청나게 바람이 불었다가 비가 쏟아지기도 하고 무지개가 뜨기도 하고 모든 종류의 날씨를 경험한 것 같다. 그 다음날 오전에도 비가 와서 조금 늦게 출발해서 돌아오는 길인데 멀리서 수직으로 80% 잠겨서 뱃머리만 보이고 70세가 넘은 남자 2명이 서로를 붙들고 물에 떠 있는 것이 보였다. 전복사고가 난 것으로 매우 급박한 상황이다. 비가 와서 날도 춥고 바다 물도 찬데 이 분들이 몇 분 정도나 물에 떠 있었는지 알 수 없지만 그나마 다행인 것은 아직은 의식이 있었다. 바다 위에 한 점으로 떠 있는 사람이 직접 구조 신호를 보낼 수도 없는 상황인데, 천만다행으로 우리 요트가 그 옆을 지나가면서 이런 위급한 상황을 파악할 수 있었던 것이다.

두 말할 것도 없이 모두가 일사분란하게 어떻게 하면 물에 빠진 사람들을 구조할 수 있을지 노력하였다. 첫날 육지에서 요트가 출발하기 전에 비상 상황에서 쓸 수 있는 장비에 대해 간단하게 설명을 들을 수 있었는데 생각지 않게 그것을 직접 활용할 수 있는 기회가 생긴 것이다. 비록 힘은 들었지만 그나마 요트에 9명이 승선하고 있었고, 모두들 요트 경험이 있는 사람들이어서 장비를 활용하여 안전하게 구조해 낼 수 있었다. 그 과정에서 나는 손목에 조금의 상처를 입게 되었다. 물에 빠졌다 올라온 사람들이 무척이나 무거웠고 스스로 몸을 가눌 수 없는 상황이어서 최대한 안전하게 도우려다 오히려 내 손목이 요트 난간에 눌려서 시커멓게 자국이 남고 손이 부어 올랐다. 자신의 안전 수칙에 철저하지 못한 결과이다.

일단 물에 빠진 2명을 온갖 장비를 동원해서 배 위로 겨우 끌어 올린 후 일부는 응급조치하면서 해양경찰에 신고하였다. 어선이 풍랑을 만나 전복된 사고인데, 일반적인 겨울잠바만 입고 구명조끼도 착용하지 않아서 얼마나 위험한 상황이었는지 직감할 수 있었다. 우리의 신고로 5명의 해경이 구명정을 타고 신속하게 나타나 그들의 상황을 파악하고 안전 조치를 한 후 구명정에 태워 가까운 육지로 이동하였다.

생각지도 않았던 상황이 발생하여 점심도 먹지 못한 채 우리는 계속 항해했지만 어느 누구도 점심 먹을 생각도 하지 않고 조용한 가운데서 안전하게 항해하는 데만 집중하였다. 귀중한 생명을 2명이나 구할 수 있었던 것은 평생에 다시 해 보기 어려운 매우 독특한 경험이다. 어떠한 응급 상황에서도 대처가능할 정도의 기본 지식과 실력은 항상 쌓아두고 사는 것이 필요하다는 것을 다시 한번 절실하게 느꼈다. 언제 어디에서 닥칠지 모르는 위험은 상존하기 때문이다.

• 소소한 번거로움과 공생의 가치

해가 지면 옥스퍼드는 전반적으로 도로가 컴컴한데 조그만 소도시와 소도시를 잇는 도로에 차량이 많이 다니는 것도 아니고 가로등도 설치되어 있지 않은 곳이 많아 칠흑같이 어둡게 느껴진다. 이런 환경에 익숙한 영국인들은 자신의 자동차 불빛만으로도 쌩쌩 잘 다니지만 가끔은 위태롭고 불안해 보인다.

옥스퍼드 시내도 날이 저물면 상점도 문을 닫기 때문에 금방 분위기가 고요해 지는 느낌이 있다. 나는 주로 밝은 낮에 가까운 곳을 오가는 정도로 자전거를 타므로 그냥 조심해서 다니면 어떨까 생각하였다. 그런데 해가 지니 진짜 컴컴해지고 겨울은 낮이 짧기도 하므로 걱정이 되었다. 내가 지인에게 빌려 탄 자전거에 전등도 없고 헬맷도 없는데, 야간에 자전거 전등없이 타고 다니다가 경찰에게 걸리면 벌금 70파운드가 부과된다고 한다.

도로도 땜질식으로 보수한 곳이 많아 울퉁불퉁하기도 하므로 자전거를 타고 다닐 때 도로 상태를 확인해야 할 뿐 아니라 좁은 도로에서 자동차와 같이 다녀야 하는 경우가 많아서 자전거 앞뒤로 반드시 전등도 달고 헬맷도 쓰고 다녀야 최소한의 안전을 지킬 수 있다. 야광 안전조끼를 입고 다니는 사람도 있고 발목에 야광 밴드를 붙이고 다니는 사람들도 있다.

다행인 것은 학기 초 울프슨 칼리지에서 새내기들의 안전을 위해 한정적으로 전등과 헬맷을 무료로 제공하니 선착순으로 받아 가라고 해서 나를 위해 이런 이벤트가 생겼나 하면서 얼른 받으러 갔다. 도서관 카드를 제시하니 신분을 확인하고 이름을 기록해 둔 후 자전거에 전등도 달아주고 내 머리에 맞는 헬맷도 챙겨 주었다. 갑자기 전등도 헬맷도 생겨서 안전감이 들었다.

문제는 옥스퍼드에 자전거 좀도둑이 많으므로 스스로 이런 장비를 관리해야 한다는 것이다. 자전거 앞뒤로 달고 다니는 전등의 값이 얼마하지 않을텐데 그것조차도 훔쳐가는 상황인지 사람들이 전등을 따로 빼서 보관하였다. 헬맷도 항상 챙겨 다니던가 훔쳐가지 못하도록 자전거에 묶어서 끊어가지 못하도록 보관해야 한다.

한국에서는 일반적으로 이런 것 정도를 도둑 맞을까 염려하며 살지 않았기 때문에 이런 상황이 무척이나 번거롭게 느껴진다. 자전거 타면서 전등 따로 챙기고 헬맷도 들고 다녀야 하고 자신의 가방 등 짐까지 챙겨야 하는 것이 얼마나 번잡한 일인가? 비도 자주 와서 방수처리된 외투도 챙겨다녀야 한다. 심지어 자전거 안장도 잘 관리하라는 말을 들었다. 내가 번거롭다고 자전거 물품들을 그냥 두고 다니다가 없어지면 그것을 다시 구입해야 하는 상황이 발생하므로 할 수 없이 세세하게 챙겨야 한다.

지인에게 이런 것이 무척이나 번거롭다고 말했더니 예전에는 자동차에서 내릴 때 항상 오디오 셋트를 챙겨야 했다고 한다. 좀도둑이 그런 것을 훔쳐 가므로 자신이 자동차에 타고 내릴때마다 오디오 셋트를 탈

부착하여 안전하게 관리했다고 한다. 나는 자전거에 부착한 전등 조차도 일일이 챙겨야 하는 것이 무척이나 귀찮지만 이곳에서는 이런 것 정도는 번거로운 일도 아니고 그냥 당연한 일상이구나 생각하면서 살아야 하나 보다.

일반적으로 영국이 중시하는 가치 중의 하나로 공생을 이야기하기도 한다. 부자든 가난하든 영국 사회 속에서 겪는 경험은 비슷하다고 한다. 영국은 부자끼리 가난한 사람끼리 따로 사는 것 보다 가능하면 섞여 살 수 있도록 도시 계획을 한다고 한다. 부자 동네에도 서민 공공주택을 지어서 더불어 살아가는 지혜를 깨닫게 한다는 것이다. 영국인으로 살아가는 사람들의 이야기다. 내가 생각하기는 결과론적인 해석일 것 같다. 처음부터 모든 것을 철저하게 도시계획을 한 후에 사람들이 정착하고 도시가 형성되는 것이 아니기 때문이다.

그렇다고 부자동네가 없는 것은 아니다. 아직 엄청나게 심각해 보이는 곳을 가보지는 않았지만 런던은 말할 것도 없고 옥스퍼드시내에도 노숙자가 있는 것을 보면 피상적인 이야기일 지도 모른다. 특정 지역을 거론하면서 그 지역은 옥스퍼드와는 아주 다른 분위기로 조금은 살벌하다는 느낌을 전하는 사람이 있는 것을 보면 세상 어디나 정도의 차이는 있을 수 있겠지만 삶의 모습은 크게 다르지는 않을 것이다.

자전거 전등이나 헬멧 같은 소소한 것 까지 챙기면서 살아야 하는 번거로움을 근본적으로 해결하지 않으면서 어떤 거시적인 공생의 가치를 지향하고 있는지에 대해 관심을 갖고 살펴보아야 할 것 같다.

옥스퍼드는 자전거를 타고 다니면 편리할 때가 많다. 특정 지역을 가는 데 버스를 타면 버스의 노선과 운행시간에 따라 다녀야 하므로 시간이 더 걸리기도 하지만, 자전거는 자신이 원하는 대로 다닐 수 있어서 편리하다. 그런데 우기에 접어들어 자주 비가 오기 때문에 기본적으로 안전 장비를 갖추고 다녀야 하는데, 소나기가 오는 정도가 아니므로 웬만하면 그냥 비를 맞고 다닌다. 시내 어디를 가나 자전거 주차 공간이 따로 있을 정도로 자전거를 많이 타고 다닌다.

옥스퍼드는 조용하고 아담하고 안전한 도시 같은데, 뜻밖의 복병이 있다. 주변에서 자전거를 도둑 맞았다는 소리를 여러차례 들었다. 현지에서

기숙사에서의 특별 파티

영국인으로 살아가고 있는 지인도 과거에 2번이나 자전거를 도둑 맞았고 자전거 사고까지 난 후로 자전거를 타지 않고 걸어 다닌다고 한다. 나보고도 특별히 유의해서 자전거를 타고 자전거를 분실하지 말도록 당부하면서 쉽게 끊을 수 없는 특수 D자형 자물쇠를 건네 주었다.

나는 빌린 자전거를 깔끔하게 수리해서 안전하게 타려고 수리점에서 오래 방치해서 녹슨 부분을 닦아 달라고 했는데, 수리하시는 분이 어차피 다시 녹슬텐데 그냥 두라고 하면서 녹슨 자전거는 오히려 도둑 맞지 않을 수 있어서 좋다고 하였다. 녹슨 자전거를 그냥 타고 다녀야 하는 이유도 다양하다.

최근 옥스퍼드에 거주하는 홍콩 친구가 일주일 사이에 자전거를 3대나 도둑 맞아서 기분이 매우 우울하다고 했다. 첫번째는 자전거를 길거리 주차 공간에 묶어 두고 잠시 가게에 들어가 있는 동안 어느새 사슬이 끊겨 나가고 자전거가 사라졌다는 것이다. 차량 통행이 상당히 있는 장소였는데 이런 일이 발생할 수 있는가? 자전거로 생활하던 사람이 자전거가 없으면 생활에 제약을 받으므로 할 수 없이 새 자전거를 사서 칼리지 기숙사 주차 공간에 부부 자전거 2대를 묶어 놓았는데, 이번에는 자전거가 한꺼번에 둘 다 사라졌다는 것이다. 일단 관리부서에서는 CCTV 확인만 시켜주어서 경찰에 신고했는데, 경찰은 누군가가 자전거를 가지고 나가는 것만 찍혀 있어서 직접 절도의 증거가 없다고 자신들이 할 일이 없다고 답했단다. 기상천외하다.

그 뿐 아니다. 칼리지 보트 하우스에 묶어 두었던 다른 학생의 자전거도 사라졌다. 또한 독일에서 울프슨 칼리지로 유학 온 여학생이 산악 자전거를 가지고 왔는데 기숙사 주차 공간에 둔 자전거가 사라졌다고 한다. 독일

옥스퍼드 시내에서 자전거와 함께

여학생의 경우 자전거 보험을 들어 두어서 분실 내용을 보험사에 고지하고 새로운 자전거를 보상받아서 그나마 다행이지만 언제 또 다시 분실 사고가 나지 않으리라는 보장이 없다.

이 정도 상황이라면 옥스퍼드가 안전하다고 말할 수 있을까? 경찰이 CCTV를 확인하고 조그만 추적하면 금방 범인을 잡을 수 있을텐데 왜 이렇게 좀도둑 사건이 비일비재한지 알 길이 없다. 내가 이곳에 온지 얼마 되지도 않았는데 그렇게 많은 자전거 도둑 이야기를 들었다면 상당히 심각한 정도가 아닌가? 이미 한번 자전거를 도둑 맞은 경험이 있는 학생은 자전거를 방안에 보관한다고 한다. 내가 빌린 자전거는 끝까지 안전하게 타고 다닐 수 있을 것인가 하는 생각에 심적 부담이 생겼다.

이 정도면 전문적으로 자전거를 훔치는 그룹이 있을 수도 있을 것 같은데, 경찰들이 집중적으로 추적하면 간단하게 범인을 잡을 수 있지 않을까 생각해서 영국인에게 물었더니 경찰인력을 많이 축소하여 일손이 부족하므로 웬만한 좀도둑 사건은 잘 다루지 않는다고 한다. "뭐 그 정도로 호들갑인가"라는 태도이다. 그러니 좀도둑이 활개치고 다니는 것 아닐까?

CCTV라도 더 많이 달면 좀 더 효과적으로 범인을 추적해 낼 수 있지 않을까? 이에 대해서는 CCTV가 많아지면 정부가 개인 사생활에 대한 통제가 심해진다고 생각하여 국민들이 별로 찬성하지 않는다고 한다. 정부의 통제 강화와 개인의 자유 확대 사이의 함수관계를 고민해 보아야 할 것 같다. 자전거 도둑이 나를 사색케 만든다.

3

대영제국과
성찰해야 할 유산

영국 왕립예술원 건물 앞 조각상

• 영국 문화 전통의 이븐송

옥스퍼드대 여러 칼리지에 채플이 있는데 이곳에서는 다양한 이븐송 (Evensong, 저녁 찬양)이 개최된다. 몇몇 주요 칼리지의 경우 원래 신학교에서 출발하여 다양한 학문 분야로 대학을 확대해 나갔기 때문에 칼리지 내에 역사와 전통이 있는 채플이 함께 있다. 일전에 내가 직접 성가대에 참여해서 경험했던 크라이스트 처치의 이븐송은 월요일을 제외하고 매일 저녁에 열리지만 다른 칼리지의 경우 사정에 따라 일주일에 한 두 번 정도 개최되는 곳이 많다.

1549년경에 시작되어 근 500여년의 전통을 지닌 합창 음악은 종교적 헌신을 요구하지 않으면서 모든 사람에게 개방되어 있는 교회 예배로 활동적인 낮과 편안한 밤의 중간지점에서 45분간 조화롭게 울려퍼지는 문화행사이기도 하다. 이븐송 예배에서 음악이 차지하는 비중이 높은 것은 다른 교회 예배와 구별되는 특징이다.

영국 성공회의 예배 형태가 교회에 따라 차이가 있기도 하지만, 같은 교회내에서도 주일에 몇 번 드리는 예배 스타일을 다 다르게 하는 경우가 있다. 소위 말해서 근엄한 예식 중심의 카톨릭 스타일에서부터 온갖 악기가 동원되어 열정적으로 찬양하는 개신교 스타일 까지 전부를 포괄하는 교회도 있다. 자신의 선호도를 참고해서 예배 시간과 예배 형식을 선택하기도 한다. 시대의 변화에 따른 성도들의 요구에 발맞추어 교회도 변화를 추구하고 있는 것이다.

1926년부터 시작된 BBC 라디오 3의 '합창 이븐송'은 현재도 매주 수요일에 생방송되고 일요일에는 영국 전역에서 반복 방송되는 역사상 가장

모들린 칼리지 채플 전경

오래 지속된 방송이기도 하다. 신앙고백과 사도신경도 있고 찬송가도 부르지만, 조화로운 찬양으로 마음의 평화를 가져다 주는 안식의 시간으로 이해되고 있다.

이브송의 기원은 예수님께서 인도하셨던 제자들과의 예배와 유대인이 특정 시간에 기도하던 시기로 거슬러 올라가므로 그 배경은 상당히 종교적인 특성을 담고 있다. 종교개혁 시대 옛 수도원의 예식과도 연결되는데, 오늘날 교회에서 사용하는 의식적 특징을 지니는 전례는 1549년 크랜머

(Thomas Cranmer, 1489-1556) 대주교의『공동 기도서』에 명시되어 있다. 영국의 이븐송은 엘리자베스 1세 여왕의 통치 기간에 윌리엄 버드(William Byrd, 1540-1623)와 토마스 탈리스(Thomas Tallis, 1505-1585)와 같은 작곡가들이 새로운 예배를 위해 특별히 정교한 다성 합창 음악을 개발하면서 구체화되었다. 영국과 아일랜드 전역에 걸쳐 500년 동안 이어져 온 합창은 다양한 노력으로 수준 높게 유지되고 있다.

공공예배가 라틴어로 되어 있고, 일반인들이 성경에 정통하기도 어려우므로 일반대중을 염두에 두고 이븐송 같은 형식을 고안해서 공동체 의식을 만드는데 역할하게 하였다. 하루를 마무리 하며 아름다운 채플에 모여들면 아주 공명이 잘되는 공간에서 울려퍼지는 평화로운 음악이 하루의 피로를 씻어주고 안식을 누릴 수 있도록 해 주는 것이다. 그러다 보니 교회가 예배 드리는 곳이라기 보다도 각종 합창과 오케스트라 등 음악 공연을 누리는 문화공간으로 인식되기도 한다.

어떻게 보면 이렇게라도 해서 일반 대중이 교회에 모여들게 하여 자연스럽게 복음을 전하는 도구로 삼을 수도 있다. 또한 각종 합창과 오케스트라 음악이 하나님을 찬양하기 위한 것이 많기 때문에 실질적으로 하나님을 믿지 않는다고 해도 문화속에서 자연스럽게 신앙과 맥을 닿고 있는 것이다.

크랜머의 이븐송은 다윗 왕이 수금을 들고 구약성서 시편을 노래하는 것으로 시작된다. 예배의 중요한 점은 여성과 남성, 젊은이와 노인, 구약과 신약이 이 성가곡에서 균형을 이룬다는 점이다. 물론 남성 합창단만 있는 경우도 있지만 다양한 측면에서 조화를 추구하고 있다. 바흐의 오르간 작품을 포함하여 교회 음악이 다양하게 연주되면서 끊임없이 새로운 형태로 재생산되는 것은 시대에 맞는 신앙 형태를 구성하는 노력이라고 할 수 있을 것이다. 절대자 하나님을 믿는 마음은 같을지 모르더라도 시대에 맞게 예배 형식이 변화해 나가는 것은 필요할 수 있다.

그럼에도 불구하고 영국 내에서도 교회가 너무 세속화되어 가는 것 아닌가 하는 우려도 있다. 진실된 신앙도 지키면서 시대에 맞는 예배 형태를 어떻게 구성해야 하는가의 문제는 종교의 유무를 떠나 인간과 역사를 이해하는 한 방편이 되는 것 같다. 영국 문화 전통의 이븐송이 문화적인 누림인지 예배의 한 형태인지 고민해 보게 된다.

• 블렌하임 팰러스와 영국 수상 처칠

옥스퍼드 시내에서 버스타고 40분 정도 나가면 영국에서 가장 큰 궁전이라고 할 수 있는 블렌하임 팰러스(Blenheim Palace)가 있다. 왕족이나 교회 대주교의 거주지도 아닌데 궁전이라고 불리는 독특한 곳으로 1987년 유네스코 세계문화 유산으로 지정된 곳이다. 특히 거대한 정원의 공간 구성과 건축은 영국 낭만주의 운동의 시작을 보여준다는 의미를 부여 받고 있다.

궁전을 둘러 싸고 있는 거대한 정원은 지리 공간의 높낮이를 활용하여 물과 자연과 아름다운 바로크식 인공 건축물이 어울어져 있다. 궁전 앞뒤로 맞붙어 있는 이태리식 정원은 인공미가 한껏 발휘되기도 하였다. 궁전을 둘러싼 2,000에이커의 거대한 정원은 최대한 자연의 상태를 보존한 것 같으면서도 잘 정돈된 초원으로 만들어 멀리까지 전체적으로 조망할 수 있는 조망권이 보장되어 있다.

이 궁전은 스페인 왕위 계승 전쟁시 바이에른과 프랑스를 상대로 싸웠던 블렌하임 전투에서 말버러 공작(The Duke of Marlborough)의 군사적 승리를 공로로 인정한 앤 여왕이 포상한 것이다. 이 궁전은 앤 여왕의 재정적 지원으로 추진되었지만 건축학적으로 바로크 양식으로 설계된 것과 정치적 논란까지 더해져 여왕의 추가 재정 지원이 취소되는 등의 풍파를 겪기도 하였다.

과거 사냥할 때 머물 수 있는 우드스톡 궁전(Palace of Woodstock)이 있었던 곳에 지어진 블렌하임은 명성만큼이나 다양한 역사적 사건으로도 기록된 곳이다. 메리 여왕이 엘리자베스 1세를 이곳에 구금한 적도 있고, 영국 시민혁명 당시 크롬웰 군대의 폭격을 당하기도 하였다. 이곳은 영국 수상을 2번이나 역임한 윈스턴 처칠(Winston Churchill, 1874-1965)이 태어나서 유아기를 보낸 곳이기도 하다.

'위대한' 영국 정치가로 손꼽히는 처칠은 1900년부터 1964년까지 정치인으로 생활하면서 수상뿐 아니라 내무장관, 국방장관, 공군장관, 해군장관, 상업장관 등 영국의 주요 요직을 두루 경험하였다. 1945년에는 6개월간 영국 군주 조지 6세를 대리청정하기도 하였다.

제2차 세계대전 기간에는 카이로선언, 테헤란 회담, 얄타 회담, 포츠담 회담 등 세계사적 회담을 이끌어 나가는데도 기여하였다. 따라서 국제적으로는 히틀러에 맞서 전쟁을 이끈 승리의 지도자로 기억되기도 한다.

그는 『제2차 세계대전』 『영어 사용자의 역사』 등 여러 책을 저술한 공로로 1953년 노벨 문학상을 받았다. "전기와 역사서에서 보여준 탁월함과 인간적 가치를 수호하기 위한 연설"의 가치가 인정되었다. 영국내에서는 영국 복지국가의 시작을 알렸다고 하는 실업수당 도입으로 처칠의 명성이 더해졌고, 미망인이나 고아 등 사회적 약자를 위한 연금 지급도 하는 등 나름 사회를 개혁하기 위해 노력하기도 하였다.

처칠 장례식 때 많은 국가들이 텔레비전 생중계를 했지만 아일랜드는 생중계하지 않고 이를 외면하였는데, 이를 통해 아일랜드인과 처칠의 관계를 재확인할 수 있다. 처칠의 할아버지가 아일랜드 총독을 지냈고 그의 아버지는 할아버지 비서로 일했다. 또한 본인은 1921년 영국 · 아일랜드 조약 체결 때 아일랜드 식민장관이었는데 아일랜드가 영국의 영향권에서 벗어나지 못하도록 진력을 다했던 경력이 있다. 그는 영국 제국의 안위가 걸린 문제라는 안보론적 시각에서 아일랜드가 이탈하지 못하도록 노력하였다. 처칠은 아일랜드 문제에서 가장 중요한 것은 영국민의 이익이고 필요하다면 강압도 행사할 수 있다는 시각을 갖고 있었다.

처칠은 아일랜드의 남북분단에 따른 폐해와 고통에는 냉담하였을 뿐만 아니라 역사적 근원을 조성한 당사자이기도 하다. 그는 영국제국의 장교로서 수단과 인도에서 영국의 식민통치에 항쟁하는 사람들을 진압하기도 하였다.

블렌하임 궁전에서 태어난 처칠의 태생적 기득권은 평생 영국에서 정치적 권력을 누렸을 뿐 아니라 영국제국의 장교로 식민지에 강압적 권력을 행사했던 모습에도 잘 투영되어 있다. 한편 영국내에서 사회개혁을 통해 약자를 보호한 면모도 있지만 '선택적 약자 보호'라는 비평에서 자유로울 수는 없을 것이다. 처칠의 양면성이 제대로 평가될 수 있을 때 비로소 그의 진면목을 볼 수 있지 않을까?

지금은 역사의 풍파와 변화상이 층층이 쌓여 궁전의 빛나는 면모가 많이 사라진 블렌하임 궁전을 거닐면서 얻은 처칠에 대한 단상이 역사 평가의 균형감을 찾는데 도움이 되지 않을까?

• 노동당의 압승과 영국의 변화 추구

세계 각국의 정치권이 요동치고 있다. 영국도 예외는 아니다. 영국의 정치는 성직귀족과 세속귀족을 포함하는 상원(귀족원)과 전국에서 선출된 하원(서민원) 의원으로 구분되는데, 실질적인 정치는 하원에서 맡는다. 2024년 7월 4일 진행된 제59대 선거에서 역사적인 기록이 갱신되었다. 보수당이 1834년 창당 이래 근 200년의 역사 중 최악의 성적표를 받아 들여야 하는 굴욕을 맛보는 순간이었다.

이번 총선에서 노동당은 411석을 얻었는데, 이는 631 지역구에 공천한 결과로 지난 총선에 비하면 210석이 늘어난 수치이다. 1923년 총선에서 158석을 확보했던 경력이 있던 자유민주당도 2019년 총선에서는 11석이었는데 이번 경선에서 72석을 확보함으로서 무려 61석이 증가하여 제3당의 입지를 구축하였다. 영국 개혁당은 지난 총선에서 0석이었는데, 이번 총선에서 5석을 얻었다. 이 결과는 영국이 새로운 변화를 원하고 있는 것을 반증한 것으로 그만큼 보수당은 최악 중에서도 최악의 성적표를 받게 된 셈이다.

영국이 압도적으로 노동당을 선택한 이유는 무엇인가? 가장 먼저 꼽을 수 있는 것은 경제 문제일 것이다. 모두들 영국의 경제가 침체되었다고 느낀다. 물가는 상승하였다. 그 이유 중의 하나로 브렉시트라고 하는 유럽연합 탈퇴에서 기인한 문제가 있다. 물론 보수당이 집권당시 국민투표 결과로 브렉시트를 결정했음에도 불구하고 이로 인해 나타나는 수많은 현상에 대해 브렉시트 자체를 후회하는 사람들이 많아진 것이다.

우스개 소리로 영국은 유럽이 아니라는 극단적인 말도 나온다. 그 이유가 영국 이외 대다수 유럽국가들은 유럽 연합 소속이지만 영국은 거기에서 탈퇴했기 때문이다. 내가 독일 함부르그 공항에 도착했을 때 영국인들이 유럽인의 대접을 받지 못하고 있음을 목도한 적이 있다. 영국인은 유럽연합 소속이면 갈 수 있는 통로를 사용할 수 없으므로 유럽인이 아닌 정치적 상황에 놓인 것이다.

브렉시트로 쌓인 영국인의 불만과 불편함을 해소하기 위해 이번 노동당이 집권하자 마자 바로 유럽연합에 사람을 파견하여 새로운 조건을 논의하려는 노력을 하고 있다. 물론 당장 다시 유럽연합의 일원이 될 수는 없을 것이다. 그러나 뭔가 새로운 조건의 논의가 이루어져 조금씩 변화를 만들어 낼 수 있을지는 모르겠다. 단순히 국제공항의 통로 사용 문제만은 아니다. 영국은 유럽연합이 아니므로 유럽연합으로 받을 수 있는 여러 가지 혜택에서도 제외될 수 있다. 이는 이민자 노동 문제뿐 아니라 직업 시장에서의 혜택도 포함될 수 있다.

영국의 공공의료 악화 문제도 국민이 갖는 커다란 불만 중의 하나이다. 영국이 생명을 우선시하는 무료 의료인 것은 좋지만 실질적으로 필요할 때는 예약을 할 수가 없어서 제대로 된 서비스를 받지 못한다는 것이 문제이다. 많은 돈을 내고 사설 의료기관을 이용해야 한다는 것도 일반인들의 불만이다.

주변에 있는 영국인들에게 물어 보았다. 어느 당을 지지했고 왜 그 당을

지지했는지? 물어 본 모두가 노동당을 지지했다고 했다. 그래서 옥스퍼드
는 대다수가 상당한 교육을 받았고 기득권이라고 할 수 있는데 왜 보수당
을 지지하지 않는지 질문하였다. 그랬더니 교육을 받았기 때문에 오히려
자율적이고 진보적인 성향을 가질 수 있는 것 아니냐고 하면서 그런면에
서 옥스퍼드는 노동당지지 성향이 강하다고 대답하였다.

이번에 노동당이 압승한 의미가 무엇이며 왜 그런 지지를 받을 수 있었
는지 개인적인 차원의 답을 물어보았다. 답은 경기침체, 주거지 부족, 공
공의료 문제 등을 제기하였다. 물론 브렉시트의 문제도 빠지지 않았다. 그
러면서 보수당의 16년 통치는 이미 충분히 길었기 때문에 변화를 추구해
야 할 때라고 하였다.

내 개인적으로 10여년 전에 영국에서 느낀 것과 2023-2024년 영국에
거주하면서 느낀 점도 다르지 않다. 외국인의 눈으로 봤을 때 합리적이지
않은 것인데도 예전부터 있었던 것이라는 차원에서 여전히 지속되는 것
이 있었다. 그런 점에 대해서 영국인하고 이야기를 나누어도 상당수는 굳
이 그것을 문제로 인식하지 않으려는 경향도 있었다. 어느 사회나 깨어 있
는 의식으로 불합리한 부분에 대해 끊임없이 변화를 추구하지 않으면 결
국 거대한 개혁의 요구에 직면하게 된다.

이제 영국은 새로운 방향으로 변화를 추구하고 있다. 영국 리즈대학에
서 학사, 옥스퍼드대학에서 석사 학위를 받은 노동당의 키어 로드니 스타
머 경(Sir Keir Rodney Starmer)은 '영국의 재건(Rebuild Britain)'을 들고 나왔다.
경제적 측면, 안보적 측면, 의료환경적 측면, 이민자를 포함한 사회 안정
의 문제 등 재건해야 할 과제가 하나 둘이 아니다.

영국이 인식한 문제는 영국만의 문제는 아닐 것이다. 한국도 정치적, 경

제적, 안보적, 사회적으로 산적한 문제가 많다. 세계 변화의 흐름이 어떻게 주도되는지에 대한 경각심과 더불어 한국의 문제 해결을 통해 더욱더 도약해야 할 시점이다.

• 세계문화유산 큐가든과 지식의 힘

런던 가기 전에 확인한 날씨 정보에서는 강수량이 0%였는데 런던은 보슬비가 내렸다. 런던에 있는 주영국한국대사관에서 처리해야 할 행정절차가 있어 사전 예약을 하고 대사관을 찾았지만 가는 날이 장날인가? 급하게 필요한 서류인데 당일 대사관 컴퓨터 시스템이 작동하지 않았고 전 세계 한국공관 컴퓨터 시스템도 마비 상태라는 설명을 듣고 한국의 안보

런던 하이드 파크 내부 전경

상황이 걱정되었다. 하늘에 먹구름이 잔뜩 끼어 있고 보슬비도 내리고 바람도 불고 기온도 내려가 있는 음산한 겨울 날씨지만 일부러 온 런던에서 시간을 낭비할 수 없어서 2003년에 유네스코 세계문화유산으로 등재된 큐가든(Kew Gardens)을 방문하였다.

텝스 강 남서쪽을 따라 형성된 광대한 공원은 수세기동안 전세계에서 광범위하게 식물들을 수집 보존하고 연구해 온 흔적이 쌓여 있었다. 세계에서 가장 크고 다양한 식물 및 균류 컬렉션 850만 개가 넘는 품목을 보유하고 있는 곳이다. 지구상 모든 대륙의 곰팡이균 표본을 보유하고 있는데, 18세기 초 존 레이(John Ray, 1627-1705), 알렉산더 폰 훔볼트(Alexander von

큐가든전경

Humboldt, 1769-1859), 찰스 다윈(Charles Darwin, 1809-1882)이 수집한 균류도 포함되어 있다. 세계에서 가장 다양한 야생 식물 종의 유전자원인 약 4만 종에 달하는 24억 개 이상의 종자를 보유하고 있으며 700만 개가 넘는 건조 표본을 활용하여 DNA를 추출하여 식물의 진화과정을 연구하기도 한다. 근대 영국의 탐험 및 식민지 개척과도 밀접하게 관련되어 있고 경제적 작물을 얻기 위한 노력까지 포함된 각종 식물 자료는 식물다양성, 식물계통학 등을 연구하는데 중요한 역할을 하고 있다.

1772년 조지 3세(King George III)가 물려받은 큐 지역 영지와 리치몬드에 있는 왕실 영지를 합쳐 두 개의 정원이 하나가 되어서 영어로는 Kew Gardens라고 복수를 사용하고 있다. 조지 3세 어머니인 아구스타 왕비(Princess Augusta)가 큐 지역에 식물정원을 조성한 것이 기원이다. 영국의 탐험가 캡틴 쿡(Captain Cook)은 1768년 항해에서 얻은 것을 진상하였고, 1772년 프란시스 메이슨(Francis Masson)이 남아프리카에서 수천종의 식물들을 수집해 왔다. 1778년에는 큐가든 정원사들이 타히티와 자메이카에 가서 1000여종을 수집해 오기도 했다. 1840년에 가서 황실이 큐가든을 정부에 이관하자 정비를 거쳐 일반인에게 개방하도록 용도를 변경하였다. 빅토리아 여왕은 1898년 샬롯 여왕의 별장과 그 주변 땅을 큐에 기증하면서 미개간지로 남겨두라고 요청

큐가든 내 조형물

하여 야생 삼림과 야생화가 만발하는 구역이 형성되었다.

1848년 이래 팜 하우스(The Palm House), 온대식물실(The Temperate House) 등이 구축되고 제2차 세계대전 기간에는 전쟁을 지원할 수 있는 채소와 의약용 식물을 재배하기도 하였다. 팜 하우스 아래에는 유리온실 난방을 위해 연료를 운반하는 데 사용된 철도 터널의 잔해가 남아 있고, 유리 온실 보일러에서 연기를 빼내기 위한 굴뚝으로 외관의 아름다움에 손상을 주지 않으려고 팜 하우스 연못 근처에 이탈리아식 종탑으로 위장된 굴뚝을 만들었다. 종탑의 높이와 구조 덕분에 제2차 세계대전 중 폭탄의 공기 역학을 테스트하는 완벽한 비밀 장소가 되기도 하였다.

1987년에는 다이애나 웨일스 왕비 온실(Princess of Wales conservatory)을 개관하였는데, 방마다 서로 다른 온도를 적용해서 각종 식물을 관리하므로 건축적으로 기술적으로 상당히 난이도가 있었다고 한다. 이곳에 중요한 식량 작물의 씨앗과 멸종 위기에 처한 여러 종의 씨앗을 담은 타임캡슐을 묻었는데 2085년에 개봉할 예정이다. 2008년에는 큐가든에 문화예술을 덧입혀 자연과 예술의 조화를 도모하였고, 2009년에는 황실의 왕세자 부부가 참여한 가운데 큐가든 250주년 행사를 거행하기도 하였다.

영국의 식민지 프로젝트가 본격화되면서 전 세계의 식물을 찾아내어 영국 산업과 정부에 확실한 수입을 제공한 경제 식물학이 대영 제국의 확장에 중요한 역할을 하였다는 것은 큐가든에 쌓인 증거로도 확인할 수 있다. 호기심과 지식의 축적이 제국을 형성하고 지탱했던 힘이었다는 사실은 역사가 증명하는 것이므로 '오늘'에 관심을 두고 사는 대중에게 시사하는 바가 있으면 좋을 것 같다.

런던의 금융가를 거닐다가 아름답게 진열된 상품들이 내 눈을 사로 잡아 상점으로 들어가게 되었다. 각종 명품들이 진열되어 있고 핸드백이나 시계 등의 소품 뿐 아니라 거대하고 정교한 말 형상의 장식품과 멋진 오토바이 등 다양한 물품이 전시되어 있었다. 지하층에도 각종 보석을 포함하여 다양한 물품이 있는데, 이런 물품은 구매할 수 있을 뿐만 아니라 일정기간 대여할 수도 있는 곳이었다. 쉽게 말하면 고급 전당포(pawns)였던 것이다.

소비와 향락에 흥청거리는 돈 많은 런던은 돈만 있으면 세상에 두려울 것도 없고 아름다운 그 어떠한 것도 살 수 있으며 구매하기 어려우면 잠시 빌려서라도 극도의 사치를 부려볼 수 있는 시스템이 갖추어져 있었다. 화려하고 거대한 왕립거래소(The Royal Exchange) 바로 옆에 이런 고급 전당포가 있는 것은 우연이 아니었다.

왕립거래소는 세계에서 가장 오래된(1531년) 금융거래소인 안트워프(Antwerp) 부르스 (Bourse)를 모델삼아 1566년 왕실 대리인 토마스 그레샴(Thomas Gresham)이 만든 것이다. 엘리자베스 1세가 1571년 공식적으로 개장하여 왕실 칭호와 주류 판매 면허를 준 곳으로 우여곡절을 거치면서 유지되었으나 17세기 후반에는 수익성이 없다는 이유로 철거 논의가 이루어지기도 하였다. 17세기 영국의 건축적 정체성을 이해하는데 매우 중요한 단서를 제공하는 곳이기도 하다. 이곳은 화재로 외관이나 구조 등 시대에 따른 변화상을 겪기는 하였다. 1844년 빅토리아 여왕시대에 재건된 왕립거래소는 제2차 세계대전 당시 공습에도 살아남아 지금까지 런던의 금

왕립거래소 내부 전경

융 중심가에 당당한 면모를 드러내고 있다.

　'영국의 영광', '런던의 눈'이라는 별명에서 단적으로 이해할 수 있듯이 런던 금융가 중심부에 자리한 왕립거래소는 여러가지 역사적 의미를 지닌 곳이다. 두 말 할 것도 없이 대영제국의 상업적 거래와 교환이 이루어지는 곳이었다. 세계적인 상업을 위한 개방형 형태의 안뜰은 서로 다른 영업소 사이를 자유롭게 오갈 수 있는 길로 이어져 있다. 돈과 권력과 화려함의 극치이자 타락과 위선의 장소로 풍자되는 왕립거래소의 외관은 런던의 상징이 될 뿐 아니라 대영제국의 얼굴이기도 하다.

　18세기 영국은 주식, 채권, 어음 등 금융상품 시장이 활성화되는 금융혁명(The Financial Revolution)의 시대를 거쳤다. 이는 산업혁명의 기폭제가 될 뿐만 아니라 국가의 정치와 문화, 행정, 경제 등 광범위한 영역에서 변화를 가져오는 소위 중요한 경제적 현상이었다. 이러한 금융시장의 부상을 단적으로 증명해 주는 것이 국가가 지정한 공식 금융 상품 거래소로서의 왕립거래소라고 할 수 있다.

각종 금융과 재화가 거래되는 왕립거래소에 명품 사치품으로 치장할 수 있는 쇼핑가로서의 폰스(pawns)가 연결 되어 있다. 폰스는 왕족, 귀족, 신흥 부유층 등 돈과 권력 장악적 측면에서 사회지배층이라 인정되는 집단이 사치품 소비를 위해 몰려 들었던 공간이다. 건물내 복도 형태로 이어진 명품샵은 런던뿐 아니라 베니스, 파리, 암스테르담 등 각종 무역 중심지에서 유사하게 발견할 수 있는 상업시설이다. 이런 형태의 상업 시설은

왕립거래소 입구

계절의 변화나 비가 자주 오는 런던의 짖궂은 날씨의 제약을 받지 않고 꿈속의 왕자님과 공주님이 될 수 있는 기회를 제공하는 곳이기도 하다. 이곳에서는 당시 사치품으로 분류되었던 펜과 문구류, 서적, 가발 등도 판매되었다. 폰스의 발코니에서 런던의 파노라마 전경을 감상할 수 있으므로 단연 관광 명소일 수 밖에 없을 것이다.

왕립거래소는 1980년대 런던국제금융선물거래소가 입주하면서 과거의 화려했던 시대로 돌아가기도 하였다. 2001년 리모델링을 통해 현재는 고급 쇼핑 및 식당가로 탈바꿈하였고 1층에는 1707년에 세워진 포트넘 앤 메이슨(Fortnum & Mason) 백화점이 들어서 있고 건물 전체적으로 가운데 공간이 비어져 있는 1층 중앙에 자리한 레스토랑에서는 비용을 지불할 수만 있다면 누구나 공간을 즐길 수 있는 곳으로 변모되어 있다. 과거 왕립거래소의 출입 그 자체가 신분적 제약을 받았던 것에 비하면 그나마 조금은 숨통이 트인다.

비록 내가 들어갔던 폰스는 과거 폰스의 영광을 상점의 이름으로 이용하여 왕립거래소 옆쪽에 따로 있는 고급 전당포였다. 그렇지만 그 덕분에 과거 사치품 쇼핑 천국이었던 폰스와 대영제국의 재화 거래소였던 왕립거래소에 들어가 변화된 모습을 되돌아 볼 수 있어서 영국의 역사를 이해하는데 도움이 되었다.

• 대영제국의 출발지 팔머스와 신대륙을 향한 출발지 플리머스

옥스퍼드대 요트 클럽의 요트 여행은 나를 위한 여행이라고 해도 과언이 아니었다. 원래 계획대로 스코틀랜드 방향으로 갔어도 새롭게 배울 것이 많았겠지만 계획이 바뀌어 남쪽으로 내려 오는 바람에 내가 꼭 가보고 싶었던 곳을 자연스럽게 갈 수 있었기 때문이다. 계획 변경과 도착지 선택에서 나는 어떤 역할도 하지 않고 그 결정에 따랐지만 결과적으로 나에게 매우 유용한 곳이었다. 그곳이 바로 팔머스(Falmouth)와 플리머스(Plymouth)였기 때문이다. 나는 요트 마리나에 도착할 때마다 피곤해도 열심히 도심 지역에 나가서 그 곳의 역사와 문화를 관찰하는 재미에 푹 빠졌다.

밤새도록 바다와 하늘이 맞닿은 곳까지 다이아몬드 박아 둔 것처럼 반짝이는 별들을 감상하다가 온 세상을 붉게 물들이며 동이 터오르는 새벽 시간도 지나가자 도착한 곳이 영국 서남쪽 끝에 있는 팔머스 항구였다. 이곳은 자연적으로 세계에서 가장 깊은 수심을 갖는 3번째 항구이자, 유럽에서 가장 깊은 수심을 가진 항구로서 일찍부터 해상을 장악하는 배들이 오가는 근거지였다. 바다에서 바라보았을 때는 전략적 위치가 제대로 보이지 않았는데 작은 섬을 지나 항구로 들어와 보니 천혜의 요새였다.

따라서 일찍부터 해상 무역이 발달한 곳으로 이곳을 통해 영국 제국주의가 전세계로 확대해 나갈 수 있었다. 영국이 중국과 아편전쟁을 벌

팔머스 해양 박물관

이기 전에 중국으로 아편을 실어 나르면서 막대한 부를 축적할 수 있었던 출발 항구가 바로 이 팔머스 항구이다. 팔머스 항구에 있는 국립해양박물관에는 직접적으로 아편 무역을 설명하지 않아 실망스러웠지만 영국이 세계사를 다시 쓰게 만든 항구라는 점에서 보면 특별한 역사적 의의가 있는 곳이다.

왕의 파이프

1689년부터 1851년까지 영국 제국의 힘이 미치는 곳 어느 곳이나 우편물(Packet Service)을 실어 나르던 항구이다. 그 우편물에는 무엇이 담겨 있을까? 우편물에는 단순히 고국의 그리움을 담은 편지만 있는 것은 아닐 것이고, 제국의 이익을 확대하는데 많은 것들이 담길 수 있다는 것을 충분히 상상해 볼 수 있다.

팔머스 항구 한편으로는 왕의 파이프(King's Pipe)라는 굴뚝같은 구조물이 남아 있다. 이것은 1814년 왕의 이름으로 밀수된 담배(아편)을 근절시키기 위해 불에 태웠던 상징적인 곳으로 영국 역사유산에 등재되어 있다. 영국에서는 왕의 이름으로 밀수된 아편을 근절시켰지만 그것을 중국에 판매하였고 더 큰 이익을 취하기 위한 조치로 중국을 침략하는 아편전쟁까지 감행하였다. 중국은 아편전쟁으로 치욕적인 근대를 맞이해야 했다. 왕의 파이프 역사를 바라보고 있으려니 무엇이 세계의 역사를 바꾸게 만들었는지에 대해 다시 한번 되뇌이게 하였다.

미국의 역사를 이해하려면 1620년 영국 플리머스(Plymouth)에서 메이플라워호(Mayflower)를 타고 미국으로 간 이민자의 역사를 이해할 필요가 있다. 일반적으로는 당시 영국 성공회의 종교적 박해를 받은 청교도(Puritan)들이 신앙의 자유를 찾아 미국에 정착한 것으로 이해하고 있다. 청교도들은 미국에 정착하여 얻은 첫 수확물에 대해 하나님께 감사하였는데, 이것이 추수감사절의 유래이다. 미국의 역사를 설명하는데 청교도가 신앙의 자유를 찾아나서는 역정은 현재까지도 미국이 자유 국가를 상징하는 매우 중요한 테마이다.

미국에 있는 플리머스에 가면 영국인이 도착해서 어떤 삶을 살았는지에 대해 민속촌처럼 만들어 둔 곳이 있어서 당시의 역사를 이해하는데 도

팔머스 해양박물관

플리머스 항구

팔머스 항구 지도

움을 주고 있다. 미국 역사의 '시작'을 알리는 이민이라고 해도 과언이 아닌 메이플라워호와 관련된 것이기 때문에 그 출발점인 영국 플리머스의 메이플라워호 박물관은 그 전모를 이해하는데 매우 의미 있을 것이라고 생각했다.

그런데 영국 플리머스 박물관에는 영국 성공회의 종교적 박해에 대한 설명도 없고 청교도가 신앙의 자유를 찾아 미국으로 떠난 사실에 대한 언급도 불분명하다. 다만 영국 각지에서 모여든 다양한 직업군과 다양한 연령대의 102명이 메이플라워호를 타고 미국에 갔다고 설명할 뿐이다. 또

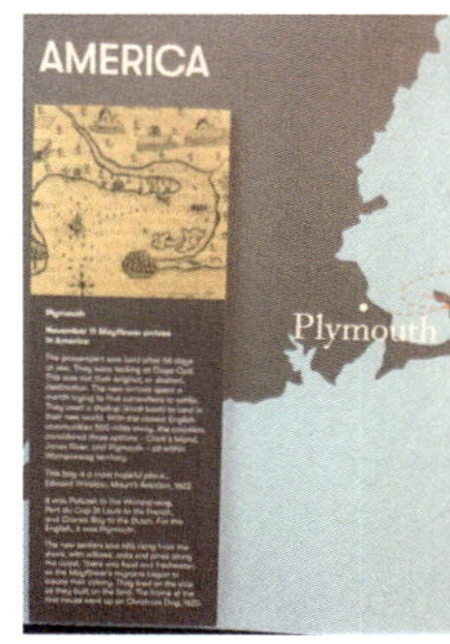

플리머스 박물관 전시

플리머스전시물

한 주요 설명이 미국의 원주민과 영국 이민자가 서로 도우면서 그 지역을 개척했던 측면을 강조하였다.

전시를 보다보면 과거 역사를 정확하게 기록한다기 보다 뭔가의 핵심은 빠진 듯한 느낌이 들어서 그와 같은 전시 경향에 대해 영국인과 이야기를 나누게 되었다. 그랬더니 자신도 영국이 솔직하게 과거 역사를 정확하게 설명하지 않고 모호하게 말하는 '역사 해체' 작업이 진행되는 것에 대해 불만이라고 답하였다. 역사의 진실이 추해도 그것을 통해 인간과 사회를 이해할 수 있는 발판이 되고 진실된 역사 속에서 새로운 미래를 찾아 나갈 수 있는데 진정 영국이 지향하는 바가 무엇인지 잘 모르겠다고 한다.

국가마다 강조하고 싶은 역사가 있고 숨기고 싶은 역사도 있을 것이다. 영국이 세계를 지배하는 제국으로 성장하는데 중요한 기반이 되었던 팔머스 항구는 밀수가 성행하던 곳이기도 하다. 불법과 합법이 정확하게 구분된다기 보다도 영국의 이익을 위한다는 차원에서 불법이 제국의 힘과 결합하여 세계를 지배하는데 기여하였다. 이것은 비단 영국만의 문제도 아니다. 고대로부터 역사속에서 조금씩 다른 형태로 지속적으로 행해지던 모습이기도 할 것이다. 역사 앞에 당당히 선다고 하는 것은 힘들고 두려운 일인 것 같다.

• 런던의 변화상과 도크랜드 박물관

런던 히드로 공항에 도착해서 시내 중심가로 들어오면 한 때 해가 지

지 않는 국가라 지칭되던 영국이 이
런 이미지구나 하는 생각이 든다. 영
국을 대표하는 가장 상징적인 곳이
수도인 런던이고 런던의 변화상을 전
반적으로 조망해 볼 수 있는 곳이 도
크랜드 박물관(Museum of London Dock-
lands)이라 할 수 있다. 왜냐하면 지금
의 화려한 런던으로 변화하기 까지의
과정을 런던 항구로 드나드는 물품의
변화에 대해 경제적인 측면에서 설명
해 주고 있기 때문이다.

런던 도크랜드 박물관

　과거 런던 항구는 어떠했을까 생각하면서 박물관을 찾아 가는데 시중
심과는 별로 다를 것 없이 발달되어 있지만 바로크나 고딕식 건축물보다
는 현대식 고층 빌딩이 빽빽하게 서 있었다. 화려한 고층빌딩은 각종 은행
과 보험사 이름이 즐비한데 조그만 다리를 건너니 과거 설탕 창고를 리모델
링한 도크랜드 박물관이 있었다. 항구쪽에 있는 금융가? 뭔가 낯설게 느껴
지지만 분명 연관성이 있지 않을까?

　1600년 이래 인도와 중국 등 해외에서 향신료, 차, 실크 등 물품을 수송
하고 무역을 했던 영국은 항구의 체계적인 관리가 필요하여서 항구를 준
설하였다. 항구가 체계적으로 관리되자 세계 각지에서 운반되는 각종 물
품은 더욱더 많아졌다. 특히 캐리비안 쪽에서는 사탕수수 작물을 운반하
는 삼각무역으로 엄청난 부를 창출하였다. 인부들이 설탕을 훔쳐가지 못
하게 하기 위해 주머니가 없는 작업복을 입도록 하였다고 한다.

런던항 주변 금융가 전경

1500년대부터 영국에는 아프리카에서 온 흑인들이 거주하였고 1780년 대에 15,000여명이 영국에 거주했다는 통계도 있다. 1700년대 대영제국은 노예무역의 핵심세력이었고, 런던 항구는 노예 무역의 주축이기도 하였다. 노예 무역의 절반 정도가 아프리카에서 대서양을 거쳐 영국 배로 이송되었다. 아프리카, 아메리카, 유럽으로 이어지는 삼각 무역은 이송과정에서 노예의 1/3이 사망할 정도로 처참하였다.

런던항은 브라질의 리오 드 자네이로(Rio de Janeiro)와 바히아(Bahia) 그리고 리버풀(Liverpool)에 이어 세계적인 노예무역의 중심지였다. 3100여대의 배가 아프리칸 노예들을 실어 날랐다. 역사 자료에 의하면, 전체적으로는 천만명 정도의 남자와 여자 그리고 어린 아이들이 아프리카에서 포획되어 노예로 팔려 나갔다고 한다. 노예무역의 활성화로 각종 소비재무역의 활성화도 가져다 주면서 상업 중심지가 될 뿐아니라 각종 금융

164

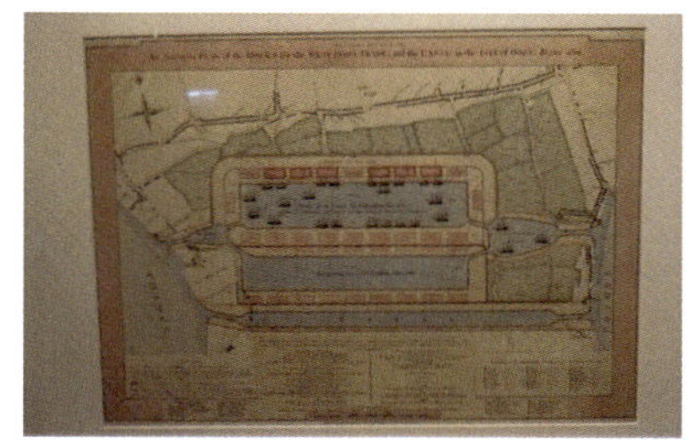
런던항 지도

노예삼각무역의 설명한 지도

및 보험업계, 조선소 등 다양한 산업이 발전할 수 있는 구조도 갖추게 된 것이다.

박물관 전시에서도 인정하고 있듯이 런던은 노예무역의 이익으로부터 엄청난 부를 창출해 내었다. 런던 금융이 국제적인 기반을 갖추고 현재까지도 막강하게 역할할 수 있는 근간이 된 것이다. 도크랜드 박물관은 영국의 경제 성장이 노예무역으로부터 현재의 금융제국으로 역할하기 까지의 모습을 간결하게 보여 주었다. 전시에서는 노예무역의 문제점을 지적하고 있지만 그 노예무역으로 엄청나게 피해를 본 아프리카 인들에게 무엇을 어떻게 하겠다는 구체적인 실천에 대한 반성은 별로 보이지 않는다.

런던은 100년 전에도 세계에서 가장 중요한 항구중의 하나로 국제 금융 센터이기도 하였다. 1970년대 후반기에 시대적 변화로 항구가 폐쇄되면서 수 천 명이 실직자가 되자 이곳은 유랑하는 개들의 섬이 되었다. 그러나 새로운 도시 설계로 이곳은 다시 런던 동부의 새로운 금융중심가로 변모하게 되었다. 2009년에 93,000여명의 사람들이 금융업에 종사하면서 런던 금융계의 중심일 뿐 아니라 세계 금융의 중심으로 발돋움하였다.

영국은 규제완화와 조세제도를 정비하여 국제자본을 최대한 많이 끌어 모으려는 국가들의 경쟁에서 우위를 점하기 위해 노력하고 있다. 조세 피난지(tax haven)로서 과거 식민지와 관계된 국가 및 지역을 활용하여 '국가 주권의 상업화(commercialisation of state sovereignty)'에도 박차를 가하고 있다. 눈에 쉽게 띠지 않는 방식의 금융 패권 장악을 위한 다각적인 노력이 펼쳐지는 가운데 금융의 자유는 누리지만 그에 대한 법적 책임은 지지 않을 자유를 줌으로써 세계의 자본을 끌어 모으고 있다. 영국 금융계로 돈이 몰리는 이유이다.

영국은 해외 조세 피난지로의 자금 은닉과 그러한 피난지를 활용하는 금융 조작이 가능한 곳으로 자본주의가 낳은 이상한 금융 시장, 익명성과 세금으로부터 자유라는 구매자의 요구를 만족시켜 주고 있어서 세금 기피자들의 천국으로 자리매김 하고 있다. 이는 경제적 이익을 창출할 수 있다면 노예무역도 서슴치 않았던 모습과도 많이 닮아 있다. 형태는 다르지만 또 다른 측면에서 인간을 돈의 노예화로 만드는 작업을 하는 것이기도 하다. 런던의 화려한 부에 가려져 눈에 보이지 않는 이면이다.

• 21세기에 '폐지'된 영국 노예제와 역설

학자들과 대화하다가 영국의 노예제가 최근에 와서야 '폐지'되었다는 말을 듣고 깜짝 놀랐다. 아니 이게 무슨 말인가? 노예제가 21세기에 폐지되었다는 말이 사실인가? 나는 바로 각종 보도 자료와 관련 자료를 검토하면서 이게 무슨 의미인지 깨닫게 되었다.

영국의회 전경

　영국은 포르투갈과 더불어 노예무역에서 가장 성공한 두 국가로 평가받는다. 포르투갈과 영국은 아메리카 대륙으로 이송된 전체 아프리카인의 약 70%의 노예를 차지할 정도여서 가장 성공적인 노예 무역 국가였다. 영국은 대서양 노예 무역을 구축하는 데 필수적인 역할을 하였고, 대서양 국가 노예 소유자의 노예가 된 사람은 노예소유자 개인 재산(Chattel)이 되는 것을 합법화하는 잔인한 샤텔 노예제(Chattel Slavery) 관행을 만들었다.

　영국은 1640년에서 1807년까지 가장 주도적으로 노예무역에 앞장섰던 국가이다. 총 310만 명의 아프리카인이 미주와 카리브해의 영국 식민지로 이송되었지만, 바다를 가로지르는 노예선의 끔찍한 공간에서 살아남은 사람은 270만 명 정도였다. 그러나 점차 반노예 정서가 확대되었고, 많은 영국인과 아프리카 노예제 폐지론자들이 노예무역을 중단하고 노예제도를 폐지해야 한다고 주장하였다. 1807년 영국 의회는 대영

제국 내 노예무역을 불법화하는 노예무역법을 통과시켰지만 이익에 눈
이 먼 사람들은 여전히 법의 규제를 피해 갔고, 노예선은 영국 리버풀이
나 브리스톨 항구에 정기적으로 정박했다. 1811년까지도 족쇄와 같은
노예 장비를 운반하는 것은 노예 무역에 연루되었다는 증거로 간주되지
않았다고 한다.

영국의 노예상과 자본은 노예무역이 공식적으로 폐지된 후에도 여전히
브라질, 쿠바, 미국과 같은 주요 노예제 사회의 농장으로 아프리카 사람들
을 거래하는 데 관여하면서 경제적 이익을 취했다. 1834년 영국 정부는
영국령 인도와 스리랑카 등 아시아 식민지는 아니지만 적어도 영국과 미
국령에서는 노예제도를 불법화하였다.

한편 영국정부는 적극적으로 노예제를 불법화하기 위해 1833년 경제적
대가를 지불했다. 노예 해방에 따른 노예 소유자들의 자본 손실에 대한 보
상으로 2천만 파운드를 책정하였다. 1833년 영국 정부의 총 지출은 4,880
만 파운드였으므로 2천만 파운드 보상금은 정부 예산의 40%에 달하는 막
대한 금액이었고, 영국 GDP의 약 5%에 해당하였다. 이는 영국 역사상 가
장 큰 규모의 정부 대출 중 하나로 꼽힌다. 무엇을 고려하느냐에 따라 당
시 2천만 파운드는 오늘날 개인 소득 증가로 계산하면 약 170억 파운드
의 가치가 있고 1인당 경제 규모를 보면 천억 파운드 이상이 될 수도 있는
액수이다. 당시의 2천만 파운드는 오늘날 24억 파운드보다 훨씬 더 가치
가 있다고 학자들은 추정하고 있다.

영국은 노예 소유주를 달래는 한편 미래 세대의 시민들에게 그 대가를
지불할 책임을 지우려는 의지가 어느 유럽 국가들 보다 두드러졌다고 한
다. 노예 소유주 및 기관에 대해 2015년에야 영국 정부가 부채 상환을 완

료하였다. 소위 영국 노예제 폐지가 2015년에 완성된 것이다. 현재 살아있는 영국 시민이 낸 세금이 과거 노예 무역가와 노예소유주 후손들 주머니에 고스란히 들어갔다는 사실을 알게 된 영국 시민은 분노하였고, 이후 반흑인 인종차별과 사회 정의에 대한 국제적 공분이 재점화되기도 하였다.

영국 정부는 노예 보상과 관련된 채권을 받은 개인과 기업의 전체 명단을 공개하지 않았지만, 연구자들이 노예제 폐지와 관련하여 정부 지급금을 받은 개인과 단체 4만 6,000여 곳의 명단을 작성하였다. 명단에는 현재 영국의 재계 및 정계를 포함한 유력 가문들이 포함되었고, 중산층도 채권의 혜택을 받은 것으로 확인되었다. 결국 그런 제도를 만들고 집행한 사람들이 자신들의 이익을 챙기는 방편으로 활용한 것이 아닌가 하는 합리적인 의심이 충분히 가능하다.

잔혹했던 노예제는 역설적이게도 영국 노예제 폐지의 완성을 기회로 새로운 차원에서 빗장이 열리고 있다는 사실에 주목할 필요가 있다. 노예제 폐지는 인간의 비참함을 악용하여 맘껏 이익을 취했던 잔혹한 행위가 종식되었다는 것을 의미한다. 그렇다면 노예제 폐지의 보상금은 노예로 팔려가 잔인한 대우를 받았던 사람들에게 지급되어야 정상일텐데 그들에게는 한 푼도 지급되지 않았고 오히려 노예소유주의 배만 채웠다. 무엇이 역사의 정의일까?

• 영국 내부에서 비판되는 '더러운' 금융 제국

과거 번창했던 영국 제국이 적극적으로 노예제를 운영했고, 1807년 노예무역을 금지했지만, 노예제도는 1833년에야 폐지되었다. 그 후에도 법망을 피해가면서 노예 무역에 간여하여 부를 축적하였다. 그 어두운 그림자는 2015년에 와서야 영국정부가 노예소유자에게 배상을 완료함으로써 공식적으로 노예제가 폐지되었지만 그 유산은 오히려 재부각되고 있는 상황이다. 이 사실은 2018년 영국 재무부가 역사적 사실을 공개하면서 세상에 알려지게 되었는데, 2015년까지 영국 정부가 노예 소유자 후손들에게 지속적으로 보상금을 지급했다는 사실과 그에 대해 면밀한 조사가 이루어지지 않은 것도 확인되었다.

더 가관인 것은 노예제도가 폐지된 이후에도 노예들은 6년 동안 주당 45시간 동안 무급으로 일해야 했다. 또한 영국에 거주하는 카리브해 노예 후손의 세금이 노예 소유주 보상 대출금을 상환하는 데 사용되어 '정치적으로 가장 부도덕 행위'라고 지적되기도 한다. 쉽게 말하면 노예가 노예소유자에게 노예 폐지에 따른 배상금을 지불한 것인데, 이는 노예 후손에게 동일하게 적용되었다.

수년간 브리스톨에 세워졌던 노예상인 에드워드 콜스턴(Edward Colston, 1636-1721) 동상을 철거하여 박물관으로 옮기려는 노력을 했어도 무시되었는데, 2020년 '흑인의 생명도 소중하다'라고 외친 시위대에 의해 동상이 무너져 내린 사건에서 알 수 있듯이 노예제도의 유산은 영국 곳곳에 고통스럽게 남아있다. 이는 과거 노예로 살았던 사람들의 후손과 영국인 모두의 삶에 영향을 미치고 있다.

과거 노예제도와 제국의 유산이 오늘날 영국 생활 중심에 어떻게 남아있는지 이해할 수 있어야 영국의 역사와 부의 근원을 이해하고 영국의 권력, 금융, 정치 및 경제가 어떻게 작동하는지도 이해할 수 있을 것이다. 현재 영국인중 일부는 노예제도를 통해 부유해졌고, 또 다른 일부는 노예제도로 인해 잔혹한 삶을 살았는데 그 유산이 켜켜히 쌓여 있다. 노예 소유주의 보상과 노예에 대한 보상의 부재는 오늘날 영국에서 불평등의 핵심으로 남아 있다. 이러한 보상은 노예 소유 가문에게 더 많은 부를 축적할 기회를 제공했고, 그 중 일부는 여전히 영국에서 최상위 계층에 속하며 여러 세대가 그 부를 물려받고 있다.

영국 노예제 유산은 노예상인 에드워드 콜스턴의 동상을 무너뜨리는 것에 그치지 않는다. 영국 전역의 다른 노예상인과 잔인한 식민지 집행자들을 기념하는 동상들도 공격하고 있다. 현재 일부 지방 의회는 런던과 맨체스터 등지의 모든 동상을 재검토하겠다고 발표하여 이 문제의 시급성을 파악하고 있다.

글래스고 대학은 '노예 자금 감사'와 '회복적 정의' 조치에 귀 기울이고 있다. 영국 정부가 과거 영국 식민지 중 일부 지역에서 정의롭지 못한 금융을 개발하여 비밀 서비스를 제공하고 완전히 새로운 착취와 불평등의 시대를 열고 있다고 하였다. 조세정의네트워크(The Tax Justice Network)는 영국이 해외 영토와 옛 카리브해 식민지를 악용하여 조세 피난처 모델을 창출하여서 이기적인 착취를 계속하고 있다고 주장하였다.

영국 의회는 해외에서 비밀리에 제공되는 서비스로 유치된 검은 돈을 제거하기 위해 2016년에 2020년까지 기업의 실제 소유주에 대한 공개 명부를 작성하도록 표결하였다. 영국의 금융 비밀 네트워크는 세계 최대 규모라고도 할 수 있어서 영국이 비리의 중심지라는 평가를 회피하려는 방편으로 이러한 제도를 시행하려는 것이다.

위의 내용은 영국 내부에서 터져 나온 자성적인 목소리로 이런 비판을 통해 영국의 추악한 역사의 일면이 서서히 베일을 벗고 있는 중이다. 이 문제의 근원은 영국제국의 거대한 해외 식민지 정책에 뿌리를 둔 것인데, 여전히 그런 식민 유산을 활용하여 시대에 맞는 금융제국의 면모로 부를 축적하고 있는 것이다. 일반인의 눈에는 보이지 않는 검은 돈의 흐름이 런던 금융가의 화려한 면모를 뒷받침하고 있다.

크리스마스 마켓의 분위기를 보러 런던 금융가를 다녀 온 적이 있는데, 제국시대부터 이어져 온 멋진 건물들과 자본의 냄새가 물씬 풍기는 멋지고 화려한 빌딩숲이 인상적이었다. 엘리자베스 1세에 의해 1571년부터 공식적으로 제국 금융의 핵심이었던 왕립거래소(The Royal Exchange)는 두 번의 화재로 몸살을 앓았고 그 후에도 새로운 개축, 성격 변화 등 다양한 변화를 거친 곳이다. 화려한 건물과 멋진 장식으로 크리스마스 분위기 내며 사진도 찍었던 곳이지만, 한겹만 걷어 내면 '더러운 금융제국'으로서 카멜레온의 모습을 확인할 수 있는 곳이다.

• 노예제와 식민주의 유산은 어떻게 청산해야 하는가?

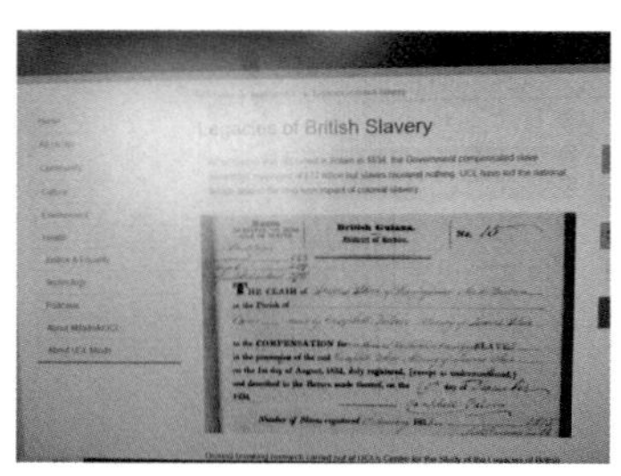
영국 노예 유산 홈페이지

1833년 노예 소유자에게 2천만 파운드를 지불하기 위해 영국 정부는 노예 보상 위원회를 설립했다. 노예 보상 위원회가 활동하는 과정에서 1834년 8월 1일 모든 노예 소유자의 이름을 기록하였는데, 이는 역설적이게도 노예

172

소유자의 면모가 더욱 정확하게 역사에 기록되는 효과를 낳았다. 런던대학교 영국 노예 유산(Legacies of British Slavery) 홈페이지에서 자세하게 확인할 수 있다.

당대 최고 부자이자 자유주의, 평화주의 노선을 내세우며 19세기 중후반을 대표한다고 알려진 영국 총리 윌리엄 글래드스톤(William E. Gladstone)의 아버지 존 글래드스톤(John Gladstone)의 노예 소유 규모도 드러났다. 그들이 개인의 재산으로 간주한 2,500명의 남성, 여성 및 어린이에 대한 보상으로 100,000(현재 약 800만 파운드)파운드를 지급 받았다. 노예에 대한 경제적 대가를 지불한다고 결정하던 1833년 윌리암 글래드스톤은 하원 의원을 하고 있었다.

노예 보상 위원회의 기록에는 『동물농장』 소설로 유명한 조지 오웰(George Orwell), 영국의 소설가이자 극작가, 문학 평론가인 그레이엄 그린(Graham Greene), 살아 생전 가장 유명한 여류 시인인 엘리자베스 바렛 브라우닝(Elizabeth Barrett Browning), 건축가 조지 길버트 스캇(George Gilbert Scott) 및 영국 총리 데이비드 캐머론(David Cameron) 조상의 이름이 있으며 이들은 노예를 소유한 것에 대해 보상을 받았다.

부와 권력과 사회적 지위가 연결되어 있는 영국 사회에서 노예주는 노예상실에 대한 보상을 받을 수 있지만 노예는 박탈당하는 것이 당연하다는 생각에 익숙해져 있다. 노예에게 배상 및 보상을 해야 한다는 점은 애써 외면하고 싶어 한다. 그러나 이러한 역사적 불의에 대해 매우 부당하며 해결되어야 한다고 주장하는 영국인은 미국에서 발생한 사건에서 영감을 얻고 싶어 한다.

2005년 1월 20일 미국 J.P. Morgan Chase 회사는 공개성명서를 통해

1831년부터 1865년 사이에 J.P. Morgan Chase의 전신 은행인 Citizens Bank와 Canal Bank in Louisiana가 약 13,000명의 노예를 대출 담보로 받아들였고, 그중 약 1,250 케이스는 채무불이행이 된 것이라고 인정하면서 직원들에게 사과하였다.

후속 조치로 루이지애나 출신의 아프리카계 미국인이 루이지애나 주에서 대학에 다니면 5년에 걸쳐 500만 달러를 제공하여 등록금 전액을 지불한다고 약속하였다. 비록 은행이 아프리카계 미국인들에게 완전히 빚을 갚는 것이라고 말할 수 없지만, 노예 배상 운동가 데드리아 파머-파엘만(Deadria Farmer-Paellmann)은 '올바른 방향으로 나가는 단계'라고 지적하였다.

그동안 영국은 노예제의 잔인성을 최소화하고, 식민 지배를 미화하였다. 노예제 폐지에 있어 영국 엘리트들의 역할을 과대평가하고, 노예제와 식민 착취를 종식시키기 위한 풀뿌리 투쟁을 과소평가하려고 노력하였다. 그러나 런던과 영국이 노예 제도와 식민주의로부터 어떻게 번창했는지, 그리고 그것이 오늘날, 국가적으로, 전 세계적으로 어떻게 계속 진행되고 있는지 이해하는 것은 현재와 미래의 영국을 이해하는데도 중요한 일이다.

독일이 나치의 유대인 희생자들에게 지불하기로 합의한 배상금(2012년 이후 890억 달러 이상)을 기반으로 하였을 때, 미국 코네티컷 대학교의 토마스 크레이머(Thomas Craemer)는 현재 노예제의 배상 가치를 5조 9천억 달러에서 14조 2천억 달러 사이로 계산하고 있다.

경제학자 웃사(Utsa Patnaik)는 약 200년에 걸쳐 동인도 회사와 영국 제국은 최소 9조 2천억 파운드(또는 44조 6천억 달러)를 빼돌린 것으로 계산하였다. 2005년 로버트 앨런(Robert Allen)은 350년간의 영국 식민통치 기간 동안 인도의 실질임금은 23.3% 감소했다고 조사하였다. 외양적으로 설명되는 제국의 근대화와 달리 영국은 인도를 탈개발시켰다는 것을 연구로 증명해 내었다. 이런 연구를 통해 노예제와 제국의 지속적인 유산에 연루된 런던의 금융 기관을 폭로함으로써 그들이 자신의 역할을 인정하고 이에 대해 조치를 취할 수 있도록 촉구하려는 의도가 있다.

2016년 유엔 아프리카계 전문가들은 미국이 '인종 테러'의 역사에 대한 유색인종 배상금을 지불해야 한다고 주장하였다. 2019년 3월 유럽의회는 약 1,500만 명의 아프리카계 사람들이 직면한 구조적 인종차별 문제를 해결하고 식민지 기록 보관소의 기밀을 해제하며 '어떤 형태의 배상'을 해야 하는 당위성에 대해 압도적 투표로 결정하였다. 늦었지만 구체적으로 실천하여 결과를 증명해야 할 때이다.

II

세계사로의 여정

1

유럽의 역사와
문화 유산

트리니티 대학 구도서관

아테네와 더불어 유럽에서 가장 오래된 도시 중 하나로 평가받는 리스본. 세계에서 제일 먼저 대항해 시대를 개척하여 유럽의 식민제국 건설에 앞장섰던 포르투갈의 핵심 도시가 리스본이다. 리스본은 1755년 진도 8.5-9 정도의 지진을 빼놓고 설명하기 어렵다. 역사기록에 따르면 7-9분 정도에 3차례의 충격이 있었는데, 그 중에서도 두 번째가 가장 강력하였다. 해양으로부터 밀려오

리스본 시내 동상

는 쓰나미와 대지진으로 도시의 대다수 건물이 파괴되고 당시 20여만 명의 도시 인구 중 4-6만여 명이 희생된 대참사 후에 많은 것을 새롭게 건설을 했어야 했던 리스본.

대항해 시대 노예제를 포함하여 물불을 가리지 않고 이익을 추구하고 악행을 저질렀던 연유로 대재앙이 미쳤다고 믿는 포르투갈인들이 많이 있다. 대항해 시대 엄청나게 부를 축적했던 포르투갈이 대지진으로 고통의 늪에서 헤매야했지만 대지진에도 살아남아 있는 도시 일부의 면모에서 과거 얼마나 화려한 도시였을지 충분히 상상할 수 있고 이는 관광객을 끌어 당기는 매력 포인트이기도 하다. 관광수입이 국가 재정에 중요한 부분을 차지하고 있다.

이베리아 반도 끝에 인구 천만 명의 포르투갈은 규모에 비해 다양한 의

미로 세계사에 족적을 남겼다. 로마제국의 지배를 받았고 그 후에는 게르만족과 이슬람 세력에게 잠식되기도 하였지만 718년부터 1492년까지의 레콩키스타(Reconquista)로 다시 기독교 세력이 이 지역을 회복하여 통치하게 되었다. 그 와중에 800년 경에는 유럽에서 가장 인구가 많은 도시로 성장하였다. 868년 레온 왕국(Kingdom of Leon)이 들어서기도 하였지만, 1139년 아폰소(Afonso Henriques) 1세가 처음으로 포르투갈의 왕이라고 천명하였다. 다른 유럽 국가에 비해 일찍부터 독립왕국을 구성했던 포르투갈은 15-16세기에 당대 가장 오랫동안 해상 무역 제국을 건설하여 정치적 경제적 권력을 누렸던 국가이기도 하다.

1755년에 대지진이 발생한 것에 이어 1822년에는 포르투갈 식민지였던 브라질이 독립하였고, 1828-1834년에는 자유주의자와 보수주의자 간의 내전으로 혼란을 겪다가 1910년 혁명으로 포르투갈 공화국이 형성되었다. 전 세계를 누볐던 수 백년 간의 영화는 사라지고 각종 어려움과 더불어 정치적으로 독재 정권에 시달려야 했지만 1974년 카네이션 혁명(Carnation Revolution)으로 민주주의를 회복할 수 있었다. 1999년에는 400여 년 간 관리해 오던 마카오를 중국에 귀속시켰다.

이 모든 역사를 한 눈에 볼 수 있는 리스본은 모자이크 타일 형태의 대리석 같은 돌로 보행로가 만들어져 있어서 편한 신발을 신고 다녀야 하고 미끄러지지 않게 주의하여야 한다. 그렇지만 조그만 돌들을 모아 다양한 문양을 만들어 낸 화려함을 보면 걸어다니는 보행로조차 아름다움의 매력을 잃지 않도록 배려했다는 점에서 운치가 있다고 할 수 있다.

리스본의 특징이라고 하면 건물 자체를 아름다운 색채로 그림 그려진 타일을 붙여 건축한 것이다. 아직도 군데 군데에서 한껏 멋을 부린 건축물을 찾아볼 수 있는 것이 도시의 특징이기도 하다. 국립타일박물관이 있을 정도로 각종 타일에 문양을 입혀 멋을 낸 풍경은 도시를 걸어다니는 맛과 멋을 더해준다.

세계에서 가장 오랫동안 운영되고 있는 서점이 리스본에 있다. 1732년 부터 영업을 시작한 리브라리아 베르트랑(Livraira Bertrand)은 고전의 향기가 넘쳐나는 곳인데, 현재는 전국에 59개 지점을 운영하고 있다. 이 서점 건물 전체가 아름다운 타일로 장식된 곳인데, 내부로 들어가면 전체적으로 흰색바탕에 차분한 분위기를 연출한 서점이지만 아주 고전적인 멋을 느끼기는 어렵다. 그렇지만 세계에서 가장 오래된 서점으로 2011년 기네스북에 이름이 등록되었다는 점에서 이 서점에 많은 관광객이 다녀간다. 18세기에 프랑스 인쇄업자가 포르투갈에 도착하여 서점을 연 이후 다양하게 소유자가 변경되었고 대지진의 여파가 있었음에도 불구하고 도시 재건시 다시 서점을 열어서 현재에 이르고 있다.

고도가 있는 언덕을 따라 리스본 도시가 형성되어 있어서 천천히 걸어 다니다 보면 자연스럽게 과거 도시의 영화와 현재의 면모를 더 잘 비교해

리브라리아 베르트랑 내부

타일로 뒤덮인 리스본 건물

서 살펴볼 수 있다. 지형적 특성으로 수많은 계단으로 이어지거나 가파른 길로 오가면서 생활하는 불편함을 최소화하기 위해 특정 골목은 전차도 다닌다. 좁은 길에 전차와 자동차, 버스, 자전거 등이 다니는데 그 옆에 한 명이 지나다닐 정도의 좁은 보행로까지 만들어 두어 약간은 곡예를 해야 하는 느낌이지만 매우 세련되게 잘 꾸며진 상점을 따라 다니다보면 시간 가는 줄 모른다. 서양제국주의 첫 깃발을 올린 포르투갈의 번영과 재건을 곱씹어 본다면 리스본에 와 봐야 할 가치가 분명해 질 것이다.

• 흑인 노예무역과 세계문화유산

　포르투갈 리스본의 지형을 보면 거칠다는 생각이 들 정도로 고도가 있는 언덕이 많다. 그런 지형을 따라 건물과 계단 등을 돌로 건축하고, 전체를 조망할 수 있는 가장 높은 곳에 성을 쌓으려면 엄청난 노동력이 필요할 것이다. 아니나 다를까 포르투갈 도시 건축에 많은 노예 노동이 들어갔다는 사실에서 급속하게 도시가 건설될 수 있는 배경을 이해할 수 있다. 포르투갈은 자신들이 직접 노예를 잡은 것이 아니라 중간상에게서 매매했다고 강조하지만 노예 노동의 착취를 통해 도시를 건설하고 부를 축적했던 것은 부인하기 어렵다.

　항해사 헨리(Henry the Navigator) 왕자의 후원으로 포르투갈은 대항해 시대를 주도하면서 1415년 북아프리카 세우타(Ceuta)를 첫 식민지로 정복하고 아조레스제도(The Azores), 마데이라(Madeira), 카보베르데(Cabo Verde)를 식민지로 개척하였다. 이들 섬 때문에 포르투갈은 육지면적은 크지 않아

182

도 현재 해양 면적은 세계에서 손꼽을 정도로 넓은 지역을 관할하고 있다. 아프리카 해안을 항해하며 금이나 노예 등 다양한 상품을 거래하는 교역소를 설립하였는데, 리스본 주요 성당에 화려하게 남아 있는 금장식의 근원과 연결되어 있다.

포르투갈 식민개척의 시대적 상징으로 볼 수 있는 것이 벨렘 타워(Tower of Belem)이다. 탐험가의 항구로 불리는 타구스(Tagus River) 강에서 배가 들어오고 나가는 것을 통제하는 곳이 바로 벨렘 타워이기 때문이다. 방어 시스템을 갖추기 위한 일환으로 1514-1519년에 35미터 높이로 건설된 육각형 요새는 당시 가장 현대적인 포병 시설로 1983년 유네스코 세계문화유산으로 지정되었고, 2007년에는 포르투갈 7대 불가사의로 등재되었다. 이 타워는 대항해시대의 해상 및 식민지 권력의 상징으로 널리 알려져 있다. 1833년 외국 선박에 대한 관세가 폐지될 때까지 선박 세관으로 사용되기도 하였고, 시대에 따라 이 타워 지하 감옥은 정권에 대항하는 자들을

벨렘타워

투옥시키는 장소로도 활용되었다.

아담하면서도 아름답게 장식된 이 요새 1층에는 건물을 빙 돌아가면서 포대가 설치되어 있고, 2층에 사령관 실, 3층에 왕의 방과 4층에 교회도 있다. 그 위의 전망대는 좁은 계단을 통해 1명만 오갈 수 있는 정도의 넓이여서 간단하게 관람할 수 있는 시설임에도 불구하고 시간적으로 촉박하지 않아야 마음의 여유가 생기는 곳이다. 제국주의 시발점이라는 상징성 때문에 꼭 봐야 하는 역사 유적지로 항상 붐빈다. 이곳을 드나들면서 식민지에서 가져온 막대한 부 덕분에 마누엘 1세(Manuel I, 1469-1521)는 극도의 사치를 부리는 화려한 건축을 지을 수 있었는데, 이때의 화려한 건축 양식을 마누엘 양식이라고 한다.

마누엘 1세 시대에 누린 번영의 결정적인 증거물은 벨렘 타워와 더불어 바로 건너편에 아주 장엄하고 거대하며 화려한 장식의 세계문화유산 제

제로니모스 수도원 내부

로니모스 수도원(The Jerónimos Monastery)이라 할 수 있다. 선지자와 사도들 조각상으로 건물 입구를 가득 채우고 대천사 미카엘이 많은 성도들 위로 높이 솟아 있는 화려한 장식과 조각상이 일품이다. 1501년에 기초석을 놓은 수도원은 약 100년 동안 계속 건축하여 현재의 모습에 이르고 있다. 인도 항로 발견과 바스코 다 가마(Vasco da Gama, 1460-1524)의 원정에 대해 포르투갈의 역사와 신화를 엮어 극적으로 영웅적 위업을 높이 찬양하는 애국적 대서사시 「우스 루지아다스(Os Lusiadas)」를 썼던 민족 시인 루이스 데 카몽이스(Luís Vaz de Camões, 1524-1580) 기념비와 석관도 안치되어 있다.

이렇게 아름다운 건축물을 구성할 수 있는 데는 포르투갈의 노예 무역이 큰 축을 차지했다. 15세기에 포르투갈이 대서양 노예 무역을 시작하여 4세기 동안 지속해 온 것에 대해 기억하는 사람도 없을 정도로 잊혀지고 있다. 그러나 이를 기억하고 후세에게 교육시키기 위해 포르투갈 노예 무역의 기원, 노예의 일상 생활, 브라질의 역할, 무역 폐지를 향한 노력 등을 살펴 볼 수 있는 노예 무역의 길이라는 관광 루트가 개발되어 있다. 12,000-14,000여명의 노예가 처참한 환경에서 포르투갈 발전에 어떻게 영향을 미쳤는지를 확인해 보는 것은 포르투갈을 이해하는 기초가 될 것이다.

벨렘 타워에서 강변을 바라보면 36년간 독재했던 살라자르(Antonio de Oliveira Salazar, 1889-1970) 시대에 과장된 국가적 자부심의 상징으로 「발견의 기념비(padrao dos descobimentos)」를 세워 둔 것이 있다. 50미터 높이의 기념탑은 멀리서도 한 눈에 들어온다. 이는 1940년 포르투갈 세계 박람회를 위한 기념비로 세운 것인데, 1960년 항해사 헨리 3세의 사망 500주년을 기념하여 오늘날의 화려한 건물로 대체되었다. 탐험가들이 새로운 곳을 점령할 때 취했던 몸짓을 연상시키는 조각상은 배가 아래서부터 비스듬하게 위로 향하게 하여 진취적인 기상을 표현하였는데, 항해사 헨리가 앞서고 마데이라 발견자인 조앙 곤칼베르 자르코(João Gonçalves Zarco, 1390-1471), 아폰소 5세(Afonso V de Avis, 1432-1481)뿐 아니라 인도 항로를 발견한 바스코 다 가마도 찾아 볼 수 있다.

리스본에서는 새로운 세계의 발견이라는 대항해의 시작부터 식민지에서 착취한 막대한 부로 이룬 화려한 수도원 건물을 통해 과거의 영화를 살펴볼 수 있다. 포르투갈이 노예 무역에 대해 얼마나 철저하게 반성하고 성찰했는지에 대한 관심은 뒤로 한 채 과거의 영화를 기억하고 또 기념하고 싶은 욕망을 담은 「발견의 기념비」는 장대한 모습을 드러내고 있다. 이런 유적지는 근대를 착취로 출발한 상징이라는 점에서 성찰할 부분이 많은 곳이다.

발견의 기념비

포르투갈의 중요한 세계문화유산 중의 하나는 신트라(Sintra) 지역의 문화유산이다. 이 지역은 페나 왕궁(Pena Palace), 신트라 왕궁(Sintra National Palace) 뿐 아니라 무어 성(Moorish Castle)과 몬세라테 궁(Monserrate Palace) 및 헤갈레이라 궁(Regaleira Palace) 등 다양한 성이 아름다운 자태를 뽐내며 늘어서 있다. 신트라 지역 구비 구비에 유적지가 분포되어 있어 전체를 보려면 걸어 다니기 어려우므로 2개의 버스 노선이 구역을 나누어 다니고 있다.

동화와 상상의 나라 디즈니랜드의 모델이 된 독일의 노이슈반슈타인 성(Neuschwanstein Castle)을 건축한 건축가를 초빙한 포르투갈의 페르난드 2

페나 왕궁

세(Ferdinand Ⅱ)는 세상에서 가장 아름다운 성을 아내인 마리아 2세(Queen Mary Ⅱ)에게 선물하고자 멋진 성을 건축케 하였다. 건축가의 역사를 모르면 외관상 너무 다른 모습으로 건축된 2개의 성이 동일 건축가의 작품으로 인식하기가 쉽지 않다. 페나 왕궁은 노이슈반슈타인 성과는 느낌이 상당히 다르지만 노란색과 빨간색 또 포르투갈의 타일을 덧입혀서 또 다른 감각의 아름다운 성이 탄생하게 되었다. 19세기 중기 이후부터 1910년까지 왕궁으로 쓰던 곳인데, 산 꼭대기에 건축되어 있어 조망권은 좋지만 도시와 동떨어진 곳이어서 방문이 쉽지 않다. 규모는 크지 않지만 구석 구석 섬세하게 각종의 예술혼이 불어 넣어져 있고 특히 천장 장식이 화려하다.

페나 성에서 10분만 걸으면 10세기에 이베리아 반도 무슬림 세력들이 군사적 방어시설로 건축한 무어 성이 있다. 산의 지형을 활용하여 외성과 내성으로 튼튼히 쌓은 성으로 지금도 세월의 이끼를 둘러 쓴 채 건재해 있는 성이다. 물론 12세기에 다시 기독교 세력이 무어 성을 정복하여 20세기까지 성을 보수한 흔적이 시대의 변화를 설명해 주고 있다. 성안에는 10-12세기 이슬람 무어인의 거주 흔적이 남아 있고, 이곳에서 발굴된 고고학적 자료는 성내 박물관에 전시되어 있다. 아직 발굴되지 않은 무덤도 남아 있는데 발굴 지층에 따라 서로 다른 시대의 유물이 나오는 곳이기도 하다. 무어 성에 가기 직전부

헤랄딕 홀

무어성

터 갑자기 쏟아지기 시작한 비에다 안개가 낀 몽롱한 상태가 펼쳐졌는데 이끼 낀 무어성의 유적지를 설명하는 역사와 날씨의 분위기가 그 무엇보다도 잘 어울어졌다.

신트라 시내로 내려오면 14세기 이래 18세기까지 정치와 경제 중심지이자 귀족들의 회합장소, 장례장소로 다양하게 활용되었던 신트라 성이 있다. 특히 포르투칼 아비즈(Aviz) 왕조의 시초가 된 요한 1세(John I) 통치 시대인 1385-1433년에 번영했다고 한다. 1415년에 포르투칼 첫 식민지인 세우타(Ceuta)를 정복하면서 세력이 뻗어나가던 시대이기도 하다. 방마다 각기 다른 주제로 장식되어 있는데, 천장에 화려한 백조가 가득 그려져 있기도 하고, 까치같아 보이는 새가 그려져 있기도 하며, 포르투칼의 세계로의 탐험을 묘사한 방도 있다.

신트라 궁전의 백미는 포르투갈 황금시대인 마누엘 1세 1495-1521년의 통치기간 중 정치적, 경제적, 사회적 권력을 상징하는 헤랄딕 홀(Heraldic Hall)이다. 각기 12미터의 사각형 방에 팔각형 천장에 펼쳐진 금빛 찬란한 화려함에서 모든 것을 읽어낼 수 있다. 최고의 해군력을 갖추고, 아프리카, 브라질, 인도, 동아시아에 기지를 두면서 직물, 카펫, 진주, 보석, 귀중한 목재 및 향신료 무역으로 엄청난 부와 문화적 전성기를 누렸던 모습을 고스란히 담아 놓은 곳이라고 해도 과언이 아니다. 온갖 상징을 담은 화려한 금장식의 천장과 왕의 위엄을 다각도로 그린 타일벽화의 조화 속에서 당시의 위용이 느껴진다. 그런데 1910년 왕조를 종식시키고 공화정이 들어섰으나 오래지 않아 36년간 독재체제 하에서 신음해야 했는데 그때 정치적 권위를 드높이려는 차원에서 과거 왕조 역사 유적이 복원되었다는 점에서 역설적이기도 하다.

신트라 지역에는 세계문화유산으로 등재된 백만장자 상인 카르발류 몬테이루(Carvalho Monteiro)가 1892년 이탈리아 건축가에게 의뢰해서 건축한 헤갈레이라 궁도 있다. 기본적으로 1904-1910년에 건축하였는데 그동안 소유주가 여러번 변경되었다. 4헥타르 이상의 땅으로 둘러쌓여 있는 궁전은 로마 카톨릭 채플도 있고 단테『신곡』의 9개 감옥에서 영감을 받아 성전 기사단 9명의 기사를 의미하는 곳이자 프리메이슨의 입회식을 했다는 우물도 있다. 한번도 사용한 적이 없다고 하는 우물 옆으로 계단이 만들어져 있어서 실제로 지하 비밀 지옥으로 내려가는 통로 같은 곳인데 동굴을 거쳐 빛을 향해 나가면 환생의 의미가 느껴지도록 설계한 신비한 곳이다.

신트라는 포르투갈 왕조의 시작부터 공화정이 들어서기 까지의 역사를 궁전을 통해 살펴보기에 아주 좋은 지역이다. 또한 무어인의 정복과 레콩

키스타를 통한 기독교 세력의 재정복을 되돌아 보기도 좋은 역사의 현장
이다. 페나 궁과 헤갈레이라 궁이 세계문화유산으로 등재되어 있다는 점
에서 이 지역을 꼼꼼하게 살펴보는 것도 포르투갈 역사를 이해하는데 도
움이 될 것이다.

• 리스본 미술관과 유럽 미술사

리스본 올드타운에 중세 고고학 박물관(Carmo Archaeological Museum)으로
사용하고 있는 상징적인 수도원 건물이 있다. 1389년에 세워진 것이지만
1755년 대지진으로 붕괴되어 앙상하게 골조만 남아 있는 공간을 활용하
여 고고학 자료와 현대 예술품을 자연스럽게 조화시킨 것이 특징이다. 특

리스본 현대 미술관

히 예배당으로 사용된 곳에서는 벽면의 문양을 활용한 미디어 아트를 통해 영상으로 역사를 설명해 주는 코너도 마련되어 있다. 지진으로 지붕이 없어진 외부 공간과 내부 공간으로 나누어 작지만 다양성과 상징성을 볼 수 있는 곳이다.

중세와 근대의 미술을 전시한 미술관(National Museum of Ancient Art)도 나름 잘 정돈되어 있었지만 현대 미술관(Contemporary Art Musuem)의 전시가 교육적 효과를 노리는 것으로 보였다. 이름만 봐도 알 정도의 피카소(Pablo Picasso, 1881-1973), 모딜리아니(Amedeo Modigliani, 1884-1920), 마르셀 뒤샹(Marcel Duchamp, 1887-1968), 만 레이(Man Ray, 1890-1976), 말레비치(Kazimir Malevich, 1879-1935), 몬드리안(Piet Mondrian, 1872-1944), 페르낭 레제(Fernand Leger, 1881-1955), 살바도르 달리(Salvador Dali, 1904-1989), 잭슨 폴록(Jackson Pollock, 1912-1956), 앤디 워홀(Andy Warhol, 1928-1987), 로이 리히텐슈타인(Roy Lichtenstein, 1923-1997) 등 미술사의 거장들 작품이 즐비하다. 이런 작품들을 새로운 사조의 변화 차원에서 분류하고 해설을 더한 후 작품과 미술사조와의 연관성 속에서 이해할 수 있게 구성하였다.

1900-1960년 및 현대에 이르기까지 유럽미술사의 변화를 역사적 아방가르드(입체주의, 구성주의, 다다이즘, 신조형주의, 추상주의, 초현실주의 등)의 새로운 경험과 관점을 이해할 수 있도록 전시하였다. 유럽 미술사에 특별히 관심이 있지 않다면 다양한 사조의 명칭과 작품에 끌려 다니는 심정으로 관람하게 될지도 모른다. 그러나 예술가들은 어떠한 철학으로 변화하는 시대를 바라보았을까? 또한 그것을 어떻게 작품에 반영하였는지에 대해 생각할 수 있다면 이상하게만 보이는 작품 속에서 번뜩이는 지혜를 발견할 수도 있다.

이곳 미술관은 영국박물관이나 프랑스 루브르 박물관처럼 엄청난 물량 공세에 떠 밀려 다니는 것이 아니라 시대에 맞는 필요한 작품이 잘 전시되어 있어서 그런지 어린 유치원생부터 고등학생 정도 되어 보이는 학생들이 무리지어 설명을 듣고 작품을 감상하는 모습을 쉽게 접할 수 있었다. 전시품 관람이 피곤하다면 바닥에 앉아서 감상해도 상관없다. 그것조차 미술관의 풍경으로 대상으로서의 작품과 관찰자로서의 상호관계가 보여 또 다른 작품이 될 수 있으므로 주저 앉아 감상하여도 아무도 제지하지 않는다.

제1차 세계대전으로 미래가 불투명했던 시대에는 항의와 해방의 외침으로 예술이 반응하였다. 예술가들은 전쟁이 난무하는 세상에서는 이성과 규칙이 의미없다고 생각하여 우연, 유머, 의심, 부조리 등을 새로운 사고 형태로 작품에 반영하였다. 1917년 러시아 공산혁명은 새롭게 건설되는 현대사회에 부합하게 대중의 일상생활, 노동자 및 산업의 일면을 보여주고 때로는 사진과 같은 실제 이미지를 통해 움직임과 힘을 전달하고자 하였다.

20세기의 가장 큰 혁신 중 하나는 추상화였다. 추상회화는 현실에서 출발할 수 있지만 단순히 거기에 머무르지 않고, 선, 얼룩, 모양과 색상이 서로 어울리며 때로는 춤을 추는 것처럼 보이도록 구성하였다. 몬드리안은 직선, 수평선, 수직선, 기하학적 모양, 원색과 중성색을 통해 예술을 단순화하였다. 도시, 고층빌딩, 밤의 유흥, 재즈 음악에서 영감을 받아 새롭고 현대적인 그림을 개발한 것이다.

논리와 이성을 벗어나기 위해 꿈과 환상의 세계인 자동화와 잠재의식에 대한 관심을 더하기도 하였다. 예를 들어 전화기와 랍스터는 아무런 관련이 없지만 동일한 이미지 또는 동일한 개체에 여러 가지 다른 요소를 결합하여 상상력으로 새로운 연관성을 만들어 이전에 한 번도 가 본 적이 없는 생각 속 장소로 이동할 수 있도록 이끌어 주기도 한다. 추상이 열어 놓은 새로운 길에도 불구하고 형상은 항상 존재했다. 예술가들은 유명한 인물을 대신하는 익명의 사람들 삶과 관습이 어떻게 변화하는지 보여주기도 하였다. 기계의 발명과 새로운 기차, 보트, 자동차의 탄생은 인간이 기존에 가졌던 여행의 개념을 완전히 바꾸었는데 이런 것이 예술에 반영되기도 하였다. 예술에서 움직이는 것이 반영되었고, 선이나 기하학적 모양 및 색상을 사용하여 환상을 창출해 내기도 하였다.

미술관을 자주 가 보아도, 옆에 설명이 붙어 있다고 해도 작품을 통해 예술가들의 정신세계를 고스란히 이해해 내는 일은 무척이나 어렵고 힘든 일이다. 그래도 예술이라는 추상적 이미지를 통해 상상의 문을 열고 더 나은 세상을 꿈꿀 수 있는 열린 마음을 갖는다면 자신의 삶을 더욱 풍성하게 만드는 새로운 영감을 얻게 될지도 모른다.

• 폴란드 우치의 학술대회와 마뉴팍투라

폴란드 우치대학에서 개최되는 동아시아관련 국제학술회의에 초청되어 우치에 가게 되었다. 과거에도 폴란드에서 개최되는 국제학술회의 참석 차 바르샤바 및 크라쿠프의 아우슈비치 수용소 등에 다녀온 적은 있다. 그러나 '폴란드 맨처스터', '폴란드 디트로이트'라 불리는 폴란드 제3의 도시이자 섬유산업으로 유명했던 산업도시 우치는 방문해 보지 못해서 그 도시가 궁금하였다. 우치는 폴란드 영화의 발상지로 폴란드에서 유일한 영화대학이 있기도 하다.

14세기 우치라는 도시가 역사책에 등장한 이래 17세기까지 무역도시로 기능하였다. 역사적 부침에 따라 프로이센 왕국과 러시아 제국에도 귀속된 적이 있었던 우치는 제1차 세계대전 이후 신생국가 폴란드에 소속된 도시가 되었다. 제2차 세계대전 당시 독일이 폴란드를 침공하면서 이곳에 살던 수많은 유대인은 홀로코스트의 희생자가 되었지만 현재 여전히 우치 일부 지역에 유대인이 거주하고 있다. 1945-1948년까지는 소련의 지원을 받던 폴란드 공화국의 임시 수도로 기능하기도 하였다.

역사적 풍상과 더불어 섬유산업의 쇠퇴로 도시는 쇠락해 보였지만 19세기 산업도시로 섬유산업을 이끌었던 도시의 영화는 마누팍투라 현장에서 확인할 수 있다. 섬유산업이 호황을 누릴 때의 붉은 벽돌 공장은

마누팍투라 전경

리모델링을 거쳐 역사적인 감각과 현대적인 미를 더한 마뉴팍투라로 변모하였다. 그 주변 일대에는 여전히 옛 모습을 유지한 건축물들을 볼 수 있지만, 넓은 공장지대를 현대적 감각을 더해 재현한 마뉴팍투라는 현재 박물관, 극장, 영화관, 피트니스 클럽, 대형 상점 및 레스토랑, 어린이 놀이터 등이 몰려 있는 우치 최대의 명소로 시민들의 사랑을 받고 있다.

우치를 상징하는 역사적 장소에다 당시의 감각을 살린 곳에 현대 문명에 맞게 구조화한 것이어서 다른 여느 쇼핑센터와는 느낌이 다르다. 과거 역사를 볼 수 있는 박물관도 함께 있어서 교육장소로도 활용할 수 있다.

우치 시 박물관은 도시에서 가장 인상적인 건물 중 하나인 이즈라엘 포즈난스키 궁전(Izrael Poznański Palace)을 사용하고 있는데, 건축물 그 자체가

우치시 이즈라엘 포즈난스키 궁전 내부

역사적 가치를 지니는 박물관이기도 하다. 폴란드계 유대인 상인 칼만 포즈난스키가 1860년대에 세계적으로 면화가격이 상승함으로써 면화산업에서 크게 성공하게 되었다. 그 돈으로 화려한 궁전을 건축하게 된 것이다. 희귀한 식물로 가득한 정원뿐 아니라 장엄한 돔과 화려한 장식, 조각품으로 장식된 외관에다 연회장, 유리천장이 있는 겨울 정원 등 실내 구석구석도 화려하다.

그러나 제2차 세계대전이 발발하기 직전 포즈난스키 가족은 서유럽으로 이주하였고, 독일이 폴란드를 점령하는 동안 독일 당국의 본부로 사용되기도 하였다. 역사적인 굴절을 겪다가 2015년에 공식적으로 폴란드 역사 기념물 목록에 포함시키고 궁전 재활성화를 위해 재수리하여 지금은 우치에서 가장 웅장한 도시 구조물의 하나로 위상을 되찾아서 우치 시립 박물관으로 사용하고 있다.

마누팍투라나 우치시 박물관 등 잘 정비된 곳을 가면 화려했던 우치의 영화를 되새겨 볼 수 있다. 그런데 폴란드 바르샤바 쇼팽 공항에서 우치로 가는 버스를 타고 도착한 우치 터미널은 현대적 건물로 멋지게 장식되어 있지만 뭔가 휑한 느낌이 있었다. 처음에는 크고 멋진 건물에 놀랐는데, 건물을 벗어난 후에는 생각보다 쇠락해 보이는 주변 건물에 놀랐다. 건물 외관이 제대로 관리되지 않은 도시에서 길을 걸으려고 하니 살짝 별일 없이 괜찮을까 하는 염려도 들었지만 친절한 폴란드인을 믿으며 돌아 다닐 수 있었다.

우치 대학은 유럽에서 동아시아 연구를 확산시키기 위해 많은 노력을 하고 있는 대학이다. 세계 각국에서 동아시아를 연구하는 학자들을 초청하여 주기적으로 성대한 국제학술회의를 개최하고 있다. 학문의 성찬이

학술발표 장면

펼쳐지는 곳은 항상 즐겁고 유쾌하다. 다양한 관점으로 동아시아를 꿰뚫는 학자들의 촌철살인을 맛보는 것은 그 어디의 뷔페보다도 찰지고 맛있다. 내 논문을 발표하고 나서 쏟아지는 질문들에 답하고, 발표 후에는 논문을 받아 보겠다고 요청하는 학자들과의 토론도 유쾌하다.

재미있었던 것은 한국의 위상 변화를 설명하기라도 하듯이, 한국을 연구한 논문도 몇 편 발표된 것이다. 예전 같으면 동아시아학과 관련된 국제 학술대회는 대부분 중국과 일본에 대한 연구였다. 한국과 관련된 발표는 전문적인 한국학 학술대회에서나 볼 수 있었다. 그러나 K-Culture로 대변되는 유럽에서의 한국문화 유행이 실질적인 학술연구로도 이어지고 있어서 한국어를 구사할 수 있는 학자들을 만날 수 있었던 것도 반가운 것이었다. 우치대학의 학술회의로 동아시아 연구에서 한국학의 위상 변화를 본 것은 새로운 면모이다.

• 쇼팽의 음악과 바르샤바 봉기

2015년 폴란드 바르샤바에서 개최된 제17회 쇼팽 국제 피아노 콩쿠르에서 피아노의 작은 거장 조성진이 한국인 최초로 우승을 하면서 쇼팽(Frédéric François Chopin, 1810-1849)에 대한 관심이 배가되었다. 세계 각국에서 몰려온 피아노 신동들은 쇼팽 국제 콩쿠르에 참여하기 위해 피나는 노력을 마다하지 않으며 오늘도 기량을 연마하고 있다.

세계에서 가장 오래된 피아노 음악제는 쇼팽이 고아 남매를 위해 자선

쇼팽 박물관

거리에 그려진 쇼팽

리사이틀을 열었던 폴란드 두슈니키-즈드루이(Duszniki-Zdrój)에서 개최되고 있다. 쇼팽이 개최했던 리사이틀 120주년을 기념하기 위해 1946년부터 개최되었던 쇼팽 음악제는 전쟁의 피폐에서 벗어나 국민의 애국심도 고취하고 단결을 촉구하여 급속하게 재건하기 위한 목적도 있었다. 폴란드인의 마음을 하나로 모으는데 쇼팽 음악제가 큰 역할을 한 것이다.

쇼팽 국제 콩쿠르에서 우승한 조성진도 쇼팽 음악제에서 리사이틀을 하기도 하였고, 한국의 임동혁, 손열음 등 유수한 피아니스트들이 연주회에 초청되어 연주하기도 하였다. 음악제는 쇼팽 음악을 기리는 것으로 출발하였다가 지금은 세계 각국의 피아노 음악이 연주되는 세계적인 축제로 자리매김 하고 있다.

'피아노의 시인'이라 불리는 쇼팽은 19세기에 가장 위대한 독창성의 소유자로 평가되었다. 그가 구사하는 정교한 화성과 피아노 울림을 활용하는 그의 기법은 피아노 소리에 대한 기존 관념을 통째로 바꾸어 놓았다고 평가하기도 한다.

쇼팽이 태어나던 시기 폴란드는 오스트리아, 프로이센, 러시아에 의해 분할 점령된 상태지만 그는 좋은 피아노 스승 하에서 비상한 재능을 마음껏 발휘하였다. 더 넓은 세상에서 기량을 연마하기 위해 오스트리아 빈에서 공부하는 동안 러시아의 압제에 대항하는 「1830년 11월 폴란드 봉기(November Uprising)」가 발발하여 마음 고생을 하기도 하였다. 그가 독일에 있을 때는 러시아 대군의 진입으로 바르샤바가 무참히 짓밟히는 소식을 듣고 귀국도 고려하였으나 음악을 열심히 하는 것도 고국 사랑이라는 아버지 말씀으로 음악에 매진하였다.

고국은 짓밟혔는데 외국에 떠돌고 있는 쇼팽은 터져나오는 분노와 절망을 「혁명연습곡(Revolutionary Étude)」으로 승화시켰고, 끓어오르는 격정을 기도하는 마음으로 담아낸 「스케르초 제1번」이나 폴란드 민족시인들의 가곡을 작곡하기도 하였다.

일생을 피아노에 바친 '피아노 신'인 쇼팽은 39세 나이로 파리에서 병사하였지만 그의 유언에 따라 그의 심장은 다시 바르샤바로 돌아와 안치되었다. 폴란드가 낳은 쇼팽 음악을 기리기 위해 1954년 쇼팽박물관이 개설되었다.

건물 전체가 쇼팽을 기리는 것이지만, 관내 소규모 연주회장에서는 매일 간단한 쇼팽음악회가 열려서 쇼팽을 사랑하는 관람객들에게 기쁨을 선사해 주고 있다. 39세라는 생을 살았어도 200여곡이나 작품을 남긴 쇼팽의 음악을 사랑하는 사람이라면 다양한 버전의 그의 음악을 자신만의 방식으로 감상할 수 있는 시설을 갖추고 있는 박물관에서 행복한 시간을 보낼 수 있을 것이다.

쇼팽의 생평과 그의 음악을 이해할 수 있는 음악 청취 시설 및 여러 가지 전시와 그의 동상으로 가득찬 쇼팽 박물관을 나오면 그의 조국에 대한 울분과 그리움을 담은 작품을 작곡하는데 배경이 된 '11월 봉기'를 떠올리지 않을 수 없다.

1830년 11월 29일 바르샤바 봉기는 러시아 제국군 육군사관학교에 소속되어 있지만 아직 임관하지 않은 젊은 부사관을 주축으로 한 무장 봉기이다. 당시 폴란드 사회 구성원도 같이 참여하였지만, 결과적으로 무정부 상태와 단결력 부재로 패배한 사건으로 평가받고 있다. 이 사건으로 러시아 황제 니콜라스 1세는 폴란드 자치권을 상실시키고 러시아 제국의 필수적인 부분이 된다는 법령을 1832년에 발표하였다.

또 다른 바르샤바 봉기는 1944년 독일의 폴란드 점령에 대항하여 63일간 아무런 외부의 도움없이 맹렬하게 저항하였다가 실패한 것인데, 이때 저항군은 독일의 보복으로 강제 노동 수용소나 집단 처형장에서 생을 마감해야 했다. 유럽 중앙에 위치한 폴란드는 러시아와 독일 제국에 짓밟혔던 쓰라린 역사적 아픔을 안고 있다. 그러나 쇼팽과 그의 음악을 통해 국가적 단결을 꾀하면서 지역 강국으로 성장하고 있는 강인함을 발휘하고 있다.

• 바르샤바 왕궁과 구 시가지

폴란드의 심장 바르샤바는 오랜 역사와 문화가 숨쉬는 도시로 다채로운 역사의 향기를 품었을 뿐 아니라 과거와 현재를 이해할 수 있어서 함축적인 역사를 볼 수 있다. 가장 상징적인 곳이 바르샤바 왕궁이라고 할 수 있다. 14세기 마소비아 공작의 거주지로 사용되었다가, 16세기 이래부터 1795년 폴란드가 마지막 분할되기 까지 왕궁으로 사용된 곳이다.

바르샤바 왕궁에서 역사적으로 중요한 헌법이 채택되었다. 유럽 최초의 성문화된 국가 헌법이자 세계에서 두 번째로 오래된 성문화된 국가 헌

바르샤바 왕궁 앞 전경

법인 폴란드-리투아니아 연방 헌법이 1791년 5월 3일 왕궁에서 채택되었다. 계몽주의적 성격을 띠며, 삼권 분립과 법치주의 원칙을 명시하여 선진적이면서도 민주적인 헌법으로 평가받고 있는 것이다.

입헌군주제를 도입하여 의회가 주요 권한을 가지면서 국왕의 권한을 제한하였다. 농민이 정부의 비호를 받아 농노제 악습을 줄였고, 시민과 귀족이 정치적으

바르샤바 왕궁 내부

로 평등함을 규정한 것이기도 하여서 당시 유럽에서는 매우 대담하고 급진

적인 법률로 간주되었다.

이러한 법률이 나오게 된 이유는 16-17세기 유럽 최강국 중 하나인 폴란드-리투아니아 연방이 18세기에 쇠퇴를 겪으면서 국가의 혼란이 가중되었기 때문이다. 국가적 위기를 타개하기 위해 폴란드의 정치 전통인 '귀족 공화제'의 결점을 보완하고 공공복지를 강화하여 국가의 안정을 도모하려 하였던 노력의 결과물이었다.

이러한 헌법이 제대로 뿌리내렸다면 새로운 역사를 썼겠지만 주변국가의 경계심을 불러 일으켜 폴란드-리투아니아가 분할됨으로써 소멸되었다. 그러나 폴란드가 다시 주권을 회복하는 투쟁을 이끄는데는 중요한 상징이 되었던 법률이기도 하다.

폴란드 제2공화국(1918-1939) 시절에는 바르샤바 왕궁이 대통령궁 역할을 하였다. 암살과 쿠데타, 독재로 이어지는 정치적 혼란속에서 사회적 변

바르샤바 올드타운

혁을 이끌려했지만 제2차 대전에 휩쓸렸다. 아름다운 왕궁에서 국민을 위한 정치가 이어져야 했지만 정치적 불안정이 왕궁 역사에 그대로 녹아 있어 화려함 뒤의 쓸쓸함과 비애가 더욱 묻어 나오는 것 같았다.

제2차 세계대전으로 왕궁이 파괴되었고, 1944년 바르샤바 봉기 실패 후 나치에 의해 폭파되는 등 수난을 겪었지만, 1971-1984년에 재건축하여 17세기 본래의 모습을 되찾았다. 온갖 풍파에도 살아남은 벽 파편과 지하실, 구리 지붕 궁전, 신고전주의 건축양식의 쿠비츠키 아케이드(Kubicki Arcades)가 역사적 기념물로 등록되었다. 아케이드는 다양한 문화 행사와 전시회가 열리는 중요한 공간으로 바르샤바 왕궁의 중요한 일부분이다.

왕궁은 폴란드 왕들의 권위와 위엄을 상징하는 공간인 만큼 화려한 장식과 더불어 왕좌가 있다. 외국 사절과 귀빈들을 접대한 곳이기도 하므로 고풍스러운 가구와 화려한 벽화도 눈에 띈다. 왕궁에 걸려 있는 대형 거울을 통해 왕궁 내에 겹겹이 쌓인듯한 금장식의 문이 끝도 없이 이어져 나가게 보이는 것도 매력 포인트이다. 왕궁에는 왕실 예배당도 마련이 되어 있어서 왕실 가족들의 신앙생활을 관리하였다.

이곳은 다양한 유물과 예술작품이 전시되어 있어서 폴란드의 문화유산을 일거에 확인할 수 있는 곳이자 궁정 건축의 화려함도 확인할 수 있어서 폴란드를 이해하려는 누구에게도 교육적 가치가 있는 곳이라 할 수 있다.

유네스코 세계문화유산으로 지정된 바르샤바 왕궁과 구 시가지는 길을 따라 자연스럽게 연결되어 있다. 구 시가지도 제2차 세계대전 중 거의 완전히 파괴되었으나, 주민들과 건축가들의 노력으로 복원되었다. 이 과정은 단순히 건축물의 재건이 아니라 역사적 자산을 보존하려는 폴란드 국민의 강한 의지를 보여주었다는 점에서 교훈을 주고 있다.

제2차 세계대전의 폐허에서 복원된 골목은 여전히 오래된 역사의 체취가 느껴지는 것 같다. 대표적으로 볼 수 있는 시그너스 시계탑은 구 시가지의 상징이자 폴란드 민족의 끈질긴 생명력을 상징한다. 중세 시대의 모습을 볼 수 있는 구 시청사 앞에 서면 과거의 정치, 사회적 사건들이 일어났거나 다양한 축제의 장소로 기쁨이 넘쳤을 모습을 상상해 볼 수 있다.

구 시가지의 방어벽이자 요새인 바르바칸(Barbakan)을 보면서 이곳을 지키기 위해 얼마나 많은 용사들이 피땀을 흘렸을지 생각해 보게 된다. 1543년 기존의 성문을 대체하기 위해 방어 기능 보완차원에서 보강한 바르바칸은 과거의 상처이자 자부심이기도 할 것이다. 그 존재가 오늘날의 자유와 평화를 만들어 낸 회복력의 상징이라고 생각한다면 고맙고 든든한 친구처럼 여겨질 것 같기도 하다.

바르샤바 왕궁과 구 시가지를 거닐다 보면, 역사란 단순한 과거의 기록이 아니라 현재와 미래를 잇는 다리라는 것을 재삼 깨닫게 된다. 어떠한 어려움이 있더라도 강한 신념으로 의지를 갖고 재건해 나간다면 새로운 희망은 언제든지 만들어 갈 수 있다.

• 프란스 할스의 미소와 안네 프랑크

서양미술의 작은 거인이라 불리는 네덜란드의 수도는 암스테르담이다. 16세기 유럽의 무역항으로 경제, 산업, 교통, 문화의 중심 도시로 성장하였다. 마약이 합법화 되어 있어서 환락의 도시라는 인상도 있는 곳이다. 예술계 중요 인물인 렘브란트(Rembrandt Harmenszoon van Rijn, 1606-1669)와

암스테르담 국립미술관

반 고흐(Vincent van Gogh, 1853-1890), 프란스 할스(Frans Hals, 1580-1666)가 태어난 국가이기도 하다.

그림을 사랑하는 사람이라면 드로잉, 스케치 등 세계 최대 고흐 컬렉션을 소장한 반 고흐 미술관은 반드시 방문해야 할 곳으로 생각할 것이다. 반 고흐가 평생 그렸던 작품의 사본을 보관하고 있으며 그가 그림 그리면서 사용한 화구, 판화 켈렉션 및 서신 등 개인적인 물품까지 소장하고 있다.

1973년에 개관한 현대식 건물의 반 고흐 미술관은 너무도 유명한 나머지 사전에 예매하지 않으면 입장 자체가 불가하였다. 몇 주전 심지어 몇 달전부터 티켓을 예매해 두지 않으면 관람이 불가한지 몰랐던 나는 너무도 아쉬워서 통탄했다. 반 고흐의 미술관에 들어갈 수 있는 다른 방법이 없나 찾아 보았지만 불가능하여 건물 주변만 어슬렁거리다가 대형 유리창을 통해 볼 수 있는 그림 감상으로 만족해야 했다.

렘브란트 대표작 야간순찰

렘브란트 작품

　아쉬운 마음은 암스테르담 국립미술관에서 본 고흐의 초상화를 포함한 그의 작품과 특히 렘브란트의 대작 및 프란스 할스의 특별전으로 해소할 수 있었다. 렘브란트 방에는 그의 대작 「야간순찰(The Night Watch, 1642)」이 전시되어 있다. 렘브란트의 「유대인 신부(The Jewish Bride) 1665-1669」는 반 고흐가 이 미술관에서 폐관 시간까지 심취해서 관람하여 친구가 재촉하니 "계속 볼 수만 있게 해 준다면 내 수명중 10년이라도 내어줄텐데"하

프란스 할스의 작품

면서 감탄한 작품이라고 한다. 렘브란트 특유의 빛과 그림자의 마술사답게 명암과 질감 대비가 된 작품으로 평가되고 있어서 많은 사람들이 관람하는 작품이기도 하다.

　유명한 화가들 작품을 직접 관람하는 것은 항상 기분좋은 일이지만 더욱더 기분 좋게 한 것은 네덜란드의 초상화 · 풍속화의 대가라 칭하는 프란스 할스의 특별전이다. 그는 네덜

란드 초상화의 창시자이자 완성자라 불리는데 초상화의 다양한 구성뿐 아니라 인물의 특징과 성격을 예리하게 파악하여 기품 있게 그려낸 것으로 유명하다.

대다수 초상화 화가들은 일반적으로 근엄한 얼굴의 권위를 드러내는 그림을 그렸지만 웃음기와 생동감 넘치는 미소를 매력 포인트로 준 프란스 할스의 초상화는 보는 이로 하여금 그림 속의 미소와 똑같은 형태의 미소를 따라 짓게 하는 묘한 힘을 가졌다. 특히 프란스 할스가 그린 다양하게 미소 짓는 초상화를 바라보면 "그래, 초상화를 저렇게 그리면 그림 속의 사람이나 그림을 감상하는 자가 모두 기쁜 마음으로 미소지을 수 있었을텐데 그동안은 왜 모두 정색을 한 모습으로 긴장된 상태의 초상화를 그렸을까" 하는 생각이 되뇌어진다.

17세기 네딜란드는 무역의 발달로 신흥 부르주아가 탄생하였다. 귀족뿐 아니라 부유한 신흥계층과 중산층 시민들 저택에서 초상화가 걸리기 시작하였고 자신들이 초상화의 주인공이 되고자 하였다. 이런 분위기가 영향을 미쳐서 그의 초상화는 다양한 면모를 담을 수 있게 되었다. 과거 권력자와 귀족의 후원을 받아 그림이 생산되던 시절을 지나 시장경제의 지배를 받으면서 미술작품의 취향도 근대적으로 혁신되어 풍경화 및 정물화 등 현실을 다루는 그림이 많아졌다. 미술가의 지위도 단순 기술자로서의 장인에서 전문직업인으로서의 예술가로 변모하게 되었다.

유럽의 많은 지역에서 만날 수 있지만 암스테르담에도 나치의 잔혹사를 읽을 수 있는 곳이 있는데 그곳이 바로 안네 프랑크(Annelies Marie "Anne" Frank, 1929-1945)의 집이다. 부유한 독일계 유태인의 둘째 딸인 안네 프랑크 가족은 박해를 피해 암스테르담으로 와서 1942년부터 1944년까지 숨어서 지냈다. 이 곳을 1960년에 안네 프랑크 박물관으로 운영하면서 유태인 박해를 교훈 삼는 운동과 더불어 인종차별 반대 활동도 활발히 펼치고 있다.

프린센그라흐트 운하 가까이에 있는 박물관은 외관이 단장되어 엄청난 역사감이 풍기지는 않는다. 그러나 그녀가 쓴 『안네의 일기』가 유태인 박해 실상과 전쟁의 비참함을 후세에 일깨워 준 문화유산으로 평가 받으면서 연간 100만명이 방문하는 장소가 되었다. 참혹한 시대를 겪은 안네 프랑크는 후세의 이러한 관심에 대해 미소 지을 수는 있을까?

• 이준열사기념관과 국제사법재판소

역사는 가장 먼저 한반도에 도착한 서양인으로 네덜란드인을 기록하고 있다. 1627년 한 네덜란드 선원 벨테브레이(J. J. Weltevree)가 제주도에 상륙하였다. 그는 최초로 조선에 귀화한 유럽인으로 서양식 군대훈련과 대포 제조 기술을 가르치는 무관으로 박연이라는 이름으로 살았다. 그로부터 27년 후에는 또 다른 네덜란드인 하멜(H. Hamel)이 한반도에 왔다. 그는 13년간 머물렀던 경험을 기록하여 『하멜표류기』라는 이름으로 서방세계에 한반도를 알리기도 하였다.

한반도와 네덜란드와의 역사는 20세기에도 이어졌다. 네덜란드에 가면 꼭 가 봐야 할 곳으로 마음에 남아 있는 곳이 헤이그이다. 왜냐하면 1907년 헤이그에서 개최되었던 제2차 만국평화회의 때문이다. 세계 45개국에서 239명의 대표들이 참석한 회의이다. 대한제국 대표들도 회의에 참석하기 위해 헤이그로 갔으나 일본의 방해로 실질적인 회의에는 참석도 못했다.

이상설, 이위종, 이준은 일본의 감시를 피해 블라디보스톡과 상트페테르부르크를 거쳐 1907년 6월 25일 헤이그에 도착하였다. 제2차 만국평화회의에 참석하려고 하였으나, 1905년 을사늑약으로 대한제국의 외교권을 박탈한 일본은 이들을 대표로 인정하지 않았다. 이에 대표들은 독립국가인 대한제국이 일본에 의해 권리가 침탈되었음을 강조하며 일본의 불법적인 수단과 방법을 폭로하고 대한제국의 권리를 수호하기 위해 열강이 중재해 줄 것을 간청하였다. "일본인들이 대한제국의 승낙없이 행동한 것, 일본의 목적을 달성하기 위해 대한제국 황실에 대해 무장병력을 사용하고 대한제국의 모든 법률과 관습을 무시한 채 행동"했던 무모함을 알리려고 하였다.

최소한의 권리라도 주장하려던 대표들은 회의 참석이라는 목적도 달성하지 못한 채 울분에 쌓여야 했다. 세월을 건너 뛰어서라도 당시 울분의 흔적을 확인할 수 있는 곳이 이준 열사 기념관이다. 1895년 대한제국 최초의 한성법관양성소를 졸업하여 최초의 검사로 일컫는 이준은 머나먼 타국에서 순국하였다. 제2차 만국평화회의에 참석하기 위해 헤이그의

이준열사박물관

이준열사 동상

호텔(Hotel De Jong)에 머물면서 을사늑약의 무효를 외치며 한국의 국권을 회복하려고 노력하였지만 누구 하나 귀기울여 주지 않았다. 대한제국의 목소리를 제대로 전달할 수 없자 '왜 대한제국을 제외시키는가?'라는 호소문을 발표하고 1907년 7월 14일 호텔에서 소천하셨다.

이 호텔이 이준열사기념관(Yi Jun Peace Museum)으로 다시 태어나기까지는 오랜 세월이 흘렀지만 우여곡절 끝에 1995년 8월 5일 개관하게 되었다. 유럽에는 하나밖에 없는 독립운동유적지라고 할 수 있는 이준열사기념관은 "이준 열사의 애국정신을 기릴뿐 아니라 민족후대와 더 나가서 세계인들을 위한 정의와 평화 사랑 정신을 함양하기 위한 교육장"으로 삼기 위한 목적을 두고 있다.

낮으막한 3층 건물 좁은 출입구에 붙어 있는 초인종을 누르면 문을 열어 준다. 가파른 계단을 따라 2층으로 올라가면 전시실이 시작되고 2층에서 3층으로 그리고 1층으로 이어지는 동선을 따라다니면서 전시물을 관람할 수 있다. 개인 사업가가 신경을 써서 건물을 매입하여 기념관으로 변모시키고 관리하고 있는 실정이다. 전시실 규모도 크지 않고 전시된 설명 자료도 세련되거나 화려한 것과는 거리가 있어서 불행한 시대의 비극적인 모습이 그대로 남아 있는 듯 하다. 이준 열사가 머물렀던 방도 재현해 두었는데 당시의 낙담이 나에게 전해지는 듯 하였다. 뒤늦은 오후에 영국에서 갑자기 찾아든 학자 1명의 관람자를 위해 전시실의 불을 켰다.

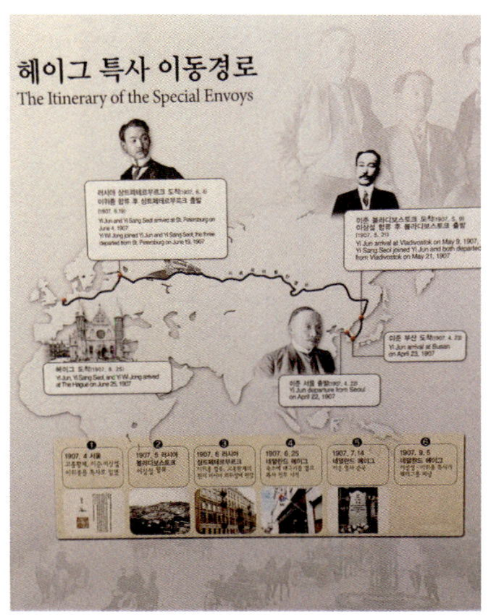

헤이그특사이동경로

　전시실에는 이준열사의 유훈이 걸려 있었다. "땅이 크고 사람이 많은 나라가 큰 나라가 아니고 땅이 작고 사람이 적어도 위대한 인물이 많은 나라가 위대한 나라가 되는 것이다. 사람이 산다 함은 무엇을 말함이며 죽는다 함은 무엇을 의미하는가? 살아도 살지 아니함이 있고 죽어도 죽지 아니함이 있으니 살아도 그릇 살면 죽음만 같지 않고 잘 죽으면 오히려 영생한다. 살고 죽는 것이 다 나에게 있나니 모름지기 죽고 삶을 힘써 알지어다". 해외에 나와서까지 망국의 서러움을 느꼈던 이준 열사는 위대한 인물이 많이 나는 국가가 되기를 희망하지 않았을까?

　유럽에 하나밖에 없는 독립운동기념관이라서 그런지 헤이그에서 함께 활동했던 이위종, 이상설의 자료와 더불어 프랑스와 영국, 독일, 스위스 등에서 전개되었던 독립운동 자료도 같이 전시해 두었다.

헤이그 국제사법재판소

헤이그에 있는 유엔의 상설 사법기관인 국제사법재판소는 1945년에 건축하였다. 이준 열사 일행의 활동을 지원했던 스테드가 미국 철강 재벌인 앤드루 카네기(Andrew Carnegie)를 적극적으로 설득하여 건축비를 쾌척케 함으로써 상징적인 건물을 세우게 된 것이다. 이준열사 일행이 활동했을 당시 국제사법재판소가 있었다면 또 다른 역사를 쓸 수 있었을까? 찬란하게 맑은 날 국제사법재판소 앞에 서 있으려니 무력의 힘과 평화의 힘과의 관계가 더욱 곱씹어지는 것 같다.

• 헤이그의 스피노자와 에셔

네덜란드에서 유명한 인물로 철학자 스피노자와 예술가 에셔를 들 수

있다. 서로 다른 시간에 다른 영역에
서 자신의 삶을 살았지만 각 분야에
서 후대에 미친 영향을 본다면 간과
할 수 없는 인물이다.

역사적으로 유명한 네덜란드 합
리주의 철학자는 스피노자(Baruch De
Spinoza, 1632-1677)이다. 프랑스 철학자
질 루이 르네 들뢰즈(Gilles Louis René
Deleuze, 1925-1995)는 스피노자에게 철
학자들의 왕이라고 부르면서 신학으
로부터 철학을 구출해 낸 철학의 그

헤이그 도심 풍경

리스도라고 하였다. 독일 철학자 게오르크 빌헬름 프리드리히 헤겔(Georg
Wilhelm Friedrich Hegel, 1770-1831)은 "스피노자주의거나 아예 철학자가 아니
다"라고 하여 스피노자식이 아니면 철학이 아니라고 평가하였다.

스피노자 조상은 포루투칼 유대인 혈통인데 종교박해를 피해 종교자
유가 보장되었던 네덜란드 암스테르담에 정착하였다. 스피노자는 학문이
뛰어나 랍비가 될 재목이었는데 유대교 교리를 비판하고 신을 부정했다
는 이유로 유대교에서 파문 당해 영원히 추방되었다. 전도양양하고 촉망
받던 청년이 25세에 유대사회에서 파문되어 가족과 이웃으로부터 철저하
게 고립되었다.

암스테르담에서 쫓겨난 스피노자는 이곳 저곳을 전전하다 1671년에
헤이그에 정착하였다. 현재 헤이그 차이나타운 근처에 있는 그의 집에서
1671-1677년까지 말년을 보냈고 이 집에서 임종하였다. 그가 말년을 보

스피노자가 거주한 곳 명패

냈던 집은 타인의 소유로 개방되어 있지 않고 팻말의 안내문을 통해 정보만 인지할 수 있다. 그 집 앞에는 고뇌하는 스피노자의 동상이 있다. 그의 동상을 통해서라도 스피노자를 만나고 싶은 나는 발걸음을 재촉하였다.

역사적으로 비극적인 인물들을 만나러 다니는 길이어서 그랬는지 먹구름 깔린 하늘에서 비가 주룩주룩 내렸다. 이준열사기념관을 나올 때만 해도 비가 쏟아지지는 않았는데, 스피노자를 만나러 갈 때는 비가 내리기 시작하였다. 하늘이 어둡고 비가 내

스피노자 동상

리니까 더욱 철학자의 고뇌가 느껴
지는 듯 하였다.

　합리주의적 철학자라 불리는 스
피노자는 유대교에서 파문당해 배
척된 삶을 살았는데 역설적이게도
그의 무덤은 헤이그 스파위(Spui)

스피노자 무덤

거리에 있는 신교회(De Nieuwe Kerk)에 묻혔다. 1649-1656년에 건축된 신
교회의 앞마당에는 촉망받던 랍비 후보생에서 파문된 배교도로서 삶을
살았던 스피노자의 무덤이 있다. 빗줄기가 제법 굵어져서 우산 들고 사진
찍기도 힘든 상황이었는데, 비가 쏟아지는 날 교회 앞 스피노자 무덤 촬영
에 여념이 없으려니 기분이 야릇하였다.

　스피노자의 무덤은 1738년에 재정비되었지만, 다시 한번 정비되는 역
사가 발생하였다. 이스라엘 독립과 건국을 주도하여 국부로 추앙받는 이
스라엘 초대총리 데이비드 벤 구리온(David Ben-Gurion, 1886-1973)이 1958
년 이곳을 방문한 후 갈릴리 산에서 가져온 검은 현무암 돌에 '당신의 백
성'이라고 쓰면서 무덤이 새롭게 정비되었다. 스피노자 사후 수 백년 후
에 정치적으로 복권이 된 듯한 그의 무덤은 교회 앞뜰 바닥에 깔린 넓은
돌에 새겨진 이름과 벽돌로 낮은 담을 세운 곳에 스피노자의 흉상 부조가
조각된 상태로 조성되어 있다.

　네덜란드 유명한 예술가 마우리츠 코르넬리스 에셔(Maurits Cornelis Escher,
1898-1972)는 20세기 가장 독창적인 예술가이자 초현실주의 그래픽 아티
스트다. 평생 고국인 네덜란드 미술계에서는 소외되었다던 그는 병약하
였고, 성적도 뛰어나지 않았지만 다양한 곳을 여행하면서 예술적 영감을

에셔 미술관

받고 자신의 세계를 구축해 나갔다. 지금은 헤이그에 그의 박물관이 있어서 평생에 걸친 그의 작품을 자세하게 관람할 수 있다.

그는 특별히 수학교육을 받지 않았지만 기하학적 무늬에서 수학적 변환을 통해 환상적인 작품세계를 구축할 수 있었던 것은 스페인 그라나다의 알함브라 궁전에 있는 이슬람 모자이크에서 받은 영감이라고 한다. 에셔가 알함브라 궁전에서 예술적 영감을 받았다고 하니 나는 더욱 반가운 마음이 들었다. 타레가의 클래식 기타곡 「알함브라 궁전의 추억」을 연주하는 것이 나의 목표였던 젊은 날의 추억이 있어서다. 일부러 그라나다의 알함브라 궁전을 찾아가서 보았던 멋진 기하학적 무늬의 환상적인 모습은 나에게도 여전히 생생하다.

1차원에서 2차원을 거쳐 3차원에 이르는 모습이 끝없이 이어지면서 새

218

에셔의 작품

로운 패턴을 만들어서 과거와 현재 그리고 미래를 오가는 듯한 그의 작품
은 21세기의 예술에 큰 영향을 미쳤다. 이는 단순히 예술의 영역에 그치
지 않고 도시 건축에도 영향을 주어서 과거와는 다른 새로운 미래를 만들

어 가는데 예술가의 아이디어가 얼마나 큰 역할을 하였는지 보여 주었다.

• 영국인의 후회와 독일의 비효율성

독일의 북부 최대 항구 도시이자 독일 제2의 도시인 함부르크에 도착하였다. 출국과 입국하는 통로가 같아서 조금은 복잡하게 곡예를 하면서 걸어나왔는데 갑자기 엄청나게 긴 줄이 계단까지 이르렀다. 순간 이게 무슨 줄일까 생각하는데, 유럽연합 여권만 빼고 나머지 모든 국가는 한 곳에 줄 서게 하니까 유럽연합을 탈퇴한 영국의 런던에서 출발한 비행기 승객 대부분이 이곳에 줄을 선 것이다. 생각지 않은 긴 줄에 당황하고 있는데, 도대체 줄이 움직일 생각을 하지 않는다.

어느 영국인은 유럽연합 통로로 가서 자동 체크인을 하다가 거부 당하였고, 영국인은 뒤로 가서 줄을 서라는 소리를 듣고 속상해 하며 내 옆에 줄을 섰다. 80세가 넘은 할머니는 함부르크에서 태어나서 독일어도 유창하고 친지들도 함부르크에 살지만 자신의 남편이 영국인이고 자신도 영국 여권을 가지고 있어서 어쩔 수 없이 줄을 서야 한다고 속상해 하였다.

영국인들은 이제야 자신들이 유럽연합의 일부가 아니라는 것을 절감하고 다시 투표하면 반드시 유럽연합 잔류에 투표하겠다고 후회하면서 차례를 기다렸다. 이런 저런 농담을 하면서 시간을 보내도 줄이 줄지 않자 독일태생 할머니가 도대체 독일의 행정 효율성은 어디갔는지 성토하기 시작했다. 영국인이 독일에서 유럽인의 대접을 받지 못하자 여러 가지로 속상한 상황이다. 영국은 유럽인들에게 바로 입국가능한 통로를 만들어 두었는데, 독일은 영국인을 특별 대우하지 않았다.

내 옆에 서 있던 영국 할머니는 1960년대 자신이 독일에서 물건을 사다가 잠시 남편한테 영어로 설명하였는데 그 말을 들은 상점 주인이 영국인한테는 물건을 팔지 않는다고 당장 나가라고 했다고 하면서 그때를 회상하였다. 그러면서 순간 작고한 남편도 그리워졌고 독일의 행정에 대해 화가 나서 열이 오른 것 같다. 여태 1시간 동안 잘 서서 견뎠는데 갑자기 기운이 빠진다고 휘청거렸다.

심사관 앞에 서니 귀국행 비행기표를 보여달라는 등 요구가 많다. 그럴 것이면 오랫동안 기다리고 있을 때 사전에 이런 것을 준비하라고 알려주면 좋았을텐데, 이제와서 와이파이 켜고 로그인하고 자료 찾고, 이런 식으로 하다보니 심사가 오래 걸릴 수 밖에 없었던 것 같다.

함부르그에서 브레멘으로 가는 버스를 타려고 정류장에 조금 일찍 도착해서 기다리는데 예정된 시간이 지났어도 버스가 오지 않았다. 같은 버스 회사 관련자에게 상황을 설명했더니 시간을 보면서 버스가 벌써 출발했다고 한다. 그래서 버스가 오지 않았는데 상황 파악도 하지 않고 무조건 버스가 출발했다고 하면 되냐고 말을 해도 막무가내다. 결과적으로 15분 후에 버스가 도착해서 왜 이렇게 늦었냐고 기사에게 질문하니 어딘가에서 통제되었다고 하는데 미안하다는 사과도 없다.

브레멘에서 하노버를 가는 버스를 타기 위해 정류장에 조금 일찍 나갔는데 정해진 시간 전에 버스가 오더니 정해진 출발 시간이 5분이나 남았는데 그냥 출발한다. 다행히 내가 일찍 나와 있어서 버스를 탈 수 있었지만 장거리 버스를 못탔으면 어쩔뻔 했을까 생각하니 아찔했다. 버스를 예약한 고객들이 다 타서 그냥 출발한 것이었을까?

하노버 일정을 마치고 다시 함부르그로 가려는데 버스 시스템이 불안한 것 같아서 조금 일찍 나갔다. 다행이도 모든 것이 정시에 운행한다고 전광판에 표시되어 있어서 안심하고 있었다. 그런데 아무리 기다려도 또 버스가 오지 않아서 옆에 있는 사람에게 질문했는데 엄마는 영어를 못하지만 12살 남자아이와는 소통이 가능했다. 그는 3시간 후에 버스가 온다고 설명했다. 갑자기 몇시간이나 지연된다니 깜짝 놀라 어안이 벙벙해졌다. 버스 터미널에 있는데 아무런 안내와 설명도 없었고 정시에 출발한다고 표시되어 있는데도 3시간이나 지연된다는 것이 무슨 일인가? 어디에서 그런 정보를 확인했냐고 질문했더니 사전에 전화번호를 등록해 두었더니 문자가 그렇게 왔다고 한다.

어떻게 전광판에 지연 시간 안내도 없이 고객들을 응대하는지 이해하기 어려웠다. 결과적으로 2시간 20분이나 지연된 버스기사한테 무슨 일이냐고 물었더니 파업 때문에 늦었다고 하면서 미안하다는 말 대신 오히려 짜증이다. 독일어도 영어도 잘 안되는 프랑스인은 무엇을 어떻게 해야 좋을지 몰라서 내 옆에서 안절부절하고 있다.

세계적으로 과학기술을 자랑하는 독일이지만 건물내에서 전화도 잘 안되고 공개된 와이파이도 별로 없으며 비밀번호가 설정되어 있어서 타지의 여행자에게는 상당히 불편하였다. 함부르그 공항에서 독일태생 영국 할머니가 도대체 독일의 행정 효율성은 어디간거야 하면서 외치던 소리가 귀에 생생하다. 갑자기 독일인의 매너와 행정 효율성이 궁금해졌다.

어렸을 때 독일의 구전동화 '브레멘의 음악대(Die Bremer Stadtmusikanten)' 을 읽어본 기억이 있을 것이다. 학대받고 천시된 상처투성이인 동물들이 자유도시 브레멘(Bremen)에 가서 음악가로서 도둑을 몰아낸 동화이야기 말이다. 그 동화 속에 그려진 동물들의 활약상이 기억 저편에 남아 있는 데, 브레멘 도시의 상징으로 담아내려는 듯 시 중심 상업거리에는 나팔불 면서 동물들을 이끌고 나가는 청동상이 서 있다. 그것을 보는 순간 저절로 얼굴에 환한 미소가 피어 올랐다.

북서 독일 브레멘은 8-9세기경 신성로마제국 시대 샤를마뉴 대제와 빌레 하트 주교가 부여한 특전이 기반이 되어 성립된 도시이다. 965년 조세권과 관세권을 획득하고 1186년에는 시민공동체의 연합을 이루었다. 문헌에 의하면 1225년에 집정관으로 구성된 시의회가 존재했고, 시민에게 적용 될 시민법을 만들기도 하였다. 1646년에는 공식적으로 자유 제국 도시

브레멘 악단

라트 하우스 설명

브레멘 시내 롤란트 상

였다가 1947년에 독일로 포함되었다.

1404년 자유도시 브레멘의 존엄을 대표하는 상업적 권리와 자유를 상징하는 롤란트(Roland) 목각상이 세워졌지만 화재로 석상으로 대체되었는데, 이는 독일 롤란트 석상 중 가장 오래된 것이다. 샤를마뉴 대제의 12명 용사 중 한 명인 롤란트는 중세문학 『롤란트의 노래』에 나오는 인물이다. 이와 더불어 1405-1409년에 건설된 브레멘 청사가 이 도시의 상징물인데, 17세기 초에 개조된 모습으로 현재에 이른다. 특히 브레멘 청사가 의미있는 이유는 도시의 자치와 시장의 자유를 상징하는 역사를 담고 있기 때문이다.

청사가 시장과 맞닿아 있어서 청사에서 근무하는 도시의 통치자들은 매일같이 시장 상인들의 모습을 보게된다. 그러기 때문에 작황의 변화나 달라진 물가 등을 금방 확인할 수 있다. 지금도 청사에 맞닿아 시장이 열린다. 각종 야채와 과일 및 식료품들, 갓구은 빵, 다양한 화훼, 또한 이런 것을 구매하기 위해 나온 사람들이 간단하게 먹을 수 있는 가판대도 있다. 근처에 시장 음식점을 모아둔 마켓플레이스가 있어서 세계 각국의 음식을 맛보며 대화할 수 있다.

브레멘은 단순히 시장과 청사가 맞닿아 있는 것 뿐만 아니라 청사 1층 공간은 언제든지 시장 상인들이 자유롭게 드나들며 대화를 하고 회의를 할 수 있게 설계되어 있다. 도시의 주권자인 시민과 정치권력이 물리적으

브레멘 시청사 외관

브레멘 시청사와 돔교회

로 대화할 수 있는 공간이 항상 열려 있다고 하는 것은 매우 상징적이다. 청사 건물의 역사성과 도시자치와 주권의 조화를 이루는 상징성 때문에 롤란트 상과 함께 세계문화유산에 등재되어 있다. 오래되고 작은 공간일 수 있지만 그 역사와 의미는 결코 작지 않으며 21세기 국민주권과 정치권력과의 관계를 되돌아 보는데도 큰 의미가 있다.

현실적인 정치의 목적은 정권유지이겠지만 궁극적으로는 국민의 삶을 돌보고 향상시키려고 힘써야 할 것이다. 정치 권력자는 국민들이 편하고 안정되게 삶을 영위할 수 있도록 경제적으로 제도적으로 안정감을 주어야 한다. 그래야 국가 경제도 성장하고 정치적으로도 안정을 이룰 수 있다. 경제적인 고통이 한도를 넘으면 정치권력에 강력하게 항의한다는 것은 역사가 설명해 주고 있다. 그런 원론적인 의미를 잘 알아서 그랬을까? 브레멘에 시민의 권리와 정치 권력이 조화를 이루려는 물리적 공간이 있는 것 그 자체가 의미심장하다. 매일 같이 민심의 동향을 파악할 수 있는 이런 구조는 정치 권력과 시민이 자주 만나 대화함으로 불만도 해소하고, 정책적 설명도 할 수 있다는 점에서 유용하게 활용할 수 있다.

청사가 있는 광장에 이어져 있는 거대한 돔 교회는 나에게 특별한 의미

썸머타운 합창단 연주회

가 있었다. 옥스퍼드 썸머타운 합창단에서 브람스가 심혈을 기울여 8년간 작곡한 최대의 작품인 독일 레퀴엄(Ein Deutsches Requiem)을 공연하게 되는데, 브람스가 이 곡을 돔 교회에서 연주하여 명성을 떨쳤기 때문이다. 교회내 박물관에는 특별히 이 곡을 청취할 수 있도록 오디어 시설을 갖추어놓았다. 나는 이 곡을 직접 합창단에서 부르고 있기 때문에 현장에서 그 곡을 감상하는 것이 더욱 감동적이었다. 이 곡은 작고하신 내 선친의 추모 예배에서도 활용된 곡으로 웅장함과 장엄함 그리고 가슴을 후벼파는 섬세함이 있는 곡이다.

브레멘 시에도 이방인들이 바로 확인하기 쉽지 않은 부조리가 있겠지만, 적어도 외향적으로 시민의 자유로운 삶과 정치 권력이 조화를 이루려는 노력이 있다는 점에서 성찰할 점이 있다. '브레멘의 음악대'로 대변되는 동화같은 면모, 더 깊이 있게는 브람스의 독일 레퀴엄이 연주된 곳이라는 점이 도시의 가치를 더 높여 주는 것 같다. 그래서 도시의 자치와 주권의 조화를 보여주는 브레멘이 더 오랫동안 기억될 것 같다.

• 유럽연합의 통합 교육과 평화

독일 브레멘 시내에서 공용와이파이를 찾다가 갑자기 유럽연합 통합 교육사무실이 보여서 들어갔다. 유럽연합이 형성되어 작동한지도 꽤 시간이 흘렀는데 통합교육이 왜 필요하고 그것이 함의하는 바는 무엇인가? 이 차에 유럽연합에 대해 궁금한 다양한 이야기를 쏟아 내었다.

제1차와 제2차 세계대전을 겪으면서 더 이상 전쟁의 도가니에 빠지면 안되겠다는 유럽 지도자들의 마음을 모아서 유럽연합이 탄생하게 되었다. 특히 전쟁을 위해 에너지와 무기 제작에 필요한 석탄과 철강을 특정 국가가 비밀리에 생산하는 것을 막아 다시는 처참한 전쟁의 도가니에

유럽통합교육사무실 전경

브레멘 도시 전경

빠지지 않도록 국제적으로 관리하기 위한 노력의 일환이기도 하다. 1957년 6개국으로 시작하여 1973년에 3개국, 1981년에 1개국, 1986년에 2개국, 1995년에 3개국, 2004년에 10개국, 2007년에 2개국, 2013년에 1개국이 추가되었는데, 2020년에 영국이 탈퇴함으로써 현재 27개국의 회원국이 있다.

유럽연합은 24개의 공식언어를 사용하면서 '통합속의 다원화', '다원화 속의 통합'을 추구하고 있다. 주로 경제적인 측면에서 상부상조하면서 유럽통합의 지속적인 발전을 위해 프랑스, 독일, 이탈리아가 재정적으로 비교적 큰 역할을 하고 있다. 1개국을 통합하는 것도 어려운 일인데, 서로 다른 역사와 문화적 배경을 가진 다양한 유럽국가를 통합하는 것은 당연히 어려움이 많을 것이다. 비록 다양성 속에서 통합을 추구한다고 하지만, 각기 자신의 이익을 좀 더 주장하게 되면 통합은 언제든지 금이 갈 수 있다.

유럽연합이 형성되면서 국경간의 장벽이 많이 허물어져 여행다니는 것은 과거와는 비교가 되지 않을 정도로 편리해졌다. 동일한 생활권내에 있는 것처럼 다닐 수가 있어서 여행의 스트레스도 많이 경감되었고, 각종 화폐를 준비해야 하는 번거로움이 사라져서 편리하다. 전통시장 등 카드 사용이 잘 안되는 곳을 제외하고는 카드 한 장만 있으면 현금이 없어도 어디든 돌아다닐 수가 있다는 것은 여행의 즐거움을 배가 시켜준다.

물리적으로 다른 국가에 살지만, 직장은 인접 국가로 출퇴근하는 것도 자연스러운 일이 되었다. 그만큼 자유로운 이동이 가능하다. 그러다 보니 저가 항공도 많고, 주요 국가 수도에서는 비행기가 같은 시간대에 여러 곳으로 출발하면서도 거의 5분 단위로 24시간 출발할 정도로 스케줄이 많다보니 공항은 항상 사람들로 넘쳐 난다. 소도시의 비행편도 많아서 공항에 앉아 있으면 자연스럽게 세계 지리를 공부하게 된다.

사람들의 이동성을 편리하게 하기 위해 각종 교통시설이 잘 갖추어져 있고, 과학기술의 발전으로 사전에 웹에서 체크인을 하다보니 공항에서의 움직임도 빨라졌다. 자주 타국을 여행하다보니 큰 짐들이 많이 사라져 거의 백팩하나 메고 나다니는 정도의 생활권 여행이 가능하다.

저가항공을 이용하려면 짐의 크기와 무게에 민감한 항공사의 규정을 어겨 오히려 더 큰 비용을 지불하는 일이 발생하지 않게 하기 위해 백팩하나 메고 다니는 가벼운 여행을 추구할 수 밖에 없다. 사전에 여행을 기획한다면 정말 저렴하게 다닐 수 있는 장점이 있는데, 이는 과거 특정 계층만 다니던 해외여행과는 비교가 되지 않을 정도의 시대에 살고 있기 때문에 일반인의 삶의 질적 수준도 많이 향상되었다고 할 수 있다.

유럽연합 국가 국민들이 회원국을 다니다가 사고가 나면 자국의 공공의료 비용과 같은 정도의 비용으로 해당 국가에서 치료 받는 것이 가능하다. 또한 여행 중 대사관에서 영사 업무가 필요한 경우 어떠한 유럽연합 회원국 대사관에서도 도움을 받을 수 있다. 구직을 하는 경우에도 유럽연합 공동의 사이트를 통해 직업을 찾을 수 있다. 유럽연합 회원국이 되면 유럽인들은 이러한 편리함을 누릴 수 있다.

그럼에도 불구하고 통합이 쉬운 것만은 아니다. 끊임없이 자국의 이익을 더 추구하려는 상황이 발생하게 되고 심지어는 영국처럼 직접 유럽연합을 탈퇴하는 국가가 생겼고, 또 이런 저런 이유로 현재 탈퇴를 고민하는 국가도 있다고 한다. 어렵게 수십년간의 노력으로 유럽통합에 매진하면서 평화로운 세계를 만들어 나가고 있는데, 탈퇴하는 국가가 늘어난다면 기존에 추구하는 가치가 와해될 수 있으므로 당연히 유럽연합통합교육이 필요하다. 유럽의 주요 도시에 사무실을 마련하고 학생 및 일반인들에게 유럽연합의 가치를 알리기 위해 노력하고 있는 이유이다.

영국의 유럽연합 탈퇴에 투표했다고 하는 영국인에게 이유를 물었더니 옥상옥 같은 구조가 싫어서 탈퇴하는 것에 찬성했다고 한다. 이런 이중적인 정치구조같은 시스템에 불편을 느끼는 유럽인들도 분명히 있을 것이다. 그러나 유럽이 연합함으로 전쟁을 회피하고 자유롭고 안정된 삶을 살 수 있다면 인권이 존중되고 평화로운 삶이 가능한 통합의 가치에 의미를 부여할 필요가 있을 것이다. 이런 가치를 높이 사지 않고 이기적으로 생각한다면 통합의 가치는 훼손되면서 혼란이 야기된다는 점에서 경각심이 필요하다.

• 하노버 가문의 영국 통치와 하노버 도시 풍경

같은 기숙사에 거주했던 독일인이 처음에는 함부르그 근처 출신이라고 하면서 하노버에서 왔다는 말을 하지 않았다. 그러나 내가 집요하게 하노버의 특징을 말해 보라고 하니 유럽에서 가장 큰 도시 삼림이 있는 곳이고 한 때 영국을 통치했던 하노버 왕조가 있는 곳이라고 설명하였다. 그것이 촉진제가 되어 내가 직접 하노버를 방문하게 되는 계기를 만들었다. 하노버를 통해 영국의 역사를 이해할 뿐 아니라 유럽 종교전쟁의 막을 내리고 근대 국가체제의 초석을 놓은 최초의 국제협약으로 평가되는 베스트팔렌 조약도 이해하고 싶었다.

베스트팔렌 조약은 역사박물관을 통해 자세히 검토하려고 하였으나 폐관하는 날이어서 뜻을 이루지는 못했다. 하노버를 상징하는 도시 삼림은 워낙 커서 다 돌아 볼 수는 없었지만 맛이라도 보아야 하기 때문에 굳이 찾아가서 도심 속의 여유를 잠시 즐겨보기도 하였다.

신성로마제국의 황제를 배출한 중세 독일의 명문가 벨프(Welfen) 가문이 권력의 변화로 부침을 겪다가 하노버를 수도로 하면서 하노버 가문으로 명명하게 되었다. 1714년 영국 스튜어트 왕조의 앤 여왕이 죽게 되자 촌수로 6촌 격인 하노버 제후 게오르그 1세가 영국왕위에 오르면서 조지 1세로 영국을 통치하는 가문이 되었다. 영어도 잘 모르는 독일인 조지 1세는 로버트 월폴을 초대 총리로 삼아 21년간 국정을 책임지게 함으로써 영국의 입헌군주제 확립에 크게 기여하게 되었다.

영국 초대 총리이자 역대 최장 총리를 맡았던 로버트 월폴은 예술 작품 수집이 취미였는데, 그가 생전에 모았던 작품은 그의 손자가 러시아 예카테리나 2세에게 팔아서 현재 에르미타주 박물관에 전시되고 있다. 러시아에서 에르미타주 박물관을 관람할 때는 그곳에 전시된 작품이 이런 식으로 연결되었는지 몰랐지만, 그곳에 세계적인 작품이 소장될 수 있는 연유를 이해하니 거미줄처럼 연결된 유럽의 복잡함이 새삼스럽게 느껴진다.

독일 하노버 가문 출신으로 영국왕 조지 1세가 되었던 1714년부터 1837년 빅토리아 여왕이 들어서기까지 영국과 하노버 가문은 '동군연합'을 형성하여 영국을 유럽 최강국으로 만드는데 역할하였다. 나폴레옹 전쟁 후 하노버가 왕국으로 승격했지만 크게 발전을 이루지 못하다가 강국 프로이센에 멸망했다. 그러나 영국왕 조지 2세가 괴팅겐 대학과 학술원을 세운 것은 하노버 가문의 중요한 문화유산이자 양국의 학문 및 문화 발전에 기여한 것으로 평가 받고 있다.

하노버 시청

하노버 시청

제2차 세계대전으로 폐허가 된 하노버 도시 전경

제1차와 제2차 세계 대전에서 독일을 상대로 싸웠던 영국, 유럽연합에서 탈퇴하여 홀로 나와 있는 영국과 유럽연합 안에서 주된 역할을 하는 독일은 가까운 듯 먼 듯한 역사를 가지고 있지만 향후 새로운 유대관계를 모색할 때 하노버 왕조의 역사가 분명 다시 소환될 것으로 보인다.

하노버는 처음으로 레코드가 발명된 곳이자 최초로 카세트 음악과 CD

하노버 중심 하천에 준설된 서핑보드 연습장

를 만든 곳이어서 유네스코 음악도시로 명명되고 있다. 도심 하천에 준설된 서핑보드장에서는 서퍼들이 자유롭게 훈련하고 있었다.

인상 깊었던 것은 스프렝겔 미술관(Sprengel Museum)으로 현대미술의 다양한 면모를 볼 수 있었던 점이다. 특히 스페인의 피카소(Pablo Picasso, 1881-1973)와 독일의 베크만(Max Beckmann, 1884-1950) 작품을 비교 검토할 수 있

스프랑겔 미술관 전경

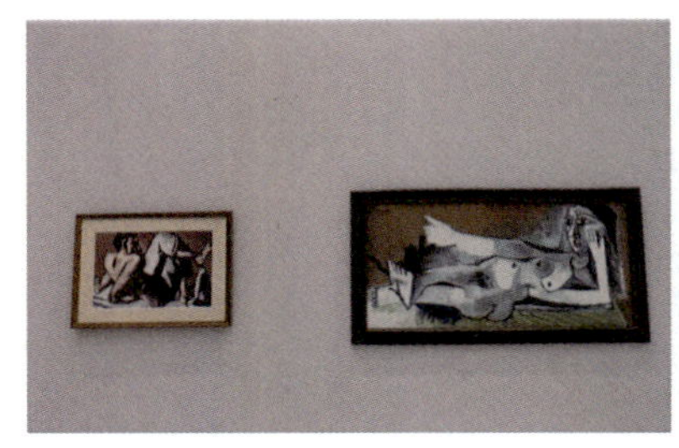

베크만과 피카소의 작품

하노버 거리에 설치된 니키의 작품

게 전시한 것은 압권이었다.

이들은 동시대의 화가이자 모더니즘의 핵심인물로 20세기 전반 구상회화를 정의하는데 중요한 역할을 했던 인물이다. 한번도 두 화가의 그림을 비교해서 전시해 본 적이 없지만 스프렝겔 미술관에서 기획전을 만들어 이들을 만날 수 있게 한 것이다. 그들은 같은 시대를 살았지만 개인적으로는 한번도 만난 적이 없었는데, 사후에 미술관에서 서로 마주보며 작품이 전시되어 관객들을 통해 양자가 대화할 수 있게 되었다.

베크만도 유명한 인물이었지만 워낙 피카소가 유명해서 피카소의 명성에는 미치지 못했다고 한다. 미술시장에 도전장을 내밀기도 했던 베크만은 피카소의 명성에 눌렸던 측면은 있지만 묘하게 2명의 작품은 같은 듯 다른 듯 하면서 자신만의 색채가 있었다. 동시대 서로 다른 국가에서 활동했던 작가를 비교한 것, 비슷한 주제의 그림을 배치하여 비교가 용이한 점 등 전시회를 재미있게 관람할 수 있도록 노력한 흔적이 엿보였다.

미술관을 나서는데 터키 출신 직원이 한국어로 말을 걸면서 한국이 너무 좋아서 내년에 한국에 가볼 생각이라고 하였다. 그러면서 조금만 걸어가면 유명한 니키(Niki de Saint Phalle, 1966-1990)의 작품이 있으니 그 작품을 보라고 알려 주었다. 워낙 화려한 색상을 조화롭게 만든 설치 작품으로 유명한 작가라서 작품들 때문에 도시의 분위기가 한결 밝아 보였다.

이번 하노버 도시 탐방으로 그동안 쉽게 간과한 독일 하노버 왕조와 영국 왕실의 연결성을 이해한 것은 큰 소득이다. 또한 뒤늦게 국가 통합을 한 독일이 전쟁으로 폐허가 되었음에도 불구하고 발빠르게 각종 소도시까지 성장시킨 동력도 놀라웠다.

• 세계문화유산과 함부르크 도시 재생

함부르크는 독일 제2의 도시로 무역 산업 도시의 상징이라고 할 수 있다. 엘베(Elbe)강, 알스터(Alster)강, 빌레(Bille)강이 만나는 자연지리적인 입지 조건으로 과거로부터 중계 무역으로 물류와 교통이 발달한 무역 항구 도시로 성장하였다. 이를 한 눈에 볼 수 있는 것이 엘프필하모니 함부르크(Elbphilharmonie Hamburg)이다. 스위스 건축가 헤르조그(Herzog)와 드 메롱(De Meuron)에 의해 건축된 함부르크 랜드마크인 필하모닉 홀은 저층에 주차

엘프필하모닉 함부르크(Elbphiharmonie Hamburg)

하펜시티 전경

장이 있고 고층에 화려한 외관의 유리 건물로 구성되어 있다. 거대한 미끄 럼틀 같은 엘리베이터를 타면 일반인들도 전망대층에 무료로 올라가 함부르그 전경을 내려다 볼 수 있다. 이곳에 올라가면 한눈에 엘베강(Elbe)을 낀 함부르그 경제 기반이자 동력을 확인할 수 있다.

함부르그 항만은 자유무역 항구로 1885-1927년까지 건설되었다. 화물 환적용으로 운하를 둘러싸고 있는 대형 항운 창고 슈파이허슈타트(Speicherstadt)는 물건들을 저장하고 보관하는 곳인데, 창고 시설로는 세계에서 가장 큰 규모이다. 슈파이허슈타트는 칠레하우스(Chilhaus)를 포함한 사무용 빌딩 콘토르하우스(Kontorhaus) 지구와 함께 유네스코 세계문화유산에 등재되었다. 이는 19세기 후반부터 20세기 초까지 급속한 국제무역의 성장과 그 결과를 확인해 볼 수 있는 건축물과 산업단지이다. 총 15개의 대규모 창고 구역과 6채의 부속 건물 및 이런 시설들을 연결하는 운하망이 있다.

칠레 하우스(Chilehaus)

슈파이허슈타트(Speicherstadt)전경

　창고라고 해서 저렴한 건축자재로 지어진 것이 아니라 역사주의와 모더니즘이라 불리는 수준 높은 디자인과 기능성을 갖춘 건축물들은 장엄한 규모와 더불어 시선을 강탈할 정도로 아름다운 면모를 자랑하고 있다. 거대한 방주 모양을 한 칠레하우스는 콘토르하우스 지구 사무용 건물이지만 근대 초기 벽돌로 지어진 통일성 있는 특징이 있다. 기능적으로도 상호 보완적인 슈파이허슈타트와 콘토르하우스 지역의 우아한 건축물 복합단지는 국제무역이 급속하게 성장한 효과를 실재적으로 증명하는 의미를 담고 있다.

　제2차 세계대전시 이곳은 심각하게 훼손되어 1949년부터 1967년까지 부분적으로 재건축되기도 하였으나 유산의 가치를 소멸시킬 정도는 아니었다. 원래의 형태와 디자인 건축자재가 기본적으로는 유지되었고, 오늘날도 본래의 용도로 사용되고 있다.

경제구조가 변화하고 항공 수송 등이 발달하면서 과거 영화를 누리던 항만 산업이 쇠퇴하여 도심 기능도 변화하고 있다. 그러나 도심 공동화로 방치하는 것이 아니라 현대적인 아이디어를 더하여 새로운 하펜시티(Hafen City)로 재개발함으로써 도시의 무역과 산업시설, 문화, 여가, 관광, 주거가 다같이 기능할 수 있는 복합적 기능의 도시로 재개발을 추진하여 경제의 활성화에 기여하고 있다.

12세기부터 오랜 시간동안 항구도시로 명성을 이어갔던 스웨덴의 3번째 큰 도시인 말뫼와 스페인의 빌바오는 유럽의 대표적인 산업도시이자 조선업이 활성화되었던 곳이다. 이런 항구도시들은 시대의 변화와 발전에 따라 도시의 기능도 변화하고 있다. 이런 도시를 재생하고 탈바꿈 하는 방법으로 장기간에 걸친 다양한 도시재생 프로젝트가 추진되었다.

과거 조선업체들이 차지하고 있던 빌바오 강변의 수변 공간은 도시 주민이 접근하기 좋은 각종 문화시설로 배치하고 교통의 편의성도 증진시켰다. 보행공간이나 녹지공간도 확충하고 공업중심 도시가 문화도시를 탈바꿈하도록 조형물 및 예술품을 설치하였는데, 그중 가장 대표적인 것이 세계적인 구게하임 박물관(Guggenheim Museum Bilbao) 유치이다. 매년 100만명이 넘는 관광객이 박물관을 찾아 옴으로써 과거와는 완전히 다른 매력적인 장소로 기능하고 있다.

스웨덴의 말뫼는 스칸디나비아에서 가장 높은 빌딩이라고 지칭되는 터닝 토르소(Turning Torso)가 상징물로 각광을 받고 있다. 이 건축물은 전 세계적으로 찬사를 받았고 2005년에 엠포리오 스카이스크레퍼 상을 수상하기도 하였다. 말뫼는 과거 조선업이 번창하던 이미지를 벗고 의학, 정보기술, 바이오 등 첨단 기술 기업들이 번창하면서 세계에서 가장 살기 좋은 도시로 선정되기도 하였다.

함부르그는 나로 하여금 말뫼, 빌바오 등 과거 유럽의 번창했던 항구도시가 어떻게 재탄생하고 있는지를 생각해 볼 수 있도록 하였다. 근대화 이후 급속한 세계화로 국가마다의 정체성이 사라지고 있을 때 어떻게 시대에 맞는 또 자신의 환경에 부합한 새로운 정체성을 형성할 것인지를 고민하는 것이 새로운 시대의 과제이다. 이를 위해서는 도시나 국가의 정체성을 어떻게 형성하고 그것을 매력적인 곳으로 만들어 나갈지에 대한 고민이 필요하다. 과거의 것과도 조화를 이루면서 미래를 지향하는 민관협동의 장기 프로젝트에 대해 좀 더 실질적으로 고민해 보면 좋을 것 같다.

• 올림픽이 개최되는 프랑스 파리의 낯선 풍경

10년 동안 파리에서 거주한 경험이 있던 옥스퍼드 지인은 프랑스 파리를 가면 새로운 면모를 볼 수 있다고 했다. 올림픽 개최를 앞두고 대대적으로 도시건물을 단장하여 말끔한 인상의 파리를 만들어서 파리가 깨끗해 졌다는 것이다. 몇 번 파리에 가 본 적이 있는 나도 이번에 간 파리의 모습이 여러 가지로 낯설었다.

그동안 사람으로 가득했던 파리 중심부는 올림픽을 앞두고 차량 통제를 하여서 텅 비어 보였다. 한 남자가 거리에 서서 열심히 사진 촬영을 하고 있었다. 나는 그는 누구인지 또 무엇을 촬영하는지 물었다. 그는 파리 시민으로 파리 도시 풍경을 찍는다고 대답했다. 나는 도시의 무슨 면모를 찍느냐고 물었더니 평생 살면서 이렇게 '텅 빈' 파리는 처음 대한다고 이 모습을 꼭 남겨야 한다고 생각해서 사진을 찍는다고 하였다. 아마추어 작가인 그의 생각에 나도 동의가 되었다. 대도시의 번잡함이 사라진 파리 중심가는 색다르게 느껴졌다.

에펠탑 근처와 주요 관광지인 루브르 박물관 및 노트르담 대성당 주변으로 교차로 마다 4-5명의 경찰이 배치되어 있었다. 경찰들이 주요거리에서 버티고 있으니 소매치기 당할 염려없이 파리를 활보할 수 있어서 안심이 되었다. 그런데 문제는 프랑스 각지에서 차출되어 온 경찰들은 자신의 관할지역이 아닌 파리에 서 있는 것이어서 파리의 지리를 잘 알지 못했다. 심지어는 루브르 박물관 근처에 있는데도 루브르가 어디 있는지도 몰랐다. 그 모습 또한 신기하였다.

에펠탑으로 향하는 곳은 일정 거리 이상부터 통제하여서 먼 길을 걸어야 했다. 문제는 내가 가려는 길을 못 가게 막아 세우지만 내가 어디로 갈 수 있는지에 대해서는 설명을 해 주지 못하였다. 파리에 거주하는 사람이라면 우회로라도 알 수 있을텐데 파리 지리에 익숙하지도 않고 스마트폰 앱으로 목적지를 찾아가는 사람한테 또 다른 길을 안내해 주지 못하면서 통제만 하는 모습이 올림픽을 개최하는 프랑스의 모습이 맞는지 의아하였다. 통제와 안내를 같이 책임져야 할 경찰이 자신은 통제만 한다는 태도에서 명령 받은 일에만 충실한 것이기 때문일까 생각해 보았다. 그래도 적극적으로 영어로 설명하려는 자세가 과거와는 달라 보였다.

파리 기차역에 도착한 첫날 저녁 와이파이가 작동하지 않아서 내가 가야할 호텔의 방향을 확인할 수 없었다. 이런저런 노력을 하다가 안 되어서 지나가는 사람에게 도움을 청했다. 마침 그는 런던에서 나를 파리로 태우고 온 열차의 기관사였다. 자기 핸드폰으로 길을 찾은 후 내가 가야할 목

루이비통 재단

적지까지 안내해 주었다. 뜻밖의 도움을 받아서 편리하게 호텔을 찾을 수 있었다.

파리에서 시간을 잘 보낸 후 다시 기차역으로 가서 런던행 기차를 타야 하는데 시간 계산을 잘못하여 기차 시간이 빠듯하게 되었다. 시간에 맞게 런던행 기차를 타지 못하면 일정이 어그러져 아주 복잡한 상황이 될 수 있었다. 당시 파리 외곽에서 도심행 전철을 타고 있었는데 마음은 급하고 와이파이도 안되어서 당황스러운 상황이었다. 옆에 있는 사람에게 사정을 말하고 데이터를 사용하게 해 달라고 했더니 그 사람은 정확하게 자신이 4분 후에 내려야 하니 그 안에 일을 마치라고 하였다. 정 안되면 자신이 플랫폼에 서 있을테니 최대한 자신의 데이터를 사용할 수 있도록 배려해 주었다. 그러나 기차가 떠나기 까지 나는 일을 다 마치지 못해 할 수없이 목례로 인사하고 헤어졌다.

나는 첫날 만났던 기관사에게 연락해서 나의 사정을 알렸다. 어떻게 하는 것이 가장 효과적인지 물어 보았다. 그는 일단 내 기차 티켓을 자신에게 보내면 방법을 생각해 보겠다고 해서 나는 나의 티켓을 찾아야 했다. 그런데 내 전화기에 데이터가 없어서 일을 처리할 수가 없었다.

할 수 없이 나의 사정을 말하고 다른 분에게 또 데이터를 빌려 달라고 요청하였다. 내가 급한 상황인 것을 안 그녀는 같이 방법을 찾아 주었다. 나는 정해진 시간에 런던행 기차를 타야 해서 계속 움직여야 하지만 데이터를 사용해서 속히 기차 티켓을 찾아야 하는 상황이기도 하였다. 그녀는 그 상황을 알고 자신이 내려야 할 곳을 지나쳐서 내가 내리는 곳에 같이 내렸고 내가 다른 노선 전철을 갈아타는 상황에서도 계속 따라오면서 내가 그녀의 데이터를 사용할 수 있도록 도와 주었다. 내가 일을 마치자 안전하게 여행하라고 하면서 다시 자신이 원래 가야할 정거장을 향해 걸어갔다.

이런 도움으로 티켓을 찾아 기관사에게 보내 주었고 그는 시간에 맞게 방법을 강구해 주었다. 그는 마침 런던에서 파리로 오는 기차를 운행하는데 내가 파리를 출발할 때쯤 파리에 도착한다고 하면서 자신의 동료에게 연락하여 내가 급한 상황에서도 기차를 탈 수 있도록 조치해

여유로운 파리 도심

주었다. 그래도 나는 정상적인 방법으로 기차를 타는 것이 좋으므로 최대한 열심히 뛰었는데, 다행히도 시간 내에 기차역에 도착해서 런던행 기차를 탈 수 있었다. 나는 기관사에게 연락해서 정상적으로 기차를 탈 수 있게 되었다고 하니 그는 기뻐해 주면서 자신도 걱정했다고 말해 주었다.

이런 것이 사람사는 사회의 인정이라는 것인가? 나는 프랑스 파리에서 이런 도움을 받을 수 있으리라 생각도 하지 못했다. 과거에 접했던 프랑스 사람들의 태도가 이러지 않았는데 올림픽을 계기로 변한 것인지 아니면 이번에 특별히 급한 상황에서 좋은 사람들만 만난 것인지? 감사한 마음이면서도 뭔가 낯선 파리의 풍경인 것 같다.

• 벨기에 브뤼셀의 내셔날 데이 퍼레이드

브뤼셀에서 아침에 일찍 일어나 역사적인 교회를 찾아 가다가 조작 오류로 와이파이로 잡아둔 지도가 사라졌다. 데이터없이 와이파이를 활용하여 여행을 하고 있어서 길거리에서 갑자기 목적지를 다시 찾을 수도 없는 상태였다. 아침 일찍이라 근처에 문 연 상점도 없고 행인도 안보여서 어디로 가야할지 주저하고 있는데 멀리서 어느 여학생이 걸어 오길래 도움을 청했다. 자신도 그 쪽 방향으로 간다고 해서 이야기가 시작되었다. 그녀는 폴란드에서 온 의대생인데 이곳에서 2주간 아르바이트를 해서 학비를 번다고 했다. 왜 굳이 이곳에서 아르바이트를 하냐고 질문했더니 이곳에서 2주간 아르바이트 하면 폴란드에서 1달 한 것 보다 학비를 쉽게 벌 수 있고 이런 기회를 통해 다른 나라도 여행할 수 있어서 좋다고 말했

다. 여름방학동안 나름 일거양득의 좋은 기회로 삼고 열심히 사는 대학생
이라는 생각에 기특해 보였다.

그녀는 브뤼셀에 살고 있는 친구를 만나러 가는데 나의 시간이 괜찮으
면 같이 커피를 마셔도 좋다고 해서 나도 참석하였다. 마침 나도 아침 커
피를 마시고 싶었던 참이라 자연스럽게 동석해서 이야기 나누고 추억의
사진도 남겼다. 여행을 하면서 현지에서 자연스럽게 만난 사람들과 격의
없이 커피 마시면서 대화할 수 있는 세상은 아름답다고 할 수 있다.

나는 사전에 정보가 없었는데, 이 날이 마침 벨기에 국경일이라고 하면
서 여러 가지 행사가 있다는 것을 알려 주었다. 퍼레이드 준비로 천천히
근처 길이 들썩이기 시작했다. 이곳이 왕궁 근처이고 주요 박물관들이 있
는 곳이어서 자연스럽게 많은 사람들이 몰려 들기 시작하였다. 나는 본격
적인 퍼레이드가 시작되기 전에 박물관과 주요 미술관을 먼저 관람하였
다. 벨기에 왕립미술관에는 역동성과 관능미를 환상적으로 구사한 바로
크 스타일의 대표화가인 피터 루벤스(Peter Paul Rubens, 1577-1640), 풍경화
속에 종교적 주제를 융합하는 새로운 장르를 개척한 브뤼헐(Pieter Brueghel
de Oude, 1525?-1569), 깊은 슬픔을 다양하게 표현한 로히르 반 데르 바이덴
(Rogier van der Weyden, 1400?-1464), 관찰과 표현으로 불멸의 초상화를 그린
안토니 반 다이크(Anthony van Dyck, 1599-1641) 등 플랑드르 지역 화파의 작
품들이 풍부하기 때문이다.

1831년 레오폴드 1세가 벨기에의 초대 국왕으로 즉위한 기념일인 7월
21일은 매년 성대한 퍼레이드가 펼쳐진다. 1830년 8월과 10월 사이에 일
어난 벨기에 혁명으로 네덜란드 군대를 물리치고 벨기에가 독립하면서
혁명가들은 레오폴트 왕자를 군주로 결정하였다. 레오폴트는 1831년 7월

21일 헌법에 충성을 맹세하고 현대 벨기에 왕국의 첫 번째 군주가 되었는데, 이를 국가기념일로 지키고 있는 것이다.

나는 퍼레이드에 나와 있는 군인들, 장갑차, 각종 무기들을 보면서 평상시에 보는 일반적인 퍼레이드와는 다른 것 같이 느껴졌다. 시민들의 축제의 장에 군인 복장과 장갑차 등이 나와 있는 것을 보니 마음이 편치 않았다. 그런데 그곳에 나온 군인들은 시민들에게 군과 관련된 다양한 내용을 설명하면서 뭔가 매우 친근해 보였다. 무장한 군인이나 장갑차만 보아도 겁에 질리는 한국 역사와는 달리 이곳에서는 군이 시민들과 어울리는 모습으로 보여서 새로웠다.

왜 군인들이 각종 군 장비까지 전시하는 이런 국경일을 맞이할까 생각해 보았더니 7월 21일은 벨기에 왕국의 군주가 됨을 축하하는 것에 그치지 않고 벨기에가 네덜란드로부터 독립했던 저항의 날을 상징하는 것이기 때문이다. 그렇게 생각하니 저항을 통해 독립을 쟁취한 군인들과 상징적인 군 장비가 국경일의 전시물로 나와 있는 것도 이해가 되었다.

각종 국가 부처에서도 홍보 부스를 마련하여 시민들과 대화하였고, 어린이용 홍보물 및 게임 등도 준비되어 있었다. 또 다양한 음료수를 무료로 제공하면서 자기들이 마련한 부스를 들러 볼 수 있도록 노력도 하였다. 공공 및 응급서비스, 시민단체, 자선단체 등 이 기회를 통해 시민들에게 더 친근하게 다가가려고 노력하는 모습을 보니 모두가 시민을 위해 존재하는 기구처럼 보였다. 아주 큰 규모는 아니었지만 왕궁으로부터 시작되는 거리를 쭉 타고 오면서 각종 홍보 부스, 먹거리, 시민들의 퍼레이드 이 모든 것이 어울어 지면서 다같이 축제를 만끽하는 것으로 보여서 기분이 좋았다.

브뤼셀 광장

　『레미제라블』을 쓴 빅터르 위고는 세계문화유산에 등재되어 있는 브뤼셀 중심 광장을 "세계에서 가장 아름다운 광장"이라고 극찬하였다. 이 광장에서 자유롭게 펼쳐지는 각종 공연과 음악을 즐기고 난 후 먹었던 달콤하고 맛있는 벨기에 와플은 멋진 추억이다. 또한 역사적으로 다양한 전설을 안고 있는 벨기에의 명물인 60cm정도의 작은 오줌싸개 동상(Menneke Pis)에 얽힌 이야기는 작지만 강하고 자유로운 벨기에를 생각하게 만들었다. 벨기에의 식민지 콩고에서 들여온 카카오로 만든 깊이 있는 맛의 초콜렛은 달콤함 뒤에 콩고의 슬픔이 서려있다.

　브뤼셀에는 유럽연합, 북대서양조약기구 본부가 있고, 서유럽 연합, 베네룩스 경제연합, 유럽 선도대학들의 네트워크인 코임브라 그룹 및 세계관세기구 등 다양한 국제기구가 있다. 이 도시에 천명이 넘는 국제변호사들이 상주하며 활동하고 있고, 국제적인 회의가 1년에 6-7만건 정도 개최

브뤼셀 오줌싸게 동상

브뤼셀 시청

된다고 한다. 작지만 강한 브뤼셀의 자유로움이 오랫동안 기억될 것 같다.

• 안트워프의 화려한 과거와 현재

내 머리에 안트워프(Antwerp)가 각인되게 된 것은 대영제국의 왕립거래소가 세계적으로도 가장 오래되었다고 하는 안트워프 부르스(Bourse)를 모델 삼았다는 것 때문이다. 어떤 역사를 가진 곳이길래 대영제국이 모델 삼았을까 하는 궁금증이 컸다. 이 때문에 벨기에를 가면 이 도시를 꼭 방문해야 했다.

안트워프라는 이름에 얽힌 설화가 있다. 로마의 드루온 안티고누스(Druon Antigonus)가 항해자에게 통행료를 받았는데 통행료 납부를 거부하는 사람의 손목을 자르는 악행을 저지르자, 실비우스 브라보(Silvius Brabo) 장군이 그를 죽이고 손을 잘라 스헬더 강에 던졌다고 한다. '손목을 던지다'(Hantwerpen)란 단어가 묵음화되어 현재 도시명이 되었다는 것이다. 이 때문인지, 도시에 거대한 손만 동상으로 만들어 둔 곳이 눈에 띈다.

안트워프가 세계사적 무대에 등장한 것은, 1501년에 포루투칼 상인이 신항로 무역의 중간기지로 향신료와 사치품을 가지고 이곳에 들어옴으로써 일찍부터 금융업과 상업이 발전하였기 때문이다. 이런 역사가 세계 최초의 안트워프 부르스가 생겨난 요인이 된 것이다.

유럽의 물류 및 중화화 공업뿐 아니라 세계에서 가장 큰 다이아몬드 유통의 중심지이기도 하여서 다양하게 문화가 꽃피던 곳이기도 하다. 사람이 모여들고 각종 물류 및 사치품이 거래되던 곳 답게 아름답고 화려한 건축물도 많이 있다. 거대한 루벤스의 작품이 전시된 벨기에 최고 높은 탑을 자랑하는 성모마리아 대성당뿐 아니라 도시 곳곳이 짜임새 있게 잘 발달되어 있다. 시외버스 정류장에서 시중심으로 들어가는 길목에 쭉 늘어선 상점가는 각종 세일로 구매자의 발길을 멈추게 만들었다. 시 중심 광장에는 중세시대 길드하우스와 1565년에 건축된 시청사가 아름답게 펼쳐져 있고, 그 중앙에는 안프워프의 전설을 상징하는 동상이 있어서 시민들의 안식처가 되고 있다.

'플란더스의 개'라는 일본 애니메이션을 기억하는 사람들이 많이 있을 것이다. 1872년 영국 작가 위다(Wiida)가 벨기에 플란더스 지방을 배경으로 그린 동화『A Dog of Flanders』를 기반으로 1975년에 일본에서 만화로 제작 방영되어 유명하게 된 작품이다. 가난한 주인공 네로가 그의 친구이자 충견인 파트라슈와 춥고 배고픔을 견디면서 마지막으로 가 보고 싶었던 성모 마리아 대성당에 걸린 루벤스의 「십자가에서 내려지는 그리스도」 작품을 본 후 천사와 함께 천국으로 떠나는 스토리이다. 성탄절에만 무료로 관람할 수 있는 이 작품을 보기 위해 간절하게 기다렸던 네로는 마침내 자신의 꿈을 성취하였다.

이를 형상화하기 위해서인지, 대성당 앞 광장에는 길에서 잠든 네로와 파트라슈 동상이 있다. 광장 바닥을 이불삼아 덮고 하얀 대리석으로 만들어진 네로와 파투라슈가 겹쳐져 누워 있는 동상은 색상적으로도 강렬하게 대비되어 있어 눈길을 사로잡는다. 주변에 화려한 건물이 둘러쌓여 있지만 차가운 광장바닥에 누워있는 동상 또한 대비되어서 독특한 울림을 주었다. 대성당 모퉁이에는 성당을 건축하고 있는 건축업자와 석공들의 작업 동상이 세워져 있어서 성당 건축의 역사를 보여줄 뿐 아니라 건축자들의 노고도 잘 드러내고 있다.

광장 주변에 늘어선 유명한 해산물 레스토랑에 앉아 푸짐한 해산물로 여행의 피로를 달래고 나니 어느 것도 부럽지 않았다. 유럽을 다니면서 해산물로 풍성하게 식사하기가 쉽지 않았는데, 안트워프는 항구도시여서 그런지 신선한 해산물로 허기진 배를 채울 수 있어서 만족스러웠다. 오후의 커피 한잔은 또 다시 열심히 여행길을 재촉할 수 있는 촉진제 역할을 해주었다.

유럽에서 가장 큰 항구였다고 지칭되는 안트워프에서 가장 오랜된 상징물은 1200년에서 1225년 사이 건설되었다고 하는 스틴 성(Het Steen)이다. 초기에 바이킹의 침입을 받은 후 첫 번째 석조 요새로 지어지기 시작

안트워프 스틴성

한 가장 유서가 깊은 곳이기도 하다. 수백년 동안 외적 침입에서 방어하기 위한 군사요새로 쓰였을 뿐 아니라 시대에 따라 감옥으로 또 박물관으로 변모되면서 역사적 풍상을 견뎌낸 모습을 하고 있다.

현재 스틴 성은 원래 성 면적의 5% 미만을 차지한다고 하는데, 지금은 관광 방문자 센터로서 역할을 하면서 안트워프 도시의 역사와 그의 정체성에 대한 전시도 병행하고 있다. 항구에 크루즈 터미널 폰툰이 연결되어 있어 과거 수많은 배가 드나들던 역사를 되새겨 보기도 적절하다.

스틴 성에서 걸어갈 수 있는 정도의 거리에 안드스트룸 박물관이 있다. 도시의 유산을 탐색하는 현대 박물관으로 독특한 현대 건축물 외관을 갖고 있다. 박물관에 들어가면 유료 전시관도 좋지만 무료로 옥상까지 올라가는 각 층에서 볼 수 있는 도시의 풍경, 옥상에서 볼 수 있는 풍경을 감상

안트워프 현대 미술관

하는 것만으로도 만족할 수 있다. 미술관이 특정 전시물을 전시하는 곳에 그치지 않고 관람자와 그 주위를 둘러싼 풍경조차도 하나의 미술품이 되는 것을 경험할 수 있게 만드는 것 같다.

• 부다성과 유대인 홀로코스트 기념

헝가리 부다페스트에서 가장 상징적인 곳을 고르라면 부다성(Budai Vár)일 것이다. 1987년 세계문화유산으로 등재된 부다성은 헝가리 국왕들이 살았던 역사적인 성채로 부다페스트 전체를 내려다 보기 아주 좋은 언덕 꼭대기에 건축되어 있다. 이런 곳이 역사적 풍상이 없을 리가 없기 때문에

헝가리 부다페스트 전경

부다성의 역사 그 자체가 헝가리 역사를 대변한다고 할 것이다.

중세 유럽 르네상스 중심지로 영화를 누렸던 부다성은 16세기 오스만 제국과의 전쟁으로 괴멸되었다가 17세기 합스부르크 왕가의 지배를 받으면서 바로크 양식의 궁전을 건축하였다. 19세기 후반 대화재로 왕궁이 소실되었다가 대개축을 통해 1904년 완공되었으나 제1차와 제2차 세계대전으로 큰 상흔을 입었고, 1956년 헝가리 혁명시에는 소련군에 의해 파괴되기도 하였다. 역사적 풍상을 딛고 재건된 왕궁은 현재 국립미술관으로 활용되고 있는데 오랫동안 정치 문화의 중심지였다는 것은 부다성의 위치만 보아도 명약관화해 보인다.

도시에서 보면 모두가 우러러 봐야 볼 수 있는 곳에 위치해 있고, 부다성에서 보면 부다페스트 전체가 부다성 아래 깔려 있는 것처럼 보인다. 부

헝가리 부다페스트 전경

다성의 지리적 위치 그 자체에서 정치적 권위가 충분히 드러난다고 할 수 있다. 아름다운 세체니 다리를 건너 부다성으로 올라가면 볼거리가 즐비하다.

대통령 관저 앞에서는 시간에 맞추어 진행되는 호위무사 교대식을 구경하느라 관광객이 줄지어 서 있다. 영국 버킹검의 교대식과는 달리 단출하게 진행되지만 정제되고 절도있는 모습에서 박수가 터져 나오기도 한다.

리스트 초상화와 베토벤이 사용한 피아노

1015년 헝가리 이슈트반 국왕이 세웠다는 마티야슈 교회(Mátyás Temp-lom)는 오스만 투르크 침입때 모스크로 사용되었다가 18세기에 교회로 복원되었다. 교회 내부로 들어가면 웅장하면서도 엄숙한 광경에 압도된다. 교회 한켠으로는 역사 유물을 전시해 두었는데, 정교함과 화려함을 더한 역사성을 느낄 수 있어서 의미있는 시간을 가질 수 있다. 1867년 합스

부다성 전경

부다성 내 교회 　　　　　　　　　　　부다성내 교회 내부

브르크 프란츠 요세프(Franz Joseph I) 황제와 엘리자베스 황후 대관식이 이곳에서 열렸고, 프란츠 리스트(Franz Liszt)가 헝가리 대관 미사곡(Hungarian Coronation Mass) 오라토리오(Oratorio)를 작곡하고 지휘한 곳이기도 하다.

교회와 어부의 요새(Halászbástya, Fisherman's Bastion) 사이에 이슈트반 1세의 동상이 당당하게 서 있는데 화려하게 장식된 기단은 정치적 권위와 백성들의 존경심을 상징적으로 표현한 것처럼 보였다.

동화속에 나오는 듯한 뾰족한 고깔 모양의 7개탑으로 둘러쌓여 있는 요새는 전쟁이 발발했을 때 어부들이 용감하게 성벽을 보호해서 어부의 요새라고 불리운다고 한다. 7개탑은 헝가리를 건국할 때 공을 세웠던 7개 부족을 상징한다. 서로 다른 시대에 다른 의미를 지닌 건물들이 모여 있지만 전체적으로 조화를 이루었다. 왕궁, 성당, 박물관, 미술관, 어부의 요새

뿐 아니라 거주지에 각종 레스토랑 까지 있어서 여유롭게 시간 보내기가
좋다. 도시를 조망할 수 있는 위치라는 점에서 그곳에 서 있기만 해도 가
슴이 확 트인다.

　예상하지 못했는데 국립미술관에서 유대인 홀로코스트 전시를 접하였
다. 홀로코스트를 경험한 여러 작가의 작품을 모아서 전시한 것인데, 수용
소에서 몰래 그렸던 그림이라 그림 크기는 작지만 그 안에 담고 있는 내
용은 상당히 전율적이고 철학적이다. 자신들이 경험한 바를 연필로 그린
서로 다른 내용과 스타일의 그림은 인간이 어떻게 고뇌할 수 있는지를 보
여주는 것 같았다.

　철조망에 걸려 죽어 있는 깡마른 시체, 인간 군상들이 노동하는 장면,
주변에서 죽어가는 사람들을 멀끄러미 바라보는 사람의 모습, 뼈만 남은
채 죽은 시체들이 잔뜩 쌓여있는 모습 등 그림만 보아도 온 몸으로 전율

헝가리국립박물관

헝가리국립박물관 전시물

헝가리에서 본 유대인 미술

을 느낄 수 있다. 홀로코스트를 경험한 자들이 세필로 그린 것이어서 더욱 생생하고 생동감 있다.

유대인 홀로코스트가 인류 역사에 기록될만한 잔인한 사건이기도 하였지만 이에 대해 끊임없이 다양한 방법으로 후세를 교육시켜 유대인뿐 아니라 전 인류에게 경각심을 준다는 것이 놀라운 일이다. 씻을 수 없는 트라우마를 예술로 승화시켜 인간의 원초적인 잔인함과 인생의 의미를 철학적으로 성찰할 수 있는 계기를 만드는 것 같다.

부다성을 내려와 세체니 다리를 건너 다뉴브강을 따라오다 보면, 강둑에 60켤레의 다양한 신발만 덩그렇게 놓인 조형물이 있다. 제2차 세계대전 시기에 나치가 유대인에게 신발을 벗게 한 뒤 60만명을 총살한 곳을 추모하기 위해 설치된 것이다. 역사를 외면하거나 왜곡하지 않고 역사를 기억하고 반성할 수 있는 장치로 당시의 상처를 적나라하게 드러낸 것이다. 역사의 비극을 상기시키는 낡은 신발 조형물이 미래를 살릴 수 있을 것인가?

• 부다페스트 영웅광장과 헝가리의 영화

유목민 마자르(Magyar)족이 896년경 카르파티아 분지에 정착한 것을 헝가리 국가 건설의 시작으로 보고 있다. 헝가리 수도 부다페스트는 1873년 부다(Buda)와 오부다(Obuda) 그리고 페스트(Pest)가 통합되어 이루어진 이름이다. 부다는 왕궁, 귀족, 관청 등 지배층이 주로 거주하였고, 페스트 지역은 산업의 중심지로 서민들이 거주하였다. 이곳은 세계적으로 런던에 이어 두 번째로 지하철이 개통된 산업도시의 면모도 있는데, 지하철을 타 보면 그들만의 고유한 아기자기한 역사 전통을 느낄 수 있다. 밀레니엄 지하철(1893-1896)은 유네스코 세계문화유산으로도 지정되어 있다.

세계적으로 3번째로 크다는 부다페스트의 명물 국회의사당의 화려한 면모는 부다성에서도 잘 조망되는데, 그 명성 만큼이나 많은 사람들이 국

부다페스트 영웅 광장

부다페스트 민속학 박물관

회의사당을 관람하려고 하여서 미리 예약하지 않으면 내부는 구경조차 하기 힘든 곳이다. 페스트 지역이 본격적으로 개발되기 시작하면서 가슴이 확 트이는 넓은 광장도 조성되었다. 헝가리의 위대한 인물과 건국 천년의 역사를 기념하기 위해 1896년에 영웅광장을 만들었는데 헝가리 건국 1000년을 기념하기 위한 곳으로 밀레니엄 광장이라고도 한다.

페스트 지역의 영웅광장은 36미터 높이의 밀레니엄 기념탑이 중앙에 서 있고, 양옆으로 웅장하게 펼쳐져 있는 탑 상단에는 가브리엘 대천사 동상이 멋지게 장식되어 있다. 광장 내에는 헝가리 천년 역사에서 위대한 인물로 손 꼽는 14명의 인물 동상이 있는데 한편으로는 마자르족 7대 족장이 있고 다른 한편으로는 헝가리 명사의 동상이 있다. 중요한 역사 장면을 청동부조로 만들어 두어서 여유를 갖고 자세히 보면 헝가리 역사가 새롭

258

민속학박물관 전시물

게 다가올 것이다.

페스트가 '도자기 굽는 마을'이라는 뜻이 있어서 그런지, 영웅광장에서 멀지 않은 곳에 멋진 디자인의 민속학박물관은 다양한 도자기가 전시되어 있다. 고대시대 토기부터 현대에 이르기까지 다양한 형태와 용도의 도자기가 화려해 보인다. 전시물 그 자체는 많아 보이지 않았지만 새로운 디자인의 현대적 박물관에 고대의 민속적인 물품들과 옷까지 전시되어 있고 이를 이해할 수 있는 설명이 같이 있어서 헝가리를 이해하는데 도움이 된다.

역사박물관은 고대시대부터 헝가리 제국의 기틀을 다진 마자르족의 활약상을 빼곡이 담고 있다. 고대 전시물 중에는 유목민의 후예답게 말과 관련된 마구 종류가 많이 전시되었다. 정치적 권위를 보여주는 듯한 방패와 거대하고 화려하며 섬세한 금장식들은 뇌리속에서 잊혀진 과거의 영화를 되살려 주었다. 금으로 세공한 접시와 호리병, 나팔 및 술잔 등 과거 화려했던 왕궁 생활을 보는 듯 하였다. 금세공뿐 아니라 은세공 또한 쌍벽을 이루었다.

11-13세기 아라파드 왕 시절의 유물은 따로 모아 전시해 두었는데, 시대의 변화에 따라 유물의 성격 변화도 비교해 볼 수 있어서 헝가리의 변천을 유물로 설명하기에도 적절해 보였다. 마구, 투구, 검 및 말 타는 무사를 형상화한 동상, 황금 마스크, 금은으로 세공된 허리띠 및 장신구, 대리석 등 다양한 유물이 전시되어 있다.

대다수 사람들은 별로 생각해 보지 못하겠지만 한국은 헝가리와 일찍부터 교류하였다. 조선과 오스트리아-헝가리 제국이 1892년에 우호통상항해조약에 서명함으로써 공식적으로 외교관계를 수립하였다. 안타깝게도 한국은 대한제국과 일본 식민지를 경험한 후에 해방되었고, 헝가리는 제1차 세계대전 후 제국이 붕괴되었고 제2차 대전에서 패배한 후 소련군에 의해 해방되었다. 1948년에는 북한과 국교를 체결하였고, 1989년 동유럽 국가 중에는 제일 처음 한국과 국교를 체결하였다.

헝가리는 다른 동유럽 국가와 달리 재야민주세력과 공산당 개혁파 사이에 협상으로 평화적인 체제전환이 이루어졌기 때문에 격렬한 시위가 없었던 특징이 있다. 원탁회의 결정에 따라 1990년 선거를 통해 헝가리 정치 체제의 전환을 완성시킨 좋은 선례를 가지고 있다.

헝가리 영토와 인구는 한국보다 작지만 2023년 10월 기준으로 생리의학상, 물리학상 등 노벨상 수상자가 15명이나 되는 기초 과학 강국이기도 하다. 중부유럽에서 7개국과 국경을 마주하고 있는 헝가리 공화국은 오스트리아, 슬로베니아, 우크라이나, 루마니아, 세르비아, 불가리아, 크로아티아를 접하고 있어서 융합과 분화가 쉬운 곳이다. 제2차 세계대전 이후 소련 공산주의의 영향으로 독재정권이 유지되다가 1989년 민주공화국으로 체제가 전환 되었으며 2004년 유럽연합 가입으로 새로운 역사를 만들어 나가고 있다. 작지만 강한 것은 스스로의 역량을 어떻게 활용하느냐에 따라 새로운 결과를 만들어 나갈 수 있다는 점에서 교훈이 되는 것 같다.

• 뱅크시 작품과 예술의 사회적 의미

풍자적인 거리예술로 스텐실 기술을 사용하여 정치와 사회풍자의 의미를 담은 그라피티(Graffiti)가 거리의 건물 벽이나 다리 등에 그려지면서 갑자기 전 세계적으로 유명해진 그림이 있다. 물질중심의 자본주의와 인권문제에 깊은 관심을 갖고 비판적 목소리를 내던 예술가는 1990년대 이후로 전세계를 무대로 활동하는 뱅크시라고 하는데, 정확하게 그가 누구인지는 명확하지 않아서 '얼굴없는 화가'로 불리운다.

그는 굳이 자신이 누구인지 드러내지 않고 지속적으로 다양한 현장에서 그림을 그리고 있다. 그의 그림은 특정 캔버스에서 그려지는 일반적인 형태도 벗어나 있고, 특정 공간에 예술품을 만들어 두는 설치미술 형태와도 다르다. 뱅크시는 도시의 건물 벽이나 철거 직전으로 방치된 폐허 더미 등에도 그림을 그리는데 어떻게 저런 생각을 했을까 할 만한 기발한 아이디어가 사회적 이슈를 만들어 내고 있다. 그는 미술작품이 특권층만을 위한 시대를 넘어 대중이 살아 숨쉬는 공간에서 함께 향유하는 공유물로서

뱅크시 미술관 안내문

의 미술로 만들고 있다.

　그래피티는 지배권력에 저항하는 청년 하위 문화로 인식되고 발전하였다. 기존 예술의 관념을 부정하고 직접적으로 대중을 만나는 거리미술과 맞닿아 있다. 뱅크시는 이러한 거리예술에 자본주의 발전의 폐해와 세계화에 따른 불평등, 소외, 국제분쟁, 환경문제 등 거시적인 이슈를 포함해서 사회적으로 심도있게 고민해야 할 문제를 예술의 옷을 덧입혀 드러내고 있어서 대중의 심금을 울리고 있다.

　뱅크시는 2003년 리본을 단 헬리콥터가 그려진 피켓을 런던에서 개최된 반전시위대에게 나누어 주기도 하였다. 탱크를 막아선 중국의 천안문 시위 장면에 골프세일 안내문을 끼워 넣어 예술의 권위뿐 아니라 자본주의와 상업화도 풍자하였다. 권력의 상징인 경찰이나 군인을 희화하기도 하고 원숭이 얼굴의 왕관 쓴 여왕 모습으로 권위를 조롱하기도 하였다.

부다페스트 중심가를 걷는데 뱅크시 미술관에 대한 안내문이 있었다. 어? 어떻게 이곳에 뱅크시 미술관이 있을 수 있지? 무슨 연고가 있을까? 내가 알고 있는 뱅크시 그림은 오픈 공간에 그려진 것이라 생각해서 뱅크시가 이곳에 와서 특정 골목에 그림을 잔뜩 그려둔 것인가 생각했다. 그런데 가까이 다가갈수록 골목이나 건물에 그려진 그림이 아니라 건물안의 미술관으로 만든 곳이었다. 나는 뱅크시 작품에 관심이 많아서 일단 미술관으로 들어갔다.

뱅크시 미술관은 그의 다양한 작품을 그대로 옮겨온 듯하게 벽에 그려둔 것, 영국 전화부스를 활용한 작품 등 다양한 작품을 전시하였다. 뱅크시가 작품을 통해 사회를 비판하려는 의도를 다양한 각도에서 재현하려고 하였다.

뱅크시 작품

나는 왜 이곳에 뱅크시 미술관이 있을까 하는 의문이 있었는데 설명을 듣고 나니 이해가 되었다. 뱅크시는 그의 작품에 저작권을 요구하지 않으므로 작품이 갖는 사회적 의미를 더욱 확산시키기 위해 이곳에 뱅크시 미술관을 만들었다는 것이다. 그리고 나서 인터넷을 찾아 보니 뱅크시 미술관이 뉴욕, 바르셀로나, 파리, 크라코 등지에도 있었다. 그래서 정말 저작권을 요구하지 않은 것인가 생각해서 뱅크시 홈페이지라는 곳(https://www.banksy.co.uk)을 보니 저작권에 대해 "누구든지 개인적인 즐거움을 위해 제 작품을 가져가거나 수정할 수 있지만 영리를 목적으로 하거나 제가 승인하지 않았는데도 승인한 것처럼 보이게 하는 행위는 하지 말라"고 권하였다.

미술관은 영리를 목적으로 하는 것이 아니라 대중과의 소통을 위한 교육의 장소라고 생각해서 가능한 것인가? 외부에 드러나지 않은 그들만의 메카니즘을 내가 정확하게 알기는 어렵지만 여하튼 뱅크시가 전세계에 던진 메시지를 사회적으로 확산시키는데 각지의 뱅크시 미술관이 크게 역할 할 수는 있을 것 같다.

비록 거리에 그려진 뱅크시의 그래피티 만큼의 전율과 현장감은 없었지만 그래도 그의 작품을 한 곳에 모아 두어서 전체적으로 그의 번뜩이는 위트를 본 것은 큰 수확이다. 2018년 소더비 경매에서 뱅크시 작품「풍선 든 여자아이」가 15억에 낙찰되었는데, 그 순간 액자 속에 숨겨진 파쇄기가 작품 일부를 훼손하였다. 뱅크시는 유투브 동영상에서 의도를 갖고 파쇄한 것임을 알렸고, 액자에서 빠져나와 반은 파쇄된 형태의 그림은 그 상태로 판매됨으로써 미술계에 신선한 충격을 주었다. 상업주의에 대한 저항의지를 보여준 것으로 평가되기 때문이다.

생각지도 못했는데 부다페스트에서 뱅크시 미술관을 만나면서 예술이
던져준 사회적 의미가 무엇일까 다시 한번 생각해 보게 되었다.

2

바이킹과 슬라브의 활약상과 민족의식

뭉크의 마돈나

• 아이슬랜드가 던져 준 무지함의 깨달음

여행은 왜 할까? 국내 여행 뿐 아니라 굳이 시간과 돈을 들여 해외 여행을 하는 이유는 무엇일까? 여행이 자신의 삶에 어떤 효용성을 더해 줄 수 있을까? 이런 것들을 질문하게 된다면 각자 나름대로 다양한 이유를 들어 설명하려고 노력할지 모르겠다. 혹자는 여행의 가치를 크게 두지 않아서 조용히 자신의 방에서 편한 시간 갖는 것을 더 좋아할지도 모른다.

여행은 삶의 다양성과 세계의 다채로움을 배울 수 있는 기회도 되지만 인간 삶으로서의 보편성을 깨닫게 되는 계기도 된다. 또한 자신이 알고 있는 것이 얼마나 왜소한지에 대한 한계와 무지함을 깨닫기도 한다. 이는 특히 아이슬랜드가 나에게 준 깨달음이기도 하다. 아이슬랜드는 동토의 땅이라 불리는 북극과 가까운 땅이기도 하지만 국가명 자체가 Ice+land로 직역하면 얼음 땅이기도 하다. 아이슬랜드를 보려면 그래도 봄이 오기 전에 그 땅에 가서 북유럽의 겨울을 제대로 느껴보는 것이 의미있을 것 같아서 바쁜데도 서둘러서 일정을 잡았다. 온통 세상이 하얗게 보이는 눈 덮힌 풍경을 사랑하기 때문에 그런 풍경을 볼 수 있는 최고의 장소로 아이슬랜드를 선택한 것이다.

그런데 생각보다 춥지 않아서 당황스러웠지만, 수도인 레이야비크(Reykjavik)에서 바다를 끼고 병풍처럼 펼쳐져 있는 설산은 푸른 바다와 흰 눈, 그리고 검은색 화산재의 대조로 더욱 눈 부시고 시원하였다. 춥지 않아서 활동하기는 좋았지만 뭔가 기대했던 제대로 된 겨울이 아니어서 무척 아쉽기도 하였다. 막연하게 얼음으로 뒤덮힌 동토의 땅이니까 매서운 추위가 있지 않을까라고 생각한 무지함이 문제였던 것이다. 사전에 해당 국가에 대해 철저하게 공부하지 않고 바쁘다는 핑계로 막연한 생각만 가지고 접근하였는데, 박물관을 돌면서 그 이유를 알게 되었다.

멕시코만의 난류가 카리브해에서 따뜻한 공기를 가지고 오기 때문에 아이슬란드라는 이름값에 어울리는 날씨가 계속되는 것은 아니었다. 멕시코만의 난류로 겨울에도 얼어 붙은 항구가 없고 추우면 영하 10도 정도라고 하니 한국의 추운 겨울보다 훨씬 따뜻한 상황이다. 그러나 대서양의 난류와 북극의 한류가 부딪혀 기상 변화가 잦아 가끔은 찬 바람이 매섭게 느껴지기도 한다. 현재도 활화산이 폭발하기도 하여서 여유로운 환경은 물론 아니다.

일반적으로 북쪽의 겨울은 낮이 짧기 때문에 활동에 상당히 지장을 받을 것으로 생각했으나 오히려 영국보다 더 늦은 시간까지 낮이 길게 느껴지기도 하였다. 영국에서 비행기로 3시간 이상 서북쪽으로 올라간 것인데 어떻게 영국의 겨울이 더 짧게 느껴지는지 신기하다는 생각이 들 정도였다.

아이슬랜드는 바이킹이 활약했던 곳으로 역사적으로 덴마크, 노르웨이가 정복하였고, 제2차 세계대전시에는 영국과 미국이 점령하기도 한 곳이지만, 자체적으로 아이슬랜드 언어와 문자가 있다. 아이스랜드에서만 통용되는 자신들만의 화폐도 따로 있다. 이곳에서 유로화나 영국의 파운드화를 사용할 수는 없지만 카드 수수료를 내지 않고 영국에서 사용하는 신용카드로 계산하는 것이 가능하다는 점에서 그나마 일부분의 편리함이 있다.

아이슬랜드가 타 국가에 정복되었던 역사적 경험도 있는데 적은 인구수에도 불구하고 자체적인 언어를 사용한다는 것이 흥미롭게 여겨졌다. 다른 스칸디나비아어와 유사한 어휘가 있기는 하지만 그렇다고 의사소통이 가능한 상황은 아닐 정도로 독특성을 가진 언어이다. 물론 고대 노르디어를 기반으로 하지만 섬이라고 하는 지리적 고립성으로 다른 국가와의 교류와 소통에 제한이 있다보니 자신만의 특색을 갖는 형태로 발전했던 것이다. 930년 아이슬란드 자유국이 형성되면서 의회가 생겨서 세계에서 가장 오래된 의회 민주주의 중의 하나로 여겨지는 제도가 있기도 하다.

아무것도 모르면서 아이슬랜드에서 만끽할 하얀 겨울과 얼어 붙은 땅의 추위를 기대한 나의 만용은 이곳에 도착한 순간부터 모든 것을 새롭게 재인식해야 했다. 이런 상황에서 제일 좋은 것은 처음부터 하나씩 배워 나가는 겸손한 태도로의 전환이다. 이런 점에서 여행의 가치가 부각되는 것일지도 모르겠다. 직접 가보지 않았다면 내가 무엇을 어떻게 생각하든 아무런 상관이 없었을 것이고, 설사 아이슬랜드의 구체적인 것에 대해 잘 몰랐다고 해도 별지장이 없었을 것이다.

그런데 막연한 생각과 현장에서 깨달은 바와의 괴리로 인해 내 자신의

레이야비크 전경

무지함을 인식한 것. 이를 통해 내가 아는 지식의 한계를 자각하고 정확한 근거없이 막연하게 갖는 편견이 얼마나 많을까 하는 생각이 들었던 것. 결국 인간은 겸손한 태도로 끊임없이 공부하고 배워야 한다는 것이 아이슬랜드 여행이 나에게 준 깨달음이다.

• 아이슬랜드 정착과 독립의 역사

유네스코에서 문학의 도시로 지정된 아이슬랜드의 수도 레이카비크는 작지만 젊은 예술적 분위기가 가득한 곳이어서 거친 자연과 아름다운 예술이 공존하는 곳이라고 할 수 있다.

아이슬랜드에 사람들이 최초로 살기 시작한 것은 기원전 1100년 전으로 노르웨이에서 기원한 철기 시대 도구가 이를 설명하기도 한다. 그러나 9세기경에 가서야 노르웨이와 영국 섬 등지에서 사람들이 이주하여 집단적으로 정착하였다. 발굴된 유물은 9세기경 바이킹이 무역적 이익을 얻기 위해 여러 곳을 다니면서 점차적으로 정착했음을 증명하고 있다. 1130년 아리 포길슨(Ari Porgilsson the Learned)이 쓴 『아이슬랜드인의 책(The book of Icelander)』에 의하면 870년 경 노르웨이인들이 레이카비크에 정착했다고 기록하고 있다. 2001년에 레이카비크 시 중심지에 9세기 경 바이킹의 초기 정착과 관련된 유적지가 발굴되면서 역사적 실체에 조금씩 다가서고 있는 중이다. 시 중심에 있는 레이캬비크 시립박물관「정착 전시(The Settlement Exhibition)」는 최초의 주택 유적에 대한 고고학적 발굴과 도심의 다른 발굴 결과를 기반으로 조성한 박물관으로 도시 형성을 이해하는데 도움이 된다.

바이킹 시대(793-1066)는 스칸디나비아의 노르드인들이 이익이 있는 곳이면 어디든 탐험하여 그들 세력이 유럽지역에 광범하게 영향력을 미쳤던 시기이다. 아이슬랜드 뿐 아니라 러시아, 영국, 이탈리아 등에도 정착하였다. 바이킹들은 주로 "폭력적이고 피에 굶주린 존재"들로 표현되는데 그 자체가 그들의 강인함을 보여 주는 면모일 것이다. 이러한 바이킹 시대는 스칸디나비아 국가에서 왕의 권위 성립과 기독교가 지배적 종교로 정착하면서 종결되었다.

아이슬랜드는 930년 의회에 해당하는 알팅그가 있었지만 여자들에게는 투표권을 주지 않았다. 1220년대는 내전의 갈등이 있었고, 노르웨이가 이곳을 1397년까지 통제하였다. 그 후 덴마크의 통제에 놓였을 때 전체적으로 루터교를 받아 들였는데, 이때 아이슬랜드의 수도가 덴마크의 코펜하겐이었다. 그러나 1874년 헌법이 제정되고 중앙집권화가 가속되면서, 1918년에는 레이카비크가 자치구로 지정되었으며 1944년에는 덴마크와의 관계를 끊고 독립국으로 현대 공화국을 건설하였다. 아이슬랜드는 1949년 NATO에 가입하였고, 1951년에는 미국과 방위 협정도 맺으면서 과거와는 다른 역사를 창출하고 있는 중이다. 1972년 세계 체스 챔피언십, 1986년에는 미국과 소련 정상회의를 개최하면서 국제적으로 존재감을 드러내기도 하였다.

1703년 국가 전체를 이름으로 계수하는 세계 최초의 현존하는 아이슬랜드 인구조사에서 당시 인구는 50,358명으로 집계되었다. 그러나 1707-1709년 발생한 천연두 전염병으로 인구의 1/4이 사망하였고, 1751-1758년 가혹한 자연조건으로 기근이 발생하여 인구가 6000여명 감소하였다.

또한 1783-1785년 치명적인 화산폭발로 기근을 겪어 인구의 약 1/5이 사망하였다. 18세기 유럽에서는 산업혁명이 시작되면서 인구가 증가하였는데 아이슬랜드에서는 다양한 요인으로 인구가 줄었다. 그러나 제2차 세계대전으로 영국과 미국이 이곳에 군사 캠프를 두면서 일자리가 많이 창출되자 경제적으로 활기를 띠게 되고 도시 인구도 많이 늘었다.

비록 많지 않은 인구에다 오랫동안 노르웨이와 덴마크의 통제에 있었던 아이슬랜드가 독립할 수 있었던 이유는 그들의 독립을 향한 의지가 역할 했다고 볼 수 있다. 욘 시구르드손(Jon Sigurdsson, 1811-1879)은 1848년 아이슬랜드의 자치를 요구하였다. 1662년 덴마크 절대왕정시 아이슬랜드가 덴마크 왕에 의해 통치되었지만 1848년 왕정이 무너졌기 때문에 아이슬랜드는 자동으로 원래의 상태로 회복되어야 한다고 주장하였다. 아이슬랜드는 덴마크에 의해 통치되는 것을 인정한 적이 없고 오로지 왕에 의한 통치만 인정하였기 때문에 새롭게 협상을 해야 한다고 주장하였다. 협상을 통해 1861년 아이슬란드와 덴마크의 분리가 요청되었고 덴마크가 그동안 아이슬란드에서 많은 무역적 상업적 이익을 취했기 때문에 아이슬랜드에 상당히 빚졌다고 주장하였다. 이를 계기로 결국 독립까지 이르게 된 아이슬랜드는 그의 생일인 6월 17일을 아이슬랜드 국경일로 지정하여 독립을 위한 그의 노력을 기념하고 있다.

아이슬랜드의 초기 정착과 독립하여 새로운 역사를 서술하고 있는 국가의 다양한 면모는 역사박물관에 잘 전시되어 있다. 고고학적 유물에서 생활사, 종교사, 정치사, 경제사까지 포괄하는 역사박물관과 그들의 초기 거주 주택을 모아 야외 박물관으로 만들어 둔 곳을 돌아보면 모진 자연과 맞서면서 새로운 역사를 일구어낸 강인함을 엿볼 수 있다. 외부 세력에 의해 끊임없이 점령당하고 통치되었음에도 불구하고 나름 자신의 정체성을 찾고 독립의 논리를 구성하여 결국 독립국을 형성하고 청정 관광국으로 만들어 나가는 과정이 아이슬랜드의 매력인 것 같다. 푸른 바다와 검은 화산재가 적당히 덮힌 눈부신 설산의 조화만큼이나 신비롭게 느껴진다.

• 지열 온천 수영장과 할그림스키르캬 교회의 아베 마리아

아이슬랜드는 지금도 간간히 활화산이 폭발하여 가슴을 쓸어 내리게 하는 곳이다. 내가 아이슬랜드에 다녀오기 전에도 화산 폭발이 있어서 과연 가야할 것인가를 고민하였는데 다녀온 후에도 화산 폭발로 일부 지역이 통제되었다는 뉴스를 접하여서 가슴이 콩닥거리기도 하였다. 그야말로 활화산 속으로 들어가는 느낌의 북극 국가는 천연 냉온탕을 오가기에 가장 적합한 곳인지도 모른다.

힐그림스키르캬 교회

자연 그 자체에서 활화산의 뜨거움과 얼음으로 뒤덮힌 차가움이 대조되고, 거친 자연과 그 자연을 예술로 승화한 따스한 온기도 교차한다. 활화산이 들끓고 있어서 지열 온천수 수영장이 많이 있는데 이런 수영장에서 하루의 일과를 마무리 하는 것이 가족 행사이자 친구들의 친목모임인 문화가 형성되어 있는 곳이다.

관광지로 형성된 비싼 특정 온천을 가는 것 보다는 아이슬랜드인이 삶 속에서 즐기는 저렴한 지열 온천 수영장을 가 보는 것이 그들의 삶을 구체적으로 들여다 보는데 도움이 될 것이라 생각하고 수영장을 찾았다. 온천수 야외 수영장은 내가 좋아하는 최상의 조합이기도 하다. 생각보다 춥지는 않았다고 하더라도 뭔가 매서움이 있는 바람을 헤치고 돌아다니다 보면 따뜻한 온천수에서 목욕하면 행복할 것 같다는 생각을 하게 한다. 더군다나 시설 좋은 넓은 야외 온천 수영장에서 수영까지 할 수 있다면 금상첨화이다.

도시내에 공공 수영장이 여러 개 있는데 온천물의 실내외 수영장이 있는 곳 중 넓고 시설이 좋은 곳을 골라서 가 보았다. 온천수여서 추운 겨울 실외에서 수영해도 추위를 느끼지 않을 정도로 관리되고 있고, 실외 수영장 옆에는 별도의 온천탕도 있다. 수영장에서 한참 수영하다가 잠시 쉬고 싶으면 온천탕에 앉아서 사람들과 대화도 하고 수영장 풍경도 감상할 수 있다. 부모들은 온천탕에 앉아서 어린이용 야외 수영장에서 뛰어 노는 아이들을 관찰하기에도 편리하였다. 퇴근 후 가족들이 모두 수영과 목욕을 한 후 저녁을 먹는다면 하루의 피로가 저절로 씻겨나갈 것이며 저녁 식사도 더욱 즐거울 것이다. 이런 즐거움이 있기에 거친 자연환경에서도 삶의 희망을 이어나갈 수 있을 것이다.

아이슬랜드를 여행하는 대부분의 사람들은 아름다운 자연 탐색에 매료되어 거액을 투자하는 여행객이다. 그런데 나는 천연의 자연 환경에서 어떻게 인문사회적 싹을 틔우고 예술로 승화시켰는가를 찾다보니 주로 도시를 걸어 다니면서 박물관과 미술관을 다녔다. 자연의 아름다움이 생명인 고물가의 아이슬랜드에서 가장 하지 않을만한 이상한 학술여행을 하는 것이라는 점에서 염려가 있기도 하였었지만 서양인의 탐사를 연구하고 있는 입장에서는 어쩔 수 없다는 생각으로 스스로를 위로하였다. 왜 이렇게 땅 끝까지 와서 헤매고 다닐까 하는 지친 마음도 있었는데, 이를 한꺼번에 치료해 준 것이 할그림스키르캬(Hallgrimskirkja) 교회였다.

할그림스키르캬 교회 앞에는 미국이 선물한 레이프 에이릭손(Leifur Ei-riksson)의 동상이 있다. 레이프는 1000년 경 북아메리카를 최초로 발견한 유럽인으로 기록되는 인물이다. 미국은 세계에서 가장 오래된 의회 기관인 아이슬랜드 알팅그의 1000주년을 기념하여 레이프의 동상을 선물한 것이다. 알팅그는 930년경 결성된 후 1262년 노르웨이에 합병당한 뒤에도 1799년까지 존속되었던 의회기관으로 비록 45년간 공백기를 거치기는 하였지만 1844년에 알팅그가 재개되어 오늘에 이르는 역사를 쓰고 있다. 이런 역사적인 상징물 뒤에는 아이슬랜드의 또 다른 상징물인 할그림스키르캬 교회가 있다. 아이슬랜드 빙하의 모습도 담고 있으면서 오르간 파이프 같은 형태의 모습으로 74.5미터 높이로 건축된 거대한 교회는 1937년에 설계되고 1945년에 착공한 뒤 1986년에 완공하여 41년간의 건축과정을 거친 매우 상징적인 곳이다.

아이슬랜드를 떠나기 직전 마지막으로 이 교회를 방문하였는데, 교회에 들어서자 은은한 오르간 소리가 울펴 퍼져서 그곳에 앉아 있는 것만으로도 마음의 위안이 되었다. 아이슬란드를 떠나려는 방랑객에게는 더없이 큰 선물이었다. 다양한 연주 끝에 울려오는 슈베르트의 아베마리아는 그동안의 어려움을 극복해 내고 찌든 피로에서 벗어나게 하는 마음의 위로였다. 과하게 장식하지 않은 현대적인 교회에서 울려 퍼지는 오르간 소리에 바쁘게 움직이던 모든 사람이 조용히 앉아 경청한다. 음악의 힘이다. 음악이 인종의 다름과 배움의 높낮이를 떠나 모두의 마음과 마음을 소리 없이 엮어내어 치유로 승화시켰다.

역사이래 끊임없는 외지인의 점령으로 슬픈 역사를 지니고 있는 듯한 아이슬랜드이지만 그 어떠한 국가보다도 자신의 정체성을 찾아가는 강인한 면모가 엿보였다. 거칠지만 아름다운 날 것 그대로의 자연과 더불어 호흡하면서 독특한 문명을 탄생시키는 묘한 매력이 있는 아이슬랜드에서 나는 자신의 무지함과 왜소함을 깨달았다. 또한 가끔은 눈부시게 아름다운 자연도 만끽하면서 연구할 수 있는 것에 감사하였다.

• 국민 예술가 뭉크와 오슬로의 예술

아이슬랜드에서 노르웨이 오슬로에 가는 비행기를 타는데 특별한 출국심사도 없이 탑승하였다. 오슬로에 도착했는데 특별한 입국심사도 없이 바로 입국장을 벗어났다. 사전에 다 체크가 되는 것인가 아니면 불필요한 행정 절차의 최소화인가라고 생각했는데, 유럽내에서는 특정 국가를 제외하고 출국심사도 입국심사도 없는 경우가 있어서 편리하였다. 물론 사전에 인터넷으로 여권 정보를 입력하도록 되어 있다.

공항을 나오니 바로 시내로 연결하는 고속 열차가 출국장에서 50여 미터 거리에 있는데 별도로 표를 살 필요도 없이 영국에서 사용하는 신용카드를 기계에 인식시키면 바로 기차를 탈 수 있었다. 고속열차는 조용하게 달려서 20여분 지나니 도심에 도착하였다. 밤새도록 이런 고속열차가 계속 다니기 때문에 공항 오가는 것에 대해 시간적 부담감을 가질 필요 없이 안전하게 다닐 수 있어서 편리하였다. 오슬로에서 오가는 비행기가 워낙 많아서 5분 단위로 출발하다보니 이런 시설도 편리하게 갖출 수 있는 것 같다.

오슬로에서 인상 깊었던 것은 세계에서 가장 큰 개인 미술관 중 하나로 노르웨이 국민작가라고 할 수 있는 뭉크(Edvard Munch, 1863-1944) 미술관이다. 뭉크는 1,000 크로네 지폐에도 그의 초상을 찾을 수 있을 정도로 대표적인 예술가이다. 고층빌딩으로 지어진 미술관은 전망대 겸 레스토랑 등도 같이 갖추고 있어서 하루종일 예술의 날로 보내기에 좋은 곳이다.

나에게 뭉크는 삶과 죽음, 인간의 원초적인 감정인 질투와 분노 등을 그린 작가로 인식되어 있는 조금은 어두운 이미지의 작가였다. 또한 본인이 아프기도 해서 특정 정도의 대표작만 있을 것으로 생각하였다. 그런데 뭉크 작품이 이렇게 많은지 이곳에 와 본 후에 비로소 깨달았다. 뭉크의 다양한 작품을 전시하면서 죽음이나 삶 등은 특별 주제로 만들어 전시 공간 안에 또 다른 전시 공간으로 이어지도록 하여 뭉크를 다양한 측면으로 이해하는데 도움이 되었다. 특정 인물을 이해하려면 반드시 전체적인 면모에 대한 이해가 필요하다는 것을 다시 한번 체감하였다.

거대한 그의 작품을 전시하기 위

뭉크의 판화

뭉크의 작품

해서 미술관 규모도 맞추었고 일반적인 회화작품 이외에 판화로 만든 작품도 여러 개여서 뭉크를 다양한 측면에서 이해할 수 있다. 넓은 2개 층의 미술관에서 뭉크 작품을 전시하고 또 다른 1개 층에서는 뭉크의 판화 작품 전시와 교육용 장소가 있다. 뭉크의 판화 작품에 나오는 실루엣을 책상 위에 새겨두어서 관람자들이 여러 가지 색으로 책상에 대고 긁으면 뭉크의 판화 작품에 활용된 인물이나 풍경을 자신만의 색으로 찍어 갈 수 있다. 나도 여러 장 만들어 기념품으로 삼았다.

또 다른 한 층은 첨단 예술을 하는 작가들의 영상 및 설치작품을 전시하였다. 뭉크시대의 예술에 머물지 않고 현대 첨단 영상 예술과도 교감을 갖게 설계되어 있는데 아주 편한 자세로 감상할 수 있어서 잠시 쉬면서 휴식할 수 있는 곳이기도 하였다.

오슬로는 뭉크 작품 이외에도 다양한 미술관이 있다. 해안가에 바다와 미술관의 조화를 이룬 아스트럽 미술관(Astrup Fearnley museum)은 현대 미술관으로 다양한 작가들의 작품을 전시하였다. 세계적으로 유명한 조각가의 작품으로 구성된 에케베르그(Ekeberg) 야외 미술관은 세계 5대 조각미술관으로 지칭된다고 자랑하는 곳이다. 이 조각 공원은 역사 유적 발굴지이기도 한 구릉 지대를 그대로 활용하여 시민들이 산책하고 운동하는 야산 곳곳에 예술작품을 배치하여 살아 숨쉬는 듯한 야외 미술관이다.

로댕(François-Auguste-René Rodin, 1840-1917)뿐 아니라 루이스 부르주아(Louise Bourgeois, 1911-2010), 제임스 터렐(James Turrell, 1943-), 댄 그래햄(Dan Graham, 1942-2022), 사라 루카스(Sarah Lucas, 1962-), 데미언 허스트(Damien Hirst, 1965-), 로니 호름(Roni Horm, 1955-) 등 세계적으로 유수한 작가들의 작품이 즐비하다. 일반 야산에 유명한 작가들의 작품이 전시된 조각공원이어서 좀 더 새롭게 보였다. 일반적인 조각공원은 인공적으로 잘 가꾸어진 정원형태가 많은데, 이 공원은 야산 그 자체를 활용해서 인공적인 것보다는 자연적인 환경에 인공적인 예술품이 어떻게 조화를 이루는가에 집중한 것 같다.

이 외에도 특징 있는 주제를 가지고 전시한 미술관도 있는데, 하이네 온스타트 쿤스트센타(Heine Onstad Kunstsenter)에서는 일반적으로 그림에서 많이 활용하지 않는 검은색(블랙)이 미술작품에서 어떻게 표현되었는지 보여 주었다. 피카소뿐 아니라 다양한 작가들의 검은색을 활용한 작품을 보니, 특정 색깔이나 주제에 대해 편견을 갖고 배척하기보다 그 안에서 새로운 가치를 드러내는 것이 얼마나 의미 있는 것인지 확인할 수 있었다.

• 비겔란의 예술혼과 프롱네르 공원

노르웨이에서 가장 유명한 조각가를 꼽으라면 단연 구스타프 비겔란(Gustav Vigerand, 1869-1943)일 것이다. 그는 어려서부터 목공을 하였고 젊은 시절에 유럽의 각지를 돌아다니면서 유명한 작품들을 많이 보았다. 로댕의 작품에 골몰하기도 하였고, 이탈리아에서는 르네상스 시기의 작품들

프롱네르 공원의 비겔란 작품

에서 영감을 받기도 하였다. 기독교의 영향으로 인간의 죄로 표현되는 용과 이에 맞서 용감하게 싸우는 인간의 모습이 자주 형상화 되어 있는 것을 그의 작품에서 확인할 수 있다.

1921년 오슬로 시는 비겔란 한 개인과 유례없는 계약을 하였다. 오슬로 시는 그가 원래 살았던 곳을 재개발하여 도서관을 짓고 대신에 다른 지역에 그의 거주지와 작업실을 주는 것이었다. 평소에 비겔란이 생계 걱정 할 것 없이 예술에 전념할 수 있는 조건을 마련해 주고 그의 사후 모든 것은 오슬로 시의 소유로 영구보관 되는 것이 계약 내용이다. 예술가의 가치를 파악한 오슬로 시와 그에 대해 예술혼으로 대답한 비겔란과의 합작품이 오슬로 여행을 하게 만드는 요소가 되고 있다.

비겔란은 노벨평화상 메달을 디자인한 사람일 뿐 아니라 노르웨이에서 가장 작품활동도 활발하게 하여 프롱네르 공원(Frogner Park)의 설치 예술을 기획한 조각가이기도 하다. 그의 작업실은 현재 개인 미술관으로 대중에게 공개되어 있다. 그가 어렸을 때 제작한 목각품뿐 아니라 드로잉이나 화강암, 청동 조각, 에칭 등 다양한 작품이 소장되어 있다. 특히 그가 만든 작품의 석고상으로 가득 채워져 있다. 청동으로 최종적인 조각품을 만들기 전에 그의 아이디어를 석고상에 충분히 반영하여 그것으로 최종 작품을 만들어 낸 것이다. 어떻게 저런 생각을 할 수 있었을까 의문을 가지면서 그 작품을 꼼꼼하게 감상하였다. 인간과 자연, 그리고 구조물들이 어우러져 있다. 어린이와 어른들이 조화를 이루는 인간 사회의 다양한 면모를 설명한 것인데, 주로 인간과의 관계에 집중하면서 밝고 건강한 면모를 드러낸 작품이 많이 있다. 그의 다양한 아이디어가 섬세하게 구현된 작품을 다각도로 관찰하면서 감상하는 것 그 자체가 즐거운 일이었다.

그의 아이디어가 실제로 구현된 공원이 바로 미술관 옆에 있으므로 공원을 가 보지 않을 수 없다. 이 공원에 비겔란의 작품을 설치한 것이 아니라 그의 작품에 맞게 공원을 기획했다는 점에서 일반적인 조각품이나 설치예술과는 차원이 다르다. 거대한 공원에 일정 정도의 거리를 두면서 한 단계 한단계 그의 아이디어가 실천되어 있었다.

먼저, 다리 위에 설치된 212개의 청동 조각상을 지나면 멀리서 생명나무로 둘러싸인 분수가 보인다. 동화 속에서 나올만한 정령들이 나무 사이를 다니면서 다양한 모습으로 뛰어 놀고 있어서 역동하는 생명력을 느낄 수 있다. 또한 신화세계를 묘사한 다양한 작품의 부조물이 외관을 둘러싸고 있어서 장엄함도 같이 표현되어 있다.

이집트 작품에서 아이디어를 얻은 거대한 상징물(The Monolith)인 원통 기둥에는 121명의 인간 군상들이 하늘로 치열하게 분투하면서 올라가는 모습을 형상화해서 인간 삶의 처절함을 보여주는 듯 하다. 작품을 어떻게 감상하느냐에 따라 삼라만상과 인간 탄생에서 고군분투하는 삶과 죽음까지 모든 것을 형상화했다고도 할 수 있을 것 같다.

넓은 공간에 단계적으로 묘사된 그의 작품은 바로 전에 그의 미술관에서 보았던 석고 작품이 청동과 화강암으로 완성된 것이어서 같은 작품을 2번 보는 느낌이다. 하지만 작품의 재질이 다른 것 그리고 미술관이라는 내부 공간이 아니라 신선한 공기를 들이 마실 수 있는 드넓은 외부 공원에서 작품을 감상할 수 있는 것은 색다른 감동이다.

그의 작품 중 일부는 나치를 형상화했다고 비판을 받기도 한다. 덴마크-노르웨이 화가이자 미술평론가인 폴라 고갱(Pola Gauguin, 1883-1961)은 비겔란 작품을 두고 "나치 정신의 냄새가 풍긴다"고 질타하였다. 비겔란 설치 작품에서 보이는 고통과 충격, 휴거와 고문, 출생과 죽음 등 모든 것에 다양한 귀신이 쐰 개인이 묘사된 것으로 평가되기도 한다. 그의 작품을 어떻게 볼 것인가는 감상자의 몫일 것 같다.

예술가의 가치가 어떻게 역사에 남을지를 파악한 오슬로 시와 평생 혼신의 힘을 쏟아서 자신만의 세계를 구축하면서 노르웨이를 대표하는 작가의 혼을 보여준 비겔란의 합작품. 독특한 계약을 통해 새로운 역사를 썼던 그들의 역사 속에서 인간의 삶은 순간이지만 예술은 영원하다는 말을 다시 되뇌이게 한다.

• 노르웨이 바이킹 활약상과 노벨평화박물관

8-11세기 경 유럽 어디든지 배를 타고 나가 휩쓸었던 역사로 인해 바이킹을 '신의 진노'라고 규정할 정도로 거의 자연재해와 동일급으로 치부

했던 시절이 있다. 얼마나 불가항력적으로 세력이 확대되었으면 신이 진노하여 발생한 자연재해처럼 대처불가하다고 느꼈을 정도일까? 바이킹의 활약상은 유럽 각지에서 위력을 과시하였다.

793년-1066년 기간에 동서유럽에서 활약했던 바이킹들은 덴마크, 노르웨이, 스웨덴 등 스칸디나비아 지역 출신들이다. 300여 년 간 북유럽뿐 아니라 지중해, 발트해 연안, 러시아, 우크라이나까지 휩쓸고 다녔던 바이킹의 주요 세력인 노르웨이인들은 아이슬란드, 그린란드를 개척하고 정착하면서 문화를 꽃피웠다. 영국의 요크, 아일랜드의 더블린, 우크라이나 키이우도 건설하였다.

바이킹은 뛰어난 항해술로 강과 바다를 종횡무진하면서 세력을 확대하였다. 이들이 북쪽에서 왔다는 의미에서 노르만족으로 불리기 시작했고

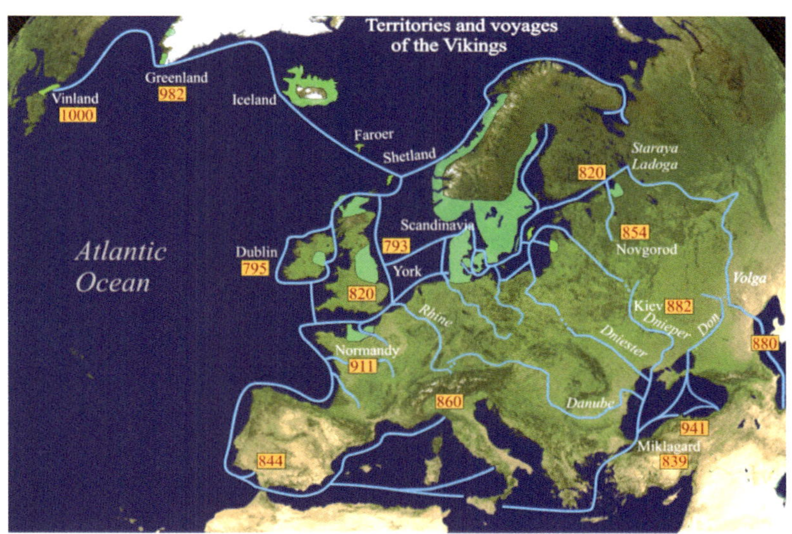

바이킹 활동 지역

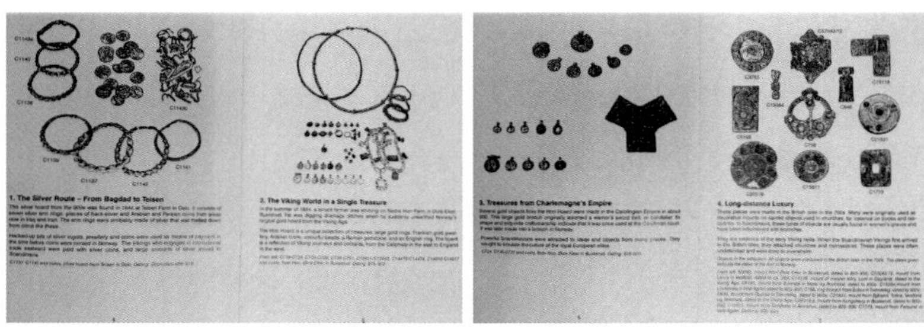

바이킹 시대 유물

프랑스 노르망디(Normandy) 명칭도 여기에서 유래했다. 해적출신 바이킹이 기마병의 노르만으로 거듭나면서 무공을 세우고 중세 전장에서 활약하였다.

역사적으로 엄청난 위력을 발휘한 바이킹의 역사 유물을 그동안 직접적으로 관찰하기 어려웠는데 다행히도 아주 좋은 기회를 만나게 되었다. 오슬로에 있는 역사박물관에서는 노르웨이 각지에서 발굴된 바이킹 유물을 20개의 유리 전시관에 담아 특별 전시하였다. 칼, 창, 투구, 갑옷, 마구 등 대다수가 전쟁에서 사용되는 도구들이다. 칼과 함께 여성전사의 유골이 발굴된 것과 대량의 동전 꾸러미, 십자가 모양의 장식물, 계란형 브로치, 화려하게 장식된 의전용 칼, 심지어 섬세한 금장식 유물도 있었다. 이러한 유물만으로 바이킹의 면모가 완벽하게 정리되지는 않지만 그동안 접하기 어려웠던 바이킹의 유물이이서 무척이나 반가웠다.

'신의 진노'라는 바이킹의 활약상과는 대조적으로 세계 평화를 상징하는 노벨평화박물관도 오슬로에 있다. 세계적으로 인정되는 학문적 업적은 개인뿐 아니라 국가적 위상을 높이는데도 의미가 있어서 매년 전 세계가 노벨상 최종 발표에 신경을 곤두 세운다. 문학상과 평화상도 마찬가지이다. 세계적인 업적을 한눈에 파악해 볼 수 있는 곳이 노벨평화박물관이다. 인류 역사에 위대한 족적을 남겼다고 평가되는 인물을 종합적으로 살펴보기에는 최적의 장소이지 않을까?

아담한 크기의 박물관 1층에는 노벨의 개인역사를 설명한 연대기가 전시되어 있다. 2층에는 노벨상 수상자들의 면모를 간단하게 볼 수 있는 수상자들의 사진과 어록이 정리되어 있었다. 뭔가 멋진 전시를 기대했지만 생각보다 단순하여서 조금 당황스러웠다. 한국인으로는 처음 노벨평화상을 수상한 김대중 대통령의 모습을 찾아 보았으나 사진 한 장 있었다. 개인에 대한 생평이나 그의 업적에 대해 자세한 설명도 없었지만 한 눈에 노벨 수상자 전체를 이해할 수 있는 전시 기법을 활용한 것이 특징이었다. 그나마 무력해 보이는 평화지만 결국 그 어떠한 칼보다 강하다는 것을 인식한 것으로 만족하였다.

노벨 평화 박물관

노벨평화박물관 바로 옆에 위치한 노르웨이 국립박물관은 적당한 조도를 활용하여 편안한 분위기에서 유물을 관람할 수 있도록 한 특징이 있었다. 전시장의 분위기를 많이 신경써서 그렇게 보이기도 하였겠지만 전시된 유물의 수준도 만족스러웠다. 국립박물관에서 걸어서 5분 정도의 거리에는 바다를 끼고 현대미술관이 들어서 있었다. 주변 환경을 살리는 자연미와 미술관의 인공미가 어우러져서 그 자체가 미술 작품으로 보이기도 하지만 새로운 아이디어를 현실작품으로 만든 현대 미술을 감상할 수 있는 곳이기도 하여서 지적으로 문화적으로 충만한 느낌이다.

오슬로는 24시간 내내 시내에서 공항을 오가는 열차가 운행되고 있는데 그만큼 많이 사람들이 오간다는 것을 증명하는 것이다. 오슬로를 처음 온 내가 다니기 편리하다고 느낄 정도이면 상당히 소비자 중심의 행정을 하는 것은 아닌가 생각되었다. 세계 각국을 다녀 보았지만 비행기가 이륙하기 위해 줄서서 대기하고 있는 것은 처음 보는 것 같다. 일반적으로는 충분히 여유를 두고 이륙을 대기하므로 줄지어 기다리는 모습을 볼 수 없었는데, 이곳에서는 5분 단위로 수많은 비행기가 이착륙해서 그런지 실질적으로 줄서서 기다리고 있는 모습이 인상적이었다. 물론 살짝 안전이 걱정되기도 하였다. 과거 북유럽을 휩쓸었던 바이킹 정신으로 밀어 부치는 것은 아니겠지?

• 프라하에서의 하버드 모임과 로브코비치 성

15세기부터 이어져 내려오는 체코 공화국 프라하의 로브코비치(Lobkowicz) 가문의 성(Castle)에 초대되었다. 하버드 대학 출신의 미국 친구가 프라하를 방문하는 계기에 맞추어 나도 오랜만에 친구도 만날 겸 프라하를 가게 되었다. 이를 계기로 로브코비치 성에서 '하버드 모임'이 이루어졌다. 로브코비치 성의 왕자가 내 친구와 함께 하버드에서 역사학을 전공하였고, 영국 캠브리지 대학 교수인 피터는 하버드에서 경제학 박사를 했고, 나는 현재 옥스퍼드대에 있지만 과거 하버드대학에서 방문 교수를 한 것을 계기로 모두 하버드라는 연결고리가 있었던 모임이다.

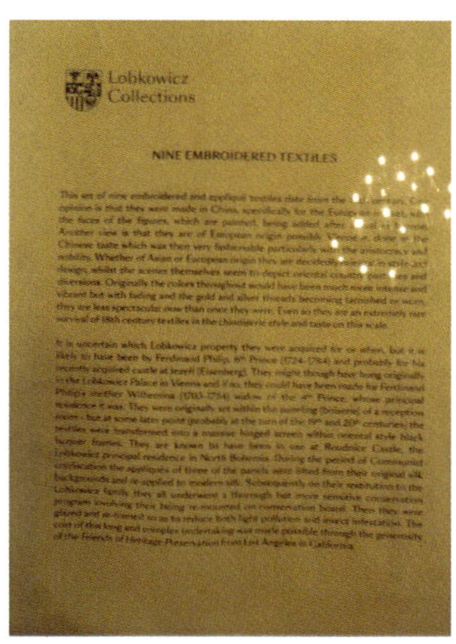

로브코비치 성 콜렉션

로브코비치 가문은 15세기부터 귀족 가문으로 10대 왕자까지 내려왔는데, 공산주의 혁명으로 해외로 흩어지면서 체코에서의 모든 것을 버리고 떠났다가 체코 공산주의가 무너지자 다시 체코로 돌아와 과거 가문의 재산을 환수하는 작업을 하게 되었다. 오랜 노력을 거쳐 재산환수법을 통과시키고 하나씩 재산을 환수하는 동안 머리가 많이 빠질 정도로 힘들었는데, 지금은 몇 개의 성이 환수되었고 가문에서 대대로 내려오던 각종 보물과 문화 유물들을 모아서 로브코비치 성 박물관에 비치하여 일반인에게 개방하고 있는 상황이다. 그가 역사를 전공했기 때문에 이런 의식이 더 있었을지 모르겠다.

우리는 먼저 성 박물관을 관람하였는데, 로브코비치 본인이 직접 오디오를 만들어 소개하는 형태로 진행되어서 훨씬 생동감이 있었다. 자신의 가문과 체코 역사 변화와의 관계 및 문화 유산을 어떻게 모았고 그것이 어떤 의미가 있는지에 대한 설명을 들으면서 시간 가는 줄 몰랐다. 그림뿐 아니라 각종 도자기, 장식품, 사냥 총 등 여러가지가 있지만 특히 눈길이 가는 것은 음악관련 악기와 악보였다.

과거 유럽 귀족들이 베토벤, 모차르트, 헨델 등 유명한 음악가들을 지원하면서 그들이 창작을 하도록 독려하였는데, 로브코비치 가문에서도 이런 지원에 열정적이었던 관계로 헨델의 메시아 원고 뿐만 아니라 모차르트가 편곡한 악보 및 코지 판 투테(Cosi fan tutte), 돈 지오반니(Don Giovanni) 오페라 악보도 소장하고 있었다. 다양한 악기도 전시하고 있는데 이 박물관은 체코 공화국에서 가장 오래되고 소장량이 많은 개인 박물관이라고 한다. 로브코비치 성에서는 점심과 저녁에 다양한 연주회를 개최하여 과거 귀족들이 우아한 성에서 어떻게 음악을 즐겼는지 그 느낌이라도 느껴볼 수 있는 기회가 제공되고 있다.

로브코비치는 정치적 폭풍우가 몰아칠 때 미국에서 대학을 다니고 사업을 하다가 지금은 완전히 체코에 정착하여 가문의 문화유산을 계승하는 노력을 하고 있다. 시대가 완전히 바뀐 상황에서 여러개의 성을 지닌 일반인이자 귀족의 가문이라는 역사적 짐을 어떻게 소화하고 있을까 하는 것이 매우 궁금하였다. 그는 여러개의 성이 있지만 성에 살고 있지 않고 근처 일반 집에 거주하면서 성은 사회 활동 장소로만 활용하고 있었다. 성에 거주하면 자녀들에게 잘못된 인식을 심어줄 수 있고 사회적 반감도 있을 수 있기 때문에 변화된 시대에 적응하면서도 과거의 문화유산을 어떻게 잘 계승 발전시킬 수 있는지에 주목한다고 하였다.

부인도 미국에서 만난 로마니아 귀족 출신이므로 가족이 유럽의 귀족으로 역사적 뿌리를 이해하는 것이 중요하므로 자녀들이 유럽문화와 역사를 전공하도록 독려하였다고 한다. 자신이 가진 문화유산이 단지 개인의 소유에 그치지 않고 체코의 문화유산으로 의미를 지니고 대중에게 역사 교육을 할 수 있는 장소로 활용하려 하는데, 이 정도가 20년 이상 노력하여 얻은 성과지만 아직도 환수해야 할 것이 많이 있다고 하였다.

프라하도심 풍경

프라하도심 야경

그림이나 도자기 등 명확하게 누구의 것인지가 표시되어 있지 않는 물건들을 어떻게 환수할 수 있느냐 질문하니 독일이 체코를 점령했을 때 기본적으로 리스트를 만들어 둔 것이 있고 공산 정권에서도 가문의 성을 굳이 파괴하지 않았기 때문에 이런 것을 근거로 하나씩 찾아 내었다고 한다. 여전히 100여 곳에 흩어진 가문의 문화재를 찾는데 많은 노력이 필요하다고 역설하였다.

그런데 로브코비치가 단순히 가문의 재산을 찾는 것이라면 국민적 호응을 얻지 못할 것이므로 그는 새롭게 '현대 귀족 문화'의 방향을 모색하고 있다고 하였다. 체코 공화국 시대에 살고 있기 때문에 과거 전통적인 왕자로 군림할 수 없지만 새 시대에 맞는 귀족의 모습을 어떻게 만들어 갈 수 있을지가 관건이 될 것이다. 하버드대라는 연결고리와 친구 덕분에 로브코비치 성에서 멋진 시간을 가지면서 '현대 귀족'의 고뇌와 유럽 역사 변화를 생각했을 뿐 아니라 역사가 어떻게 발전적으로 계승되어야 할지 고민해 볼 수 있었다.

• 얀 후스의 종교개혁과 체코 국민음악가

신성로마제국 시기 유럽의 문화와 학문의 중심지였던 보헤미아 수도 프라하 올드타운은 유네스코 세계문화유산으로 지정되어 있다. 1948년 올드타운 광장 킨스키 궁전 발코니에서 공산당 선언이 발표되면서 공산주의 국가로 변모했던 관계로 대다수 사람들은 가보지도 않고 특정 편견을 갖지만 직접 방문한다면 아름답고 화려한 도시 모습을 사랑하게 될지도 모른다.

올드 타운 광장에는 천동설에 기초하여 우주관과 기독교 기념일을 표시한 천문시계가 있는데, 이는 최고의 볼거리 중 하나이다. 시계 양 옆에 있는 4개 인형 중 "모래시계를 든 해골은 죽음을, 거울을 든 청년은 허영을, 금자루를 든 유대인은 부에 대한 욕심을, 악기를 든 터키인은 쾌락을 의미"한다. 부와 쾌락과 허영을 추구하는 인간들은 종소리와 함께 곧 죽음의 시간이 닥칠 것을 암시한다고 한다.

광장에는 15세기 보헤미아 종교개혁자이자 체코의 영혼을 깨웠다고 평가되는 얀 후스(Yan Hus, 1372-1415)의 동상이 있다. 그는 성직자의 길을 가려고 독일 카톨릭 영향이 강했던 프라하 대학에서 신학을 공부하였고 해당 대학에서 신학교수를 거쳐 총장의 자리까지 오를 정도로 영향력이 있는 인물이었다. 이 과정에서 성경의 진리를 이해하고 카톨릭 교회의 오류를 깨닫게 되었다. 여기에는 영국에서 성경을 번역하면서 오직 예수 그리스도의 은혜로만 구원을 받을 수 있다고 하면서 교회와 교황이 성경의 권위에 굴복되어야 한다는 존 위클리프(John Wycliffe, 1320-1384)의 주장에 영향을 받기도 하였다.

후스는 종교개혁자 루터보다 100년 전에 교황권을 부인하고 오직 성경만이 진리임을 외쳐 1415년 콘스탄츠에서 화형으로 단죄된 사람이다. 후스가 처형되기 2년 전에는 그의 생가인 후소바(Husova)에서 『성직 매매에 대하여』나 『교회론』을 저술하여 향후 종교 개혁에 큰 영향을 미쳤다. 그는 화형당하면서 "당신들은 지금 거위 한 마리를 태우지만 100년 후 백조가 나타날 것인데 당신들은 그 백조를 결코 태울 수 없을 것이다"라고 예언하였다. 100년 후 1517년 루터가 종교개혁을 깃발을 들고 등장하였고 그

후스 동상

여파는 개신교로 확산되었다.

후스를 이단으로 낙인찍어 화형시킨지 500주년을 기념하여 1915년 올드타운 광장에 세워진 후스 동상에는 "진실을 사랑하고 진실을 말하고 진실을 행하라"는 말이 새겨져 있다. 종교개혁을 주창하는 후스파의 근거지였던 틴(Tyn) 성당은 1612년 전통적인 카톨릭 성당으로 변모하였다. 후스의 동상은 이 교회를 바라보고 서 있는데, 그는 역사의 역설을 보면서 무슨 생각을 하고 있을까?

1618년에는 개신교파 귀족이 카톨릭 관리를 창밖으로 내던진 「프라하 창문 투척」 사건이 발생하여 신구교간 30년 종교전쟁이 일어나기도 하였다. 수십년간의 종교전쟁은 종교의 역할이 무엇인지에 대해 생각해 볼 여지를 남기기도 하였다. 피비린내 나는 종교전쟁의 암울함과 회한은 체코의 국민음악가 스메타나(Smetana, 1824-1884)의 「비세흐라드(Vyšehrad)」라는 음악에 녹아 있다. 체코 국가의 발상지라 불리는 비세흐라드는 오래된 전설과 신화가 넘쳐 나는 곳인데 400년 전 당시 후스파가 카톨릭 세력 거점인 비세흐라드를 점령한 후 폐허로 만들기도 하였다. 그 폐허의 흔적에서 민족의 아픔을 담아낸 스메타나의 음악에서 야릇한 전율을 느낄 수 있는 것은 단순하지 않는 것 같다.

스메타나 작품 중 유명한 「나의 조국」에서 제5곡 「타보르(Tabor)」는 후스파의 항전을 묘사하였는데, 예수님의 용모가 변화되던 변화산을 이스라엘에서 타보르 산이라고 하는데 보헤미아에서도 타보르는 변화, 계시의 도시로 인식되고 있다. 후스가 처형된 뒤에도 타보르를 거점으로 삼은 얀 지슈카(Yan Zizka, 1360-1424) 장군이 카톨릭 세력에 저항하자 교황은 십자군을 동원하고 칙서를 발행해서 후스 추종자를 진멸하도록 명령하였다. 지슈카는 생전 무패 장군으로 체코의 국민영웅이다.

「나의 조국」 제6곡 「블라니크(Blanik)」는 후스파가 진지를 마련했던 블라니크 산의 모습이 묘사된 것이다. 스메타나가 이끄는 국민극장 관현악단에서 비올라 연주를 했던 드보르자크(Dvorak, 1841-1904)는 지휘자의 영향을 받아 민족적 정체성을 담은 곡을 작곡하게 되는데 체코의 민족주의 음악을 세계적인 음악으로 만들었다고 평가되는 그의 작품 중 하나가 「빌라 호라의 후계자들」과 「후스교도 서곡 다단조」이다.

프라하 올드 타운에 서 있는 얀 후스의 동상으로부터 체코에 엄청난 상처를 남겼던 종교전쟁 뿐 아니라 19세기 중반 오스트리아의 지배를 받던 체코인의 민족정체성을 일깨운 민족음악가 스메타나와 드보르자크의 작품이 어떻게 얀 후스와 연결되어 있는지를 볼 수 있다면 광장에 세워진 후스 동상이 일반인의 약속 장소로만 기억되지는 않을 것이다.

핀카스 회당 설명

프라하 올드 타운에서 꼭 방문해 보면 좋을만한 곳이 유대인 구역이다. 1535년에 건립된 핀카스 회당(The Pinkas Synagogue)은 유대인이 400년간 예배를 드린 곳인데 지금은 나치에게 희생된 유대인 희생자를 기념하는 기념관으로 사용하고 있다. 회당 전체 벽에는 아우슈비치 등 죽음의 캠프로 이송되어 희생된 77,297명의 체코 유대인의 이름이 손글씨로 쓰여져 있다.

회당 내부 전체가 흰색 바탕인데 거기에 깨알같은 글씨로 성은 붉은 색, 이름과 생년월일 등은 검은 색 손글씨로 써 놓은 현장에는 이들의 이름을 읊고 시편을 부르는 찬송이 울려 퍼지고 있었다. 눈에 보이고 손에 잡히는 각종 유물들을 쌓아 놓은 아우슈비치의 현장과는 또 다른 전율이었다. 2층에는 체코 테레진(Terezin) 수용소(Concentration Camp)에 수감되었던 아이들이 그린 그림이 전시되어 있는데, 아이들의 눈으로 본 당시의 실상은 또 다른 형태의 아픔을 느끼게 하였다.

핀카스 회당 옆으로는 1439-1787년까지 사용된 유대인 매장지로 12,000여개의 묘지 비석이 세워져 있다. 이 지역은 프라하의 유대인이 사용할 수 있게 허락된 매장지였다. 좁은 면적에 수백년 동안 유대인 묘지로 사용했는데 7-8개 지층으로 층층히 쌓여 있는 묘지에는 10만기 정도 매

테레진 수용소에서 그린 그림

장된 것으로 보고 있다. 유대인은 무덤이 '삶의 처소(House of Life)'라고 생각하고, 죽음은 새로운 세계로 들어가는 문이라고 여겨서 이장을 하지 않는다고 한다.

핀카스 회당에서 학생 및 연세가 많은 각기 다른 유대인 단체 여행객이 진지하게 가이드의 설명을 듣고 있는 것을 보았다. 그런데 묘지에 나가보니 묘지 한 켠에 서서 열심히 뭔가를 읽고 기도하는 무리가 보였다. 젊은 학생과 청년들 그룹이었는데 이들이 잠시 몇 분간도 아니고 몇 십분 동안이나 묘지에 서서 기도하고 있었다. 이들은 유대인 묘지에 묻힌 영혼을 위해 기도하기도 하고 또 성경을 읽는 시간으로 보내고 있었다. 본인과 직접적인 관련이 없는데도 유대인이라는 것 때문에 묘지에 묻힌 영혼을 위해 이렇게 열심히 기도하고 있는 모습이 경이롭기도 하였다. 내가 이스라엘 예루살렘에 갔을 때 보았던 서쪽 성벽에 서서 통곡하면서 기도하던 유대인의 모습과 중첩되기도 하였다.

세계 각국에서 이 고통의 현장까지 와서 유대인의 영혼을 위로하는 기도를 올리는 이유는 무엇일까? 즐겁고 신나는 일도 아니고, 유대인 구역을 돌아보는 것 만으로도 고통스러운데 자신의 돈과 시간을 들이는 이유는 이런 과정을 통해 유대인의 정체성을 더욱 강화시켜 나가는 것은 아닐까? 역사를 잊지 않아야 미래를 설계할 수 있기 때문일 것이다.

묘지 옆으로 17세기에 세워진 클라우스 회당(Klaus Synagogue)에는 유대인 달력에 맞는 종교 절기와 절기에 맞는 물품이 잘 전시되어 있다. 특히 유대인이 중시하는 토라(Torah)는 직접 만질 수 없기 때문에 손가락 형태의 포인터가 같이 전시되어 있는데, 유대인의 종교 문화를 종합적으로 이해하는데 많은 도움이 되었다. 2층에는 유대인의 일상 생활과 관련된 전시도 병행되어 전체적으로 유대인 문화를 대중에게 교육하는데 매우 유용해 보였다.

유대인은 10세기 중세 무역 중심지였던 프라하에 모여 정착하기 시작했다. 12세기 십자군 전쟁으로 교황이 유대인과 기독교인이 함께 살지 못하도록 규정하는 바람에 유대인은 노란 뱃지를 달고 특정 지역에만 살게 되었다. 16-17세기 프라하는 유럽에서 가장 큰 유대인 거주지인 게토(Ghetto)가 있었는데 200여 채의 나무로 지은 집에 살도록 하였기 때문에 거주지라기 보다 유대인 새장이라고 불렸다고 한다.

1780년대에 조세프 2세 황제(Josef Ⅱ)는 유대인의 경제적 능력이 필요했기 때문에 유대인에 대한 편견을 약화시켰고, 1848년에는 유대인 구역의 담을 헐어서 이웃들과 교류할 수 있게 하였다. 1939년 프라하에는 120,000명의 유대인이 살았는데 대부분 홀로코스트의 대참사로 희생되고, 1945년에는 10,000명 정도만 살아 남았다고 한다. 현재는 체코에 3,000여명의 유대인이 거주하고 있다.

　살짝 음산한 날이었는데 유대인과 관련된 고통의 역사를 돌아보느라고 우울했던 마음을 달래기 위해 1800년대에 건축된 스패니시 회당(Spanish Synagogue)에서 하는 음악연주회에 참여하였다. 온통 황금색으로 장식된 이토록 화려함의 극치를 달리는 유대인 회당은 처음 보았다. 아름답고 우아한 회당에서 5명의 현악기 연주자와 한명의 소프라노 가수가 연주를 하는데, 처음 한 소절 연주가 시작되자마자 눈물이 쏟아지려 해서 참느라고 혼났다. 베르디의 오페라 나부코(Nabucco)에서 나오는 「히브리 노예들

스패니시회당 내부

의 합창」이 나왔기 때문이다. 유대인 구역의 각종 역사를 보면서 가슴 아팠던 마음이 연주를 들음으로 정화가 되는 느낌이 들었다. 유대인 핍박의 역사를 어떻게 교육의 현장으로 활용하는지를 볼 수 있는 좋은 기회였다.

• 알폰스 무하의 민족의식과 체코의 벨벳혁명

체코의 민족혼을 볼 수 있는 방법 중의 하나는 알폰스 무하(Alfons Maria Mucha, 1860-1939)의 작품을 보는 것이다. 예술에 소질이 있었던 무하는 파리에서 머무는 동안 생계를 꾸리기 위해 책이나 잡지에 삽화를 그리는 일을 하면서 인지도를 높였다. 우연한 기회에 다급하게 요청된 파리 연극계 최고 배우인 사라 베르나르(Sarah Bernhardt, 1844-1923)의 포스터 '지스몽다(Gismonda)'를 제작하게 되면서 일약 포스터 아트의 대가로 등장하게 되었다.

명성을 얻은 무하는 1900년에 개최될 파리 세계박람회의 실내 장식을 할 수 있도록 공식적인 의뢰를 받게 되었다. 이를 위해 발칸 반도 등지를 여행하면서 영감을 얻고 스케치를 하면서 당시 오스트리아-헝가리 제국 하에서 고통받는 슬라브 민족의 현실을 직시하게 되었다. 이 경험은 훗날 무하의 기념비적 작품인 「슬라브 서사시(The Slav Epic)」를 그리는 데 많은 아이디어를 주었다.

나는 무하의 거대한 「슬라브 서사시」를 보기 위해 걸어서 블타바강(Vltava river)을 건너 프라하 현대미술관을 찾아 나섰다. 미술관을 샅샅이 살펴보았는데도 거대한 그의 작품을 찾을 수 없어서 속상한 마음에 작품의 소

재를 질문했더니 현재 다른 도시에서 전시하고 있다는 소식을 듣게 되었
다. 먼 걸음을 마다 않고 찾아간 것은 작품을 직접 보기 위한 것인데, 과거
의 정보를 가지고 접근했던 낭패가 원망스러울 따름이다.

「슬라브 서사시」는 1912-1926년 사이에 완성된 20여 점의 기념비적
회화로 1918년 체코슬로바키아가 독립국가로 탄생한 10주년 기념으로
프라하 시에 공식적으로 기증되었다. 체코와 슬라브 민족의 고대 기원에
서부터 중세와 종교 개혁, 합스부르그 제국, 슬라브 민족에게 독립을 준 제1
차 세계대전의 여파까지 포함하여 슬라브 문명의 발전을 그린 작품으로 슬
라브 민족의 혼을 담고 있다고 평가되고 있다. 세계적으로 가장 많은 무하
작품을 전시하고 있는 무하 갤러리에서 그의 포스터 아트 스타일을 꼼꼼하

알폰스 무하의 슬라브 서사시

알폰스 무하 미술관 포스터

알폰스 무하의 슬라브 서사시

게 확인할 수 있을 뿐만 아니라 영상을 통해 「슬라브 서사시」 작품도 감상할 수 있어서 그나마 직접 관람하지 못한 아쉬움을 달랠 수 있었다.

무하의 작품을 뒤로 하고 슬라브 민족의 또 다른 페이지를 장식한 역사는 무하 갤러리 건너편에 자리하고 있는 공산주의 박물관에서 발견할 수 있다. 멀리서도 확인 가능한 거대한 현대식 건물은 외관에 붙은 공산주의 박물관이라는 팻말과는 달리 실제로는 건물의 일부를 사용하고 있어서 규모는 그리 크지 않다. 박물관 내부 전시를 보면 이 시대를 새롭게 조명하여 평가하려는 것 보다는 공산주의 광풍의 시대가 어떤 식으로 흘러 갔는지에 대해 설명하는 것으로 보였다.

시간적 순서로 테마가 있는 전시지만 좁은 공간에 다양한 설명과 전시물이 빼곡하여 빛바랜 노트를 나열해 놓은 느낌이 드는 것은 전시 기법의

공산주의 박물관

문제가 아니라 1948년부터 시작하여 1989년 체제 전환을 이루기까지 공산주의 시대 그 자체의 역사에서 나온 것이라고 할 수 있다. 체코가 어떻게 이 시대를 바라보는지를 단적으로 보여주는 것은 3가지로 보였다. 하나는 핵심 전시실과는 살짝 동떨어져 있는 화장실 입구 바로 옆에 공산주의 지도자의 석상이 서 있었던 것과 전시 거의 마지막에 설명된 공산주의 시대 사망자 숫자이다.

1948-1989년까지 205,486명이 감옥에 갇혔고, 248명이 정치적 이유로 처형되었으며, 145명이 국경을 넘었다는 이유로 총살되었고 96명이 전기 감전사 하였으며 11명이 익사하였다. 50구의 시체가 국경강에서 발견되었고, 16명은 체포보다 자살을 택했고 282명이 비명횡사하였다. 584명의 군인이 국경수비대로 근무하다가 순직하였다는 설명이 일정 정도 평가를

프라하 민주화 운동

반영하는 것이 아닐까?

박물관을 거의 빠져 나오려고 하다가 내 눈길을 사로잡는 것이 있었는데 바로 러시아-우크라이나 전쟁을 반대하는 포스터였다. 러시아의 우크라이나 침공에 대해 우크라이나가 용기를 내어 맞서는 것에 대한 지지였는데, 공산주의 박물관에 붙어 있는 것이 더 역설적으로 보였다. 게다가 기념품점에서 판매하고 있는 티셔츠에 러시아 인형이 악당 형상을 하고 있었다. 공산주의 시대 종주국인 소련과 체코는 위성국가로서 '우호관계'였던 국가였음에도 불구하고 과거의 '옛 정'보다 오히려 소련(러시아)의 속성을 잘 알기 때문에 그것을 반대하고 있는지도 모르겠다.

9세기에 창건한 보헤미아 왕국의 수도이자 신성로마제국의 수도로서 화려한 면모가 상당히 남아 있는 프라하에서 공산주의 국가가 세워졌다가 1993년 체코 공화국이 성립되기 까지는 1968년 프라하의 봄이라고 불리는 민주자유화 운동의 뿌리를 잊어서는 안된다. 프라하에서 발생한 민주자유화 운동을 막기 위해 20만 명을 동원하여 침공한 소련군의 불법개입 사건으로 프라하의 봄이 좌절을 겪었지만 결국 1989년 무혈혁명인 평화적 시위의 벨벳혁명(Velvet Revolution)으로 체제 전환을 시작할 수 있었다.

공산주의 박물관에서 읽을 수 있었던 역사적 평가를 뒤로 하고 체코는 지금 슬라브 민족의 정체성을 내세우면서 새로운 발전을 꿈꾸고 있다. 결국 무하가 찾고자 했던 슬라브 민족의 정체성은 새로운 시대상에 맞게 모색되고 있는 중이라고 할 수 있다.

피에타

3

발트해 3국과
'유럽 화약고' 발칸반도

플리트비체 전경

통상 발트(Baltic) 3국이라 지칭되는 에스토니아, 라트비아, 리투아니아는 지리적으로 나란히 이웃하고 있는 형제국일 뿐 아니라 국가간 협력체로 상부상조하는 발트 의회를 운영하고 있기도 하다.

지리적으로 인접하지만 민족적으로 언어적으로 각기 특징이 있기도 하다. 에스토니아 언어는 우랄어족에 속하는 교착어이지만 라트비아와 리투아니아는 인도유럽어족인 굴절어이다. 민족도 에스토니아는 발트핀족이지만, 라트비아와 리투아니아는 발트족 국가로 본다. 이런 정도의 차이

에스토니아 탈린 도심 전경

점은 물론 멀리 있는 다른 국가들과 비교하면 상대적으로 문화적 유사성은 있다고 볼 수 있다.

에스토니아 수도 탈린은 북유럽에서 가장 중세시대의 모습을 잘 간직하고 있어서 유네스코 세계문화유산으로 지정된 곳이다. 13세기 덴마크 왕으로부터 시로 부여된 탈린은 덴마크, 스웨덴, 독일, 러시아가 무력을 행사하기도 한 곳이다. 구 시가지는 잘 보존되어 있어서 여유를 갖고 구석구석 본다면 시간 여행을 하는 느낌이 든다. 1422년에 시작되었다고 하는 약국(Town Pharmacy Tallinn)은 세계에서 가장 오랫동안 운영하는 약국중 하나이다.

에스토니아는 9세기 노르딕의 점령으로부터 시작해서 러시아 공산혁명 이후 소련의 일원으로 있었지만 소련해체로 독립한 국가이다. 구 시가지는 서유럽 수도처럼 관광객이 아주 많거나 눈부실 정도로 다양한 상점이 가득하다고 볼 수 없지만 비슷한 듯 하지만 각기 다른 상품으로 관광객의 눈을 사로 잡고 있다. 에스토니아는 에스토니아 언어를 사용하지만 국민 대다수가 핀란드어, 독일어, 영어를 구사할 수 있을 정도의 교육을 받았다고 한다. 길거리에서 불특정 사람에게 질문해도 유창한 영어로 대답을 해 준다.

규모가 크지 않은 나라여서 그런지 박물관도 아담하다. 자연사 박물관은 구성 자체가 어린 아이들을 교육시키는 어린이 친화적이어서 포근한 느낌이었다. 숲속을 표현한 곳은 바닥도 숲길을 걷는 것처럼 표현되어 있어서 진짜 숲속에 들어온 느낌이었다. 어린이 교육 장소인 박물관은 주말 특별 행사로 자녀들과 부모가 안전하게 시간을 보낼 수 있는 곳으로 보였다.

역사 박물관은 오래된 길드 하우스를 활용한 것이었는데 하우스 자체

에스토니아 역사박물관으로 사용하는 길드 하우스 전경	에스토니아 길드 하우스의 역사 전시. 8개의 질문이 눈에 띤다

의 역사성 때문에 의미를 지니지만 특별히 역사 유물이 많이 전시된 것은 아니었다. 그래도 에스토니아는 노르딕 국가인가라는 정체성 질문을 포함하여 8개의 질문을 통해 일반 사람들이 궁금해 할 만한 내용을 중심으로 전시를 구성하여 기본적으로 에스토니아를 이해하는데 도움이 된다. 좁은 공간에 노르딕 이후 역사를 철기로 만든 유물 몇 가지와 동전 화폐로 설명하였고, 지하층에는 길드의 역사와 각종 총기를 전시하였다.

특별히 내가 관심 있게 보고자 하는 소련시대나 소련 해체 후 러시아 시대에서 에스토니아와의 관계에 대한 역사를 보기는 쉽지 않았다. 양자의 역사를 설명하는 것을 일부러 외면하고 있는 것인지, 아니면 현재 열심히 준비 중인지 여부는 정확하지 않지만 그 점이 못내 아쉬웠다.

그런데 구 시가지 중심지를 걷다보니 길거리에 구호가 담긴 팻말과 꽃들이 길게 늘어져 있어서 무슨 일인지 궁금하여 자세히 보았다. 그것은 러시아와 우크라이나의 전쟁을 반대하며 우크라이나인의 고통을 위로하는 각종 꽃과 플랭카드를 늘어 놓은 것이었다. 혹시 발생할지 모를 미연의 사태를 방지하기 위해 경찰과 경찰차도 주변에 배치되어 있었다.

소련의 일원이었던 국가가 그것도 러시아와 인접한 국가가 직접적으로 러시아의 우크라이나 전쟁을 공개적으로 비판하는 것을 보면서 2가지 생각이 들었다. 그동안 소련에서 일정 정도 같은 역사를 공유했던 시간 같은 것을 고려할 것 없이 인류 보편적인 인권을 중시하는 모습일까? 다른 측면으로는 발트해 국가들조차 러시아의 우크라이나 전쟁을 공개적으로 반대하면 러시아는 국제적으로 거의 고립무원이지 않을까? 물론 에스토니아는 러시아와 우크라이나 전쟁을 보면서 과거 소련의 점령통치도 생각나므로 더욱더 자국의 미래와 안보가 신경쓰였을지도 모른다. 그러기에 더욱 반대의 목소리를 높이는 것인지도 모른다.

러시아-우크라이나 전쟁과 이스라엘-팔레스타인 전쟁이 주는 교훈과 세계 각국의 정치가 요동치고 있는 상황에서 자국의 안보를 위해 노력하

탈린 도심지에서 볼 수 있는 러시아-우크라이나 전쟁 반대 풍경

는 것은 매우 중요할 것이다. 특히 대국과 이웃하고 있는 소국은 더욱더 이런 상황에 신경을 곤두세울 것이다. 자국의 안전과 평화를 위해 어떻게 타국과의 관계를 유지하면 좋을지에 대한 고민은 특정 국가에게만 적용 되는 것은 아닐 것이다. 에스토니아를 보면서 한국의 지정학적 위치와 그 에 따른 전략은 어떻게 구사해야 할까 하는 생각에 잠기게 되었다.

• 한자동맹 중심지 탈린의 상징물

에스토니아 탈린 구시가지는 13세기에 튜턴 기사단(Teutonic Order)의 십 자군 원정대가 성을 세우면서 형성된 곳으로 1997년 유네스코 세계문화 유산으로 등재되었다. 중세 시대의 매력을 간직한 탈린 구시가지는 한자 동맹(Hanseatic League)의 주요 중심지로 발전하였으며, 중세 북유럽 무역 도 시의 대표적인 사례로 꼽힌다. 한자동맹이란 13세기부터 17세기까지 북 유럽과 발트해 연안의 상인 도시들이 결성한 무역 연합으로, 상업적 이익 을 보호하고 무역을 촉진하기 위해 결성된 것이다. 이 연합은 독일 북부 뤼베크(Lübeck)를 중심으로 형성되어 탈린을 포함한 여러 도시들이 회원 으로 가입하였다.

1248년에 뤼베크 법령(Lübeck Statute)이 채택된 후, 1285년 탈린은 한자 동맹에 가입하면서 발트 해 지역과 러시아 내륙 사이 교역로상의 중요 거 점이 되었다. 14세기에 급성장한 탈린에 거대한 성벽이 세워지기 시작했 는데 현재도 당시의 도시 계획이 매우 잘 보존되어 있어서 중세와 한자동 맹의 구조를 완벽하게 보존하고 있는 상황이다. 두 개의 원형 탑으로 구성

에스토니아 탈린 도심 전경

탈린 풍경

된 비루 게이트(Viru Gate)의 문을 통과하면 고딕 양식의 건물들이 늘어선 중세 도시로 들어가는 것이어서 새로운 세계가 펼쳐진다.

탈린 중심부에 위치한 툼페아 언덕(Toompea Hill)은 9세기부터 요새로 사용된 툼페아 성(Toompea Castle)이 있는데, 48미터 높이의 롱 헤르만 탑(Long Hermann Tower)에 에스토니아 국기가 게양되어 민족의 독립과 자긍심을 대변하고 있다. 현재는 에스토니아 정치중심지로 의회가 있다. 탈린은 덴마크, 스웨덴 및 러

310

시아 제국의 영향을 받은 곳이기도 하다.

1219년 덴마크가 탈린을 점령하여 툼페아 언덕에 요새를 건설하였기 때문에 덴마크 통치를 상징하는 중요한 유적으로 자리매김하였다. 덴마크 국기인 '단네브로그(Dannebrog)'가 1219년 탈린 전투 중 하늘에서 내려왔다는 전설이 있고, '덴마크 왕의 정원(Danish King's Garden)'이라는 이름의 공원도 있어서 덴마크와 탈린의 역사적 연결고리를 확인할 수 있다.

16세기 후반부터 18세기 초까지 스웨덴의 통치 아래 있었던 탈린은 행정 건물과 교회에서 스웨덴 건축 양식의 건물들을 찾아볼 수 있다. 에스토니아와 스웨덴의 외교적 관계를 상징하는 스웨덴 대사관의 건물 자체가 스웨덴 통치 시기의 건축적 특징을 반영하고 있다.

탈린 곳곳에서 러시아 지배의 흔적도 볼 수 있다. 중세에 건설된 툼페아 성이 러시아 제국 시기에 확장되었고, 러시아 비잔틴 양식의 화려한 모자이크가 돋보이는 알렉산더 넵스키 성당(Alexander Nevsky Cathedral)은 러시아 제국의 권위를 과시하기 위한 상징적인 건축물로 1894-1900년 사이 건축되었다. 이 성당은 에스토니아의 러시아화 정책의 상징으로 여겨졌기 때문에 독립 후 보존에 논란이 있었지만 건축적 가치가 인정되어 보존되고 있는 상황이다. 러시아 건축 양식의 주택은 구시가지 외곽에 산재되어 있고, 성당 주변에서도 발견할 수 있으며, 러시아 정교회 묘지도 남아 있다. 탈린은 러시아 뿐 아니라 덴마크, 스웨덴 등의 지배도 받았기 때문에 문화유산이 매우 다채롭다.

툼페아 언덕을 내려오면 고딕 양식으로 14세기에 지어진 탈린 구 시청사(Tallinn Town Hall)가 있는데 이는 유럽에서 가장 오래된 시청사 중 하나이다. 시청사 첨탑에는 1530년부터 「올드 토마스(Old Thomas)」라는 기상계가 설치되었다. 전설 속의 병사로 갑옷을 입고 깃발을 든 모습으로 표현된 올드 토마스는 탈린을 외부의 위협으로부터 지키는 역할을 하므로 탈린의 수호자이자 도시의 상징으로 자리매김 하고 있다.

중세의 도시이다 보니 건물 하나 하나가 심지어 거리에 깔린 돌맹이 하나하나가 역사적 풍상을 견뎌내고 있는 것처럼 보인다. 구 시청사에서 5분 정도 걸어가면 선원과 상인의 수호성인을 기리기 위해 13세기에 건축된 성 니콜라스 교회(St. Nicholas Church)를 만나게 된다. 제2차 세계대전시 폭격으로 심각한 피해를 입었다가 복원되었다. 교회의 음향이 뛰어나 지금은 에스토니아 미술관의 일부로 운영되며 클래식 음악 콘서트가 자주 열려서 시민들의 문화수준 향상에 기여하고 있다.

탈린 성벽 안을 돌다가 문 밖으로 나가면 갑자기 21세기가 펼쳐진다.

에스토니아 탈린 도시 전경

세계 어디가나 볼 수 있는 거대한 쇼핑몰도 볼 수 있지만 탈린 중앙역 근처로 가면 발리마야 시장(Balti Jaama Turg)과 만나게 된다. 지하층은 지역 특산물과 육류 및 생선, 1층은 전통 음식과 카페, 공방이 있고, 2층은 빈티지 의류, 골동품 등이 모여 있어서 자신이 관심있는 곳에서 쇼핑하기도 편리하다. 중세와 현대를 잘 융합한 탈린은 과거와 현재가 조화롭게 공존하고 있어서 즐거운 시간을 보낼 수 있었다.

• 리가에서 한밤중의 해프닝

에스토니아 탈린에서 일정을 잘 마치고 라트비아 수도 리가에 도착하였다. 저녁 10시경이 되었는데 도심지로 들어가는 버스가 있어서 탑승하였다. 나 이외에도 같은 비행기를 타고 온 사람들이 버스를 타고 도심지로 들어가는 것이어서 마음이 놓이기는 하였다. 그래도 처음 오는 도시인데 조금 늦은 시간에 도착하였기 때문에 가능하면 빨리 안전하게 예약된 호텔을 가는 것이 급선무였다. 버스를 내려 광장을 지나가는데 뭔가 멋져 보여서 내일 아침에 자세히 볼 생각으로 마음이 들떠 있었다.

와이파이를 활용하여 예약한 호텔에 도착하였으나 웬일인지 문이 잠겨 있었다. 아무리 두드려도 안되고 마음은 다급하고 어떻게 하면 좋을지 몰랐다. 마침 같은 건물 1층에서 야간 늦게까지 하는 펍(Pub)이 있어서 들어가서 사정을 이야기 하고 어떻게 하면 호텔로 들어갈 수 있을지 문의하였다. 그런데 생각지도 않게 같은 건물 1층에 있는 펍에서 자기들도 모른다고 하였다. 매우 당황스러웠다. 혹시 펍에 있는 사람 중에 그 호텔에 머무

라트비아 리가 중심지 풍경

는 사람이 있는지 확인했는데 아무도 없었다. 시간은 11시를 향해 가는데 내가 예약한 호텔은 들어갈 수 없는 상황에서 무엇을 어떻게 해야 좋을지 몰랐다. 아무리 전화를 해도 응답이 없다.

내가 예약한 내용도 보여 주면서 이 황당한 상황에서 내가 어떻게 하면 좋겠느냐고 하자 펍에 있는 한명이 자기는 독일에서 여행 온 관광객인데, 다른 호텔이라도 예약하는 것이 어떠냐고 제안하였다. 조금 떨어져 있는 곳에 호텔이 있는데 그 야밤에 알지도 못하는 길을 찾아 다른 곳으로 가는 것은 마음에 내키지 않았다. 자신이 머무는 호텔은 조금 비싸다고 하였다. 나는 라트비아가 원망스럽게 여겨졌다. 평생 여행 다니면서 이런 식의 황당함은 없었는데 어떻게 예약한 호텔을 들어갈 수 없는지 마음이 답답하고 너무 피곤하였다.

라트비아 시내 전경

　계속 이런 실갱이를 하는 것은 도움이 되지 않을 것 같아서 생각보다 비싸더라도 빨리 일단 휴식을 취하는 것이 여러모로 좋을 것 같아서 예약한 호텔과 멀지 않은 곳에 가서 하룻밤을 보내기로 하였다. 원래 예약한 가격보다 10배나 비싼 곳에 이런 일로 들어오게 되니 마음이 편치 않았지만 지금은 최대한 빨리 휴식하고 정신을 차리는 것이 필요한 것 같았다.

　다음 날 아침 원래 예약한 호텔에 가서 왜 이런 일이 발생한 것이냐고 따졌다. 그랬더니 자기들은 나한테 메시지를 다 보내 두었는데 왜 보지 않았느냐고 하였다. 나는 도대체 무슨 일이 벌어진 것인지 알 길이 없었다. 자초지종을 확인해 보니 이 호텔은 24시간 프론트 데스크를 열지 않기 때문에 특정 시간 이후에 오는 손님에게는 출입문 코드 번호와 예약한 방에 들어가는 방법 등을 미리 알려 준다는 것이다. 그런데 문제는 그것을 개인

이메일로 알려 주는 것이 아니라 내가 호텔을 예약하기 위해 사용한 앱에서 메시지로 보냈다는 것이다. 그러니까 내가 그 앱에 있는 특정 메시지를 자세히 확인했어야 하는데 그렇게 하지 못한 것이 문제를 낳게 된 것이다.

원래 나는 어젯밤의 일이 너무 속상해서 환불을 요청하려고 했는데, 결과적으로 나의 잘못이어서 환불을 요청할 수도 없었다. 나는 이런 정도의 일이면 개인 이메일로 자세하게 내용을 보내 주어야 하고 내가 전화했을 때 적어도 안내라도 해 주어야 하는 것이 아니냐고 볼멘 소리를 해 보았지만 결과적으로 내 잘못이어서 할 말이 없었다. 그나마 예약된 호텔로 체크인하고 빨리 리가 일정을 시작하는 것이 나에게는 더 중요한 일이기 때문에 마음을 다독이기로 하였다.

나의 가장 큰 잘못은 그 호텔에 체크인 마감 시간이 있었다는 것을 제대로 확인하지 못했다는 것이다. 그렇게 여행을 많이 하는데 어떻게 이런 것 정도가 제대로 체크되지 않아 리가에서 첫날밤부터 황당함과 불안함을 느껴야 했는지 한심하게 느껴졌다. 그래서 매사에 익숙한 돌다리도 다시 두드려 보고 건너는 것이 필요한 것 같다.

리가에는 세계문화유산으로 등재된 삼형제 건물도 있고 볼거리도 넘쳐난다. 마음을 다잡고 리가 중심가로 나갔는데 내가 아는 사람을 만났다. 어제 저녁에 호텔에 들어가지 못해 헤매고 있을 때 옆에서 직접 도와 주지는 못했지만 도와 보려고 애썼던 라트비아 인이 내가 가려는 박물관에서 근무하고 있었다. 그녀는 반갑게 인사하면서 어제 일은 잘 해결되었냐고 말을 걸어서 상황을 설명해 주었다. 그러면서도 라트비아가 처음 온 나한테 이런 식으로 인사하면 안된다고 큰 소리로 웃으며 말했다. 그녀는 여하튼 미안하다고 하면서 오늘 부터는 편안한 마음으로 라트비아를 즐기라고 인사

세계문화유산으로 등재된 리가의 3형제 건물

해 주었다. 리가에서 이런 식으로 '아는 분'을 만나게 될 줄은 몰랐다.

• 라트비아의 점령박물관과 독립

라트비아는 1850년대부터 젊은 라트비아인들이 발트의 독일인과 주도권 경쟁을 하면서 민족주의적 의식을 키워나갔다. 1880년대에는 고대 라트비아 신화를 바탕으로 새롭게 라트비아 문화, 언어, 정체성 등을 재확립하기 시작하였다.

제1차 세계 대전 당시 러시아는 150여 만 명 정도의 라트비아 인구 중 4만여 명을 징집했는데 상당수가 볼셰비즘에 경도되었다. 러시아는 전쟁을 지속하고자 하였으나 라트비아 볼세비키는 독일과 협상하였고 러시아가 독일과 굴욕적 조약을 맺을 틈을 타서 러시아로부터 1918년 11월 8일에 독립하였다. 1917년 공산혁명으로 수립된 소련은 구 러시아 제국의 영토인 라트비아를 회복하려고 생각도 하였으나 내부적 혼란으로 라트비아의 독립을 방치하였다.

그러나 1939년 8월 소련과 독일이 몰로토프-리벤트로프 조약(Molotov-Ribbentrop Pact, 독소 불가침조약)을 체결하여 독일은 핀란드를, 소련은 발트 3국을 영향권 아래에 두었고, 이를 공고하게 하기 위해 1940년 6월 소련은 리투아니아부터 차례로 발트 3국을 침공했다.

소련은 무작위로 사람들을 선정하여 기차역에 모이라고 한 후, 영문도 모른 채 기차에 탄 사람들은 바로 시베리아나 중앙아시아로 보내졌다. 표면적 이유는 정치범이라고 하지만 어린아이도 있었다는 점에서 거의 무작위로 공포를 조성한 것이라고 역사가들은 보고 있다.

1941년 독소 불가침 조약이 무력화되고 독일이 러시아를 진격하자 라트비아인 중에는 독일을 해방군으로 여겨 독일을 환영함으로써 소련의 압제에서 벗어나려는 사람들도 있었다. 그러나 독일이 제2차 세계 대전에서 패전국이 되면서 다시 소련의 영향권 안에 놓이게 되었다.

독일을 환영했던 사람은 물론이고 소련이 일차로 점령했던 시기보다 더 많은 사람들이 배신자라는 이유로 시베리아와 중앙아시아로 보내지는 소련의 공포정치가 이어졌다. 이는 한국전쟁 당시 국군통제 지역과 인민군 통제 지역이 전세에 따라 바뀌면서 당시 해당 지역에 있었던 사람들이 피해를 보았던 것과도 유사한 면모가 있다. 국군이 오면 인민군에 부역한 사람을 색출하고, 인민군이 오면 국군에 협조한 사람을 색출해 냄으로써

라트비아 점령박물관 전경

라트비아 점령박물관 내부 전시

해당 지역이 쑥대밭이 되었다. 온갖 수모를 겪었던 라트비아는 소련 해체 직전인 1990년 독립을 선언하였고, 1991년 소련도 라트비아 독립을 인정하였다.

라트비아 수도 리가 시중심 초입 광장에 점령 박물관(Museum of the Occupation of Latvia)이 있다. 1991년 독립한 신생국가 라트비아의 역사를 제1차 소련 점령 시기(1940-1941), 독일 점령시기(1941-1944/45), 제2차 소련점령시기(1944/45-1991)로 나누어 설명하였다. 그리고 이 기간 동안 라트비아가 어떻게 점령군에게 대항하였는지 또는 점령군 부대하에서 어떤 역할을 했는지에 대해 그들의 생활상을 포함한 당시의 모습을 전시하였다.

이 박물관은 전시 내용에 따라 전시실을 붉은색, 푸른색, 무채색 등으로 조명을 달리하면서 당시의 분위기를 되살려 내려고 신경썼다. 특히 소련의 일원이었던 시대에 얼마나 많은 사람들이 강제수용소에 가서 시달리고 죽임을 당했는지에 대해 소상하게 설명하고 있었다. 러시아를 여행했을 때 소련시절의 강제수용소인 굴락(Gulag)를 직접 가서 확인해 본 적이 있는 나로서는 박물관에 설명된 내용이 더 쉽게 이해되었다.

현 러시아 주변국이 과거 소련의 일원이었기 때문에 나름 현재 러시아와 우호관계에 있지 않을까 하는 일반적인 생각은 현지 상황을 잘 모르면서 하는 막연한 생각이라는 것을 깨달았다. 오히려 전시물 속에서 라트비아인의 감정을 읽을 수 있는 것 같아서 안쓰럽게 느껴졌다. 박물관 전시는 억압과 테러 그리고 폭력을 담은 것이지만 또한 반항과 저항 그리고 영웅담을 담은 것이기도 하다. 또한 무기력하고 두려워 하는 마음도 담았지만 배신의 역사도 담았다고 솔직하게 인정하고 있다. 사설 박물관으로 시작해서 상당수의 해외 거주 라트비아인의 후원으로 유지되고 있는 박물관은 전시된 내용을 통해 정신적으로 강인한 라트비아인의 독립된 모습을 그리고 싶어 하였다.

나름 강렬하게 전시된 박물관을 천천히 빠져 나오려고 하는데, 마지막 단계에 써 있는 문구가 눈에 들어왔다. "어제의 일로 눈물을 흘리지 말고, 내일의 일을 두려워하지 말라, 굳건하고 꿋꿋하게 밭고랑을 곧고 좁게 갈아라" 라트비아 시인 쿠누츠 스쿠제닉(Knuts Skujenieks)의 말이다.

독일과 러시아에 번갈아 가면서 점령을 당하면서 라트비아 국민들이

독일과 소련의 전쟁 풍자

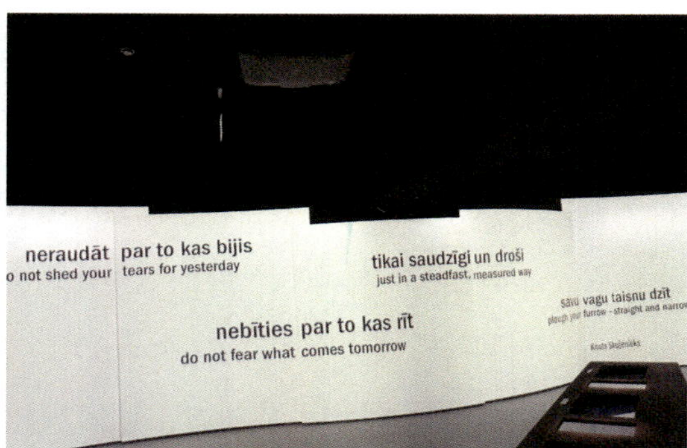

쿠누츠 스쿠제닉 글귀

불가피하게 독일과 러시아 병사로 징집되어 고통을 당한 시간도 짧지 않았다. 그럼에도 불구하고 어제의 일로 눈물 흘리지 말고, 지금 할 일은 내일의 일에 대해 두려워하지 않는 것이라고 경고하는 것 같았다. 이 글에서 뭔가 라트비아인의 불굴의 투지가 느껴진다.

• 「발트의 길」 연대와 역사 기억의 통찰

유네스코 세계문화유산으로 등재되어 있는 리투아니아 빌뉴스(Vilius) 구시가지에서 대표적인 상징물을 꼽으라면 빌뉴스 대성당일 것이다. 기독교가 전해지기 전 리투아니아의 천둥과 비, 산과 하늘의 신인 페르쿠나스(Perkūnas)를 숭배하던 사당이 있던 터 위에 지어진 성당은 유럽에서 가장 마지막으로 기독교를 받아들인 리투아니아를 상징하기도 한다. 소련 점령기 동안 성당의 성인상들이 치워졌다가 리투아니아 독립 후 다시 복원되었다.

1989년 8월 23일은 독일-소련 불가침조약(몰로토프-리벤트로프 조약) 체결 50주년이었다. 1939년에 체결된 이 조약에 의해 발트 3국이 소련의 영향권에 들어가 강제 합병의 길을 가게 되면서 발트 국가의 정치적 독립을 상실하고 억압과 강제이주를 경험해야 하였다. 1980년대 후반부터 소련 내 개혁운동으로 발트국가들의 독립요구가 높아졌고 1989년에는 에스토니아, 라트비아, 리투아니아의 발트 3국 시민 200만 명이 모여 675km에 이르는 「발트의 길(Baltic Way)」(세계기록유산 등재) 인간띠를 만들어 독립을 요구하는 시위를 하였다. 시위의 시작점이 빌뉴스 대성당이었는데, 이를

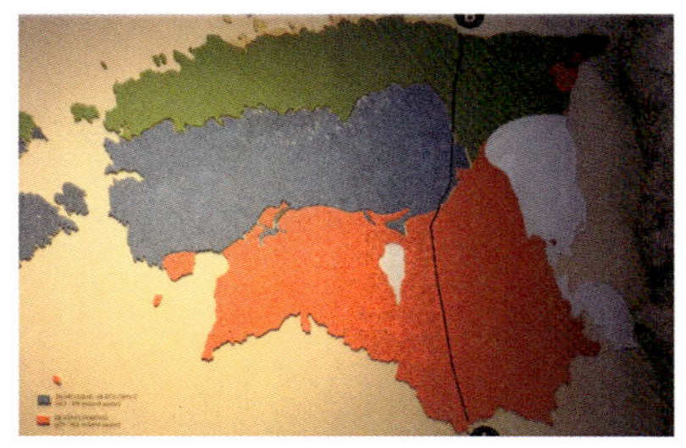

발트해 3국 지도

기념하기 위해 빌뉴스 대성당 광장에 '기적(Stebuklas)'이라는 단어가 새겨진 타일이 있다. 「발트의 길」 시위 후 7개월 만에 리투아니아가 처음 독립을 선언하였고 이어 에스토니아와 라트비아도 독립하게 되었다.

발트해 연안에 위치하면서 서로 인접한 발트 3국은 북유럽과 동유럽의 교차점에 위치한 지리적 특징이 있다. 일반적으로 발트 3국으로 묶어서 설명하는 이유는 문화적, 언어적 유사성이 있기도 하지만, 제2차 세계대전 이후 소련에 합병되었다가 독립을 쟁취하는 과정에서 공동으로 대응했던 역사도 있기 때문이다. 이런 경험이 유럽연합(EU)과 북대서양조약기

리투아니아 빌뉴스 도심 전경

322

구(NATO)에 가입하여 안보와 경제적 협력을 강화하는 요인이 되었다.

빌뉴스는 중세시대 동유럽에서 큰 영향력을 행사하던 리투아니아 대공국의 중심지로서 동유럽 지역의 문화 중심지로 성장한 곳이다. 리투아니아의 수도를 트라카이(Trakai)로부터 빌뉴스로 옮긴 게디미나스(Gediminas) 동상이 있는 대성당 앞에 서면 빌뉴스의 과거와 현재를 한꺼번에 꿰뚫어 볼 수 있다. 근처에는 박물관으로 사용되고 있는 빌뉴스 궁전이 있는데 리투아니아 대공국 시대의 정치적 중심지로서의 면모를 세세하게 살펴 볼 수 있다. 유적지의 현장이기도 하여서 현장감까지 배가시킬 수 있는 장점이 있다.

1579년에 세워진 고풍스러운 빌뉴스 대학을 지나 언덕 길로 올라가면 유대인 사무엘 박(Samuel Bak, 1933-) 미술관을 만나게 된다. 빌뉴스에서 태어난 사무엘은 제2차 세계대전 당시 9세 때에 유대인 게토에서 전시회를 열 정도로 재능을 보였다. 전쟁이 끝날 무렵 사무엘과 엄마만 생존하였고, 독일의 란츠베르크 암 레흐(Landsberg am Lech) 수용소에서 생활하기도 하였다. 뮌헨에서 그림을 공부한 사무엘은 홀로코스트와 수용소 생활에 대한 어두운 기억을 소재로 과거 고통의 재현에 그치지 않고 치유와 회복의 메시지를 전달함으로써 자신의 작품에 생명을 불어 넣었다. 미국에 거주하면서 2001년 이후 종종 빌뉴스 고향을 방문하였는데, 그의 작품이 기증되면서 2017년에 미술관이 건립되었다. 그의 작품은 대량 학살 장면을 직접적인 표현방법으로 그리는 것이 아니라 은유와 우화를 사용하여 메시지를 전달하여서 더욱 깊은 전율을 느낄 수 있다. 인간의 치부를 드러내는 고통스런 소재라고 할지라도 예술로 승화시켜 전세계 사람들을 교육시키는 효과를 가져오는 점에서 의미있게 보인다.

인간의 상처를 다른 방법으로 드러낸 것이 제2차 세계대전 동안 나치 독일에 의해 자행된 참혹한 현실을 전시한 「점령과 자유투쟁의 박물관 (Museum of occupations and freedom fights)」이다. 전 KGB 본부를 박물관으로 쓰고 있는데 홀로코스트에 대한 자료와 유품, 학살 생존자들의 증언, 나치 독일 점령기 동안 작성된 문서와 사진 및 기록들을 전시하고 있다. 지하에는 당시 감옥으로 사용했던 현장까지 면밀하게 살펴 볼 수 있는데, KGB 본부 건물에 있는 감옥이라는 점에서 온 몸을 오싹하게 만드는 한기를 느낄 수 있다.

정치적 억압에서 국가적 독립을 위해 투쟁하는 「발트의 길」과 나약한 개인이 광기서린 집단 칼춤에서 희생된 유대인 학살을 예술로 소재삼은 고뇌, 제2차 세계대전의 실상을 역사적 사실로 전시한 박물관 모두 인간 내면에 한 맺혀 있는 깊은 상처를 드러내는 것이다. 그러나 부정적인 요소를 강조하는 것에 그치는 것이 아니라 좀더 긍정적인 힘으로 작용하고 있다. 연대와 평화의 상징인 「발트의 길」로, 억압을 예술로 치유하는 홀로코스트 그림으로 그리고 쓰라린 기억조차도 후세에게 물려줄 유산으로 삼아 교육하는 힘으로 삼고 있다. 각기 독립적이고 고유한 맥락이 있는 서로 다른 주제에서 억압과 자유, 기억과 치유라는 공통성을 찾아낼 수 있다. 인간의 저항과 연대, 역사를 기억하는 방식에 대한 깊은 통찰을 얻을 수 있을 것 같다.

• 리투아니아의 우주피스 헌법

리투아니아 수도 빌뉴스에는 보헤미안 공화국이라고 칭하는 우주피스 공화국(Republic of Uzupis)이 있다. 원래 이곳은 도시에서 가장 오래된 공동묘지가 있던 곳이기도 하고, 한때 유대인이 많이 살았던 곳인데, 대부분의 유대인은 홀로코스트로 희생을 당하였고, 유대인 묘지는 소련시대에 파괴되었다. 그 후 외면된 채 제대로 발전이 되지 않아 주로 사회적 약자들이 거주하던 곳인데, 1991년 소련으로부터 리투아니아가 독립한 이후에 가난한 예술가들이 하나둘씩 몰려와 거주하게 되었다.

우즈피스 공화국 입구 천사상

즉, 예술가들의 집성촌이라고 할 수 있는데, 우주(Uzu)는 물이고, 피스(pis)는 건너편으로 강 건너에 세운 나라라는 뜻이다. 조그만 빌네레 강(The Vilnelė River) 위에 놓인 다리를 건너면 공화국의 상징물인 우주피스 천사상이 있는 광장에 이르게 된다.

예술가들의 마을답게 다양한 모습의 스튜디어가 몰려 있고, 그곳에서 생산한 그림, 생활 도자기, 각종 공예품 등의 다양한 작품을 직접 구매할 수도 있다. 우주피스 공화국은 유명한 개인들에게 명예 시민증을 수여하기도 하는데 그 중 티벳의 제14대 달라이 라마도 포함된다. 이곳은 프랑스 파리의 몽마르트에 비견되기도 한다. 물론 분위기는 몽마르트와는 완전히 다르고 언덕위에 있는 것도 아니다. 비록 작지만 고즈넉하면서 나름

한글로 쓴 우즈피스 공화국 헌법

특색 있는 마을이라 할 수 있다.

1천여 명의 예술가가 몰려 살면서 1997년 4월 1일 독립공화국을 선포하고 국가 수반인 대통령 및 장관 그리고 10여명으로 구성된 군대도 갖추고 있다. 우주피스 공화국 화폐, 국기 및 국가(國歌)도 있다. 예술가들의 재치가 돋보이는 부분이다. 가난한 예술가들이 만우절 단 하루만이라도 자신들만의 국가에서 게으름을 필 권리, 마음대로 말하고 살 권리를 갖고 살고 싶다는 유토피아를 현실화해서 유쾌한 이벤트로 만들면서 유명해 진 곳이다. 우리가 살아가면서 불만 가득한 환경을 어떻게 즐거운 환경으로 만들어 나갈 수 있는지에 대한 하나의 방법론을 보여준 것 같다.

우주피스 공화국에서 무엇보다 유명세를 타는 것은 우주피스 헌법(The Consitution of Uzupis)이다. 현재는 우주피스 대통령과 외무장관이 된 당시 우주피스 시민 2명이 1998년 여름밤 쓴 것인데, 한 명은 개를 좋아하고 다른 한명은 고양이를 좋아해서 헌법에 개와 고양이 부분이 들어갔다고 한다. 세계 각국의 언어로 번역된 헌법은 향후에도 새로운 언어가 추가될 예정인데, 한국어 헌법은 2018년에 벽면에 걸렸다.

일반적으로 헌법이라고 하면 엄격한 법조문을 담을 것이라고 생각할 것이다. 전체 41조로 구성된 헌법의 1조를 읽으면 '어~~이건 뭐야' 하는 생각이 든다. 제1조. 모든 사람은 빌네레 강변에서 살 권리를 가지며, 빌네레 강은 모든 사람 곁에서 흐를 권리를 가진다. 1조부터 평범하게 살아가고 싶은 사람사는 세상을 표현한 것 같다.

제2조. 모든 사람은 겨울철 온수와 난방과 기와 지붕을 가질 권리가 있다. 이것은 인간이 거주하고 사는 최소한의 삶이 존중되기를 희망한 것 같다. 사실 제2조의 내용을 보면 한편으로는 굉장히 처절하고 슬픈 생각도 든다. 추운 겨울에도 제대로 된 온수와 난방이 없던 사람들, 북풍한설을 막아 줄 수 있는 기와 지붕이라는 최소한의 주거 환경을 요구할 수 밖에 없는 사람들의 희망사항이기 때문이다.

이렇게 이어지는 헌법은 개는 개로 존재할 권리가 있다느니, 모든 사람은 실수할 권리를 가진다, 모든 사람은 울 권리를 가진다까지 다양하다. 헌법을 끝까지 읽다보면 이기려고 하지 마라. 자신을 방어하지 마라. 그리고 제41조, 포기하지 마라로 끝을 맺는다.

헌법 1조에서 41조까지 전체적인 내용을 보면 무슨 논리적 구조를 갖고 설계된 것으로 보이지 않는다. 사랑하거나, 믿음을 갖거나 행복할 권리를 이야기도 하지만 이해해야 할 권리와 이해하지 않아도 될 권리도 적시하고 있다. 한 여름밤에 쓴 헌법에서 너무 진지하게 논리적인 철학을 찾기보다 한 구절 한 구절 읽어 가면서 한번쯤 미소 짓기도 하고, 결국 끝에 가서는 포기하지 마라는 내용에서 다시 한번 용기를 내 볼 수도 있는 해학으로 받아 들이면 즐거운 경험이 될 것 같다.

예술가 마을이라고 해서 아주 잘 꾸며지고 멋져 보이는 모습을 상상할지 모르지만 오래 전부터 사회적 약자와 비주류 인생들이 옹기종기 모여 살아왔던 삶의 현장이라는 것을 상기한다면 나름 머리 속에서 그림이 그

우즈피스 예술가 마을 입구 벽화

려질지 모르겠다. 가난한 예술가들이 몰려 살면서 만들어낸 작품을 마을 구석 구석에 설치하고 예술적 재능을 발휘하여 담벼락에 그림으로 표현한 그 모든 것이 이 지역의 역사를 설명한 것일지도 모른다.

뭔가를 확인하고 밝혀 내려는 자세 보다는 여유있는 마음으로 마을의 형성과 역사성을 감상할 수 있다면 그리고 그것을 통해 자신이 처한 현재를 생각할 수 있다면 의미있는 시간이 될 것이다. 이 기회를 통해 인생의 의미를 곱씹어 보아도 좋을 것 같다.

• 니콜라 테슬라와 세르비아의 역사적 풍파

세르비아 베오그라드 국제공항 이름은 베오그라드 니콜라 테슬라 공

항이다. 발명가, 물리학자, 전기공
학자로서 과학과 기술에 기여한 공
로를 기리기 위해 니콜라 테슬라
(Nikola Tesla, 1856-1943)의 이름을 따
서 명명한 것이다. 테슬라는 어려서
부터 발명에 관심이 많았고 물리학
과 수학에 뛰어난 재능을 보였다.

니콜라 테슬라

1884년 미국으로 이주하여 토머스 에디슨(Thomas Alva Edison, 1847-1931) 및
조지 웨스팅하우스(George Westinghouse, 1846-1914)와 협력하면서 교류 전기
시스템을 개발했는데, 이는 현대 전기 공학의 기초가 되었다. 세르비아에
오기 전까지 나는 막연하게 테슬라가 미국인으로만 인식하고 있었다.

그는 테슬라 코일을 발명하여 무선 통신과 전력 전송에 기여하였다. 회
전 속도가 전원 주파수와 정확하게 일치하는 동기 모터, 비동기 모터, 테
슬라 발진기 등은 현대기술을 발전시키는데 영향을 미쳤다. 자기장의 국
제 단위인 테슬라(Tesla)는 그의 업적을 기리는 의미로 사용되고 있다.

특정 이름을 공항명으로 삼는 경우, 그 국가에서 유명한 인물을 기리
기 위한 것이 일반적인데, 테슬라는 1856년 오스트리아 제국(현재 크로아티
아) 스밀란(Smiljan)에서 태어났다. 그러면 테슬라와 베오그라드와는 무슨
관계가 있을까 보았더니, 1892년 5월 20일 그가 세르비아 사람들에게 현
대 과학의 성과를 소개하기 위해 베오그라드를 방문한 적이 있었다. 테슬
라의 강연은 베오그라드의 전기 조명 도입에 큰 영향을 미쳐서 1893년에
첫 전구가 켜지는 역사가 생기게 만들었던 것이다.

단순히 이 정도의 인연에 그치지 않는다. 테슬라 부모가 세르비아인이

었고, 그 또한 세르비아계 미국인 발명가로 활동하였으며 그의 유언에 따라 그의 유품과 자료들이 베오그라드에 기증되면서 1952년 니콜라 테슬라 박물관이 설립될 수 있었던 것이다. 그의 생애와 업적을 기리기 위해 박물관에는 그의 발명품과 개인 소지품, 그리고 다양한 연구 자료들을 전시하고 있다. 이것이 세르비아 수도 베오그라드에 그의 이름을 명명한 공항이 있을 수 있는 이유인 것이다.

현대 과학 발전에 크게 공헌한 테슬라로 명명된 공항을 통해 세르비아에 도착해서 그런지 과학적으로 발전했을까 하는 생각도 했지만 상상했던 것 보다는 역사적, 정치적 풍파로 인해 상처 입은 흔적을 곳곳에서 감지할 수 있어서 마음이 아팠다.

발칸반도에서 12-14세기까지 강력한 왕국을 형성하면서 전성기를 이루었던 세르비아는 1389년 코소보 전투에서 오스만 제국과의 전투에서 패배하면서 오스만 제국의 지배를 받았다. 오스만 통치기간 동안 수차례 저항하며 반란을 일으켰고, 19세기에 이르러 혁명을 통해 최초로 입헌 군주체제를 세우면서 위력을 발휘하였다.

제1차 세계 대전의 발발도 세르비아와 관계가 있다. 세르비아 대학생이 오스트리아-헝가리 황태자 프란츠 페르디난트(Franz Ferdinand, 1863-1914)를 암살한 사라예보 사건으로 오스트리아-헝가리가 세르비아에 전쟁을 선포하면서 세계대전으로 비화되었기 때문이다.

제1차 세계대전 이후, 세르비아는 크로아티아, 슬로베니아와 함께 세르비아-크로아티아-슬로베니아 왕국을 형성하였다. 1929년에는 슬라브 민족의 연합이라는 의미로 유고슬라비아 왕국으로 이름을 변경하였으며, 제2차 세계대전 동안 나치 독일의 점령과 분할에 맞서 싸우기도 하였다.

제2차 세계대전 이후, 유고슬라비아는 공산주의 체제로 재건되었고 요시프 브로즈 티토(Josip Broz Tito, 1892-1980)의 지도 아래 민족 간 갈등을 억제하며 연방을 안정적으로 유지하였다. 티토 사망 후 민족 간 갈등이 재부상하였고, 1990년대 발발한 일련의 전쟁으로 유고슬라비아가 해체되었다. 유고슬라비아 해체 후, 세르비아는 몬테네그로와 함께 연방을 형성했으나, 2006년에 몬테네그로가 독립

베오그라드 도심 전경

하면서 세르비아는 다시 독립 국가가 되었다.

세르비아가 현대에 전세계에 이름을 날렸던 것 중 하나는 코소보 인종학살일 것이다. 알바니아인이 다수를 차지하는 코소보가 2008년 독립을 선언하자 갈등을 빚었다. 베오그라드 거리를 다니다 보면 여전히 "코소보는 세르비아 영토"이라고 주장하는 표어들을 살펴볼 수 있지만 다수의 나라들은 코소보를 독립국으로 인정하고 있는 상황이다.

역사적으로 수많은 제국의 침략에도 불구하고 이를 극복하고 독립한 세르비아는 강한 생존력과 저항력이 있는 민족이다. 세르비아를 주축으로 한때 슬라브 민족과 영토를 통합했던 유고슬라비아의 역사는 미래의 세계를 더욱 평화롭게 만들 수 있는 힘으로 작용했으면 좋겠다는 바램이 생겼다.

세르비아 국립박물관　　　　　　　　　　　세르비아 국립박물관 내부 전시물

• 쪼개진 유고슬라비아와 애매한 향수

　과거 동구권 공산국가중 하나였던 유고슬라비아의 수도 세르비아 베오그라드(Belgrade)는 꼭 가보고 싶었던 곳이다. 유고슬라비아는 세르비아인, 크로아티아인, 보스니아인 등 여러 민족이 각기 다른 종교와 문화를 가지고 있어서 다채로운 문화의 풍요로움이 있지만 이것이 민족 간 갈등을 초래하는 요인이 되기도 하였다. 20세기 중반까지 존재했던 다민족 연방국가인 유고슬라비아에 내가 관심을 두는 이유는 다른 동유럽 사회주의 국가와 달리 소련의 영향력을 벗어나 독자적인 노선을 걸었던 역사로 맹위를 떨쳤기 때문이다. 유고슬라비아는 비동맹 운동을 통해 제3세계 국가들과의 연대를 강화하며, 소련과 미국의 영향력에서 벗어나 독립적인 외교정책을 펼치기도 하였다.

　그러나 1991-1992년 유고슬라비아 내부 갈등과 외부 압력으로 분리독립을 선언하여 유고슬라비아 전쟁이 발발하기도 하였다. 지금은 슬로

베니아, 크로아티아, 보스니아-헤르체고비나, 세르비아, 몬테네그로, 북마케도니아, 코소보 7개 국가로 쪼개졌다. 유고슬라비아의 해체 과정은 역사적, 정치적, 경제적, 민족적, 종교적 갈등이 복합적으로 작용한 결과인데 이런 요인은 언제든지 다시 폭발할 수 있는 잠재력과 불안정성을 내포하고 있어서 발칸반도가 화약고라고 불리기도 한다.

제2차 세계 대전 당시 소련의 지원과 유고슬라비아 의용군의 활동으로 세르비아 영토를 회복할 당시 활약했던 요시프 브로즈 티토는 1946년 유고슬라비아 연방인민공화국을 수립하였다. 이때부터 1980년 사망하기 까지 대통령으로 국가를 통치했던 티토는 1974년 신헌법을 제정하여 종신 대통령이 됨으로써 장기 집권 독재자로 이름을 날렸다.

베오그라드에는 유고슬라비아 시절을 회상해 볼 수 있는 박물관이 있

유고슬라비아 박물관

유고슬라비아 통일 선언 장면

다. 규모가 별로 크지 않은 박물관 그 자체는 과거 유고슬라비아 시절에 대한 감상이나 생활상 등이 전시되어 있었다. 또한 유고슬라비아의 탄생부터 해체되기기 까지의 과정을 간단하게 사진과 더불어 정리해 두었다. 정치적 변화와 갈등에 대해서도 다루고 다양한 민족의 문화적 유산도 설명하고 있다. 유고슬라비아 시절의 전체상을 좀 더 자세하게 보고 싶었으나 그러기에는 한계가 있었다. 지금은 유고슬라비아 시절의 역사에 관심을 둘 여력이 없어 보였다.

박물관 옆에는 유고슬라비아를 이끌었던 티토 기념관이 있다. 기념관 정 중앙에 티토의 관처럼 보이는 대리석 관위에 티토의 생년이 적혀 있었고 그 옆으로 조금 작은 규모로 그의 부인의 관도 있었다. 기념관 양 옆으로 티토가 정권을 장악했을 때와 사망 후 시민들의 반응을 담은 사진들이 전시되어 있었다.

나는 기념관 관리원에게 티토의 장기 집권이나 티토 시절을 어떻게 기억하는지 질문하였다. 물론 그는 티토 기념관의 관리원이기 때문에 티토에 대해 부정적인 평가를 서슴없이 하지는 못했다. 그러나 그에게 애매하고도 아련한 향수가 있는 것이 느껴졌다. 왜냐하면 적어도 티토 시절에는 유고슬라비아로 슬라브 민족이 연합되어 있었고 소련과도 대치할 정도의 독자적인 노선으로 위력을 보이기도 하였지만 지금은 여러 국가로 해체되어 있는 상황에 대해 매우 아쉬워 하는 듯이 보였기 때문이다.

그는 적어도 티토의 영향력으로 유고슬라비아가 유지될 수 있었다는 점에서 또 정치 지리적으로 슬라브 민족이 함께 했다는 부분에 방점을 찍었다. 한편으로는 그의 애매한 향수를 이해할 수 있을 것 같았다. 왜냐하면 그의 반평생 이상이 티토 치하에서 생활하였기 때문에 과거와의 비교가 가능할 것이다.

티토의 시신이 기념관에 안치되어 있느냐고 질문하였는데 그는 애매하게 대답하였다. 당시 직접적으로 시신을 안치했던 사람들 외에 정확하게 어디에 있는지 모른다고 하였다. 무엇이 진실인지는 정확하게 알 수 없으나 그의 말 속에서 뭔가 티토의 평가를 읽을 수 있을 것 같았다. 티토는 치열하게 살았다. 노동 운동을 하였고 공산 혁명을 이루어냈으며 소련의 영향력과 별개로 유고슬라비아 영토를 회복하는 등 독립적 성향을 지향하여 코민포름에서 제외되기도 하였다. 3번의 결혼과 수차례 죽음의 고비를 넘기면서 88세로 사망하기 까지의 삶은 파란만장하였다.

기념관에는 과거 티토 사망 당시 학생들과 시민들이 줄지어 티토 기념관을 방문하는 사진이 전시되어 있다. 그러나 현재 그런 현상을 보기는 어렵지만 가끔 중국 등 공산주의 국가였던 국가에서 단체 관광객이 찾아온다고 한다. 베오그라드를 내려다 볼 수 있는 좋은 위치에 자리잡고 있는 티토 기념관은 과거 유고슬라비아 시절의 세르비아와 해체된 유고슬라비아 이후 세르비아의 모습을 담고 있는 듯 보였다.

범게르만주의와 범슬라브주의가 충돌했던 발칸 반도의 치열한 역사의 일면을 담고 있는 티토 개인의 역사에서 과거 유고슬라비아의 갈등을 포함하여 미래에 발생할 갈등상도 동시에 엿볼 수 있는 것 같다.

티토 대리석관

• 크로아티아 야밤의 황당함과 인심

크로아티아 자그레브 타운 천사상

여행을 하다 보면 예기치 않은 일을 만나기도 한다. 동구권 여행을 계획했을 때 제일 마음에 걸리는 것이 런던에서 크로아티아 자그레브(Zagreb)에 도착하는 날 비행시간이 너무 늦는다는 것이다. 나머지 일정 중에는 이런 극한 상황이 없으므로 첫날 자그레브에 잘 도착만 하면 그 다음부터는 안전하지 않을까 생각하였다. 내가 타는 비행기가 정해진 일정에 맞게 도

자그레브 광장

착하면 대중 교통을 탈 수 있어서 별다른 문제가 없지만 그렇지 않으면 조금 번거로울 수 있어서 신경이 쓰였다.

마음에 불편한 일은 가끔 현실화된다. 정시에 비행기가 출발해도 너무 늦는다는 생각이었는데 비행기 출발 시간이 급기야 1시간 이상 지연되었다. 생각지 않게 너무 늦게 자그레브에 도착해서 이미 대중교통은 끊어진 상황이다. 대부분의 유럽 국가 수도의 국제공항에서 시내 중심까지 가는 대중교통은 밤새 연결되었는데 황당하게도 자그레브는 다음날 새벽까지 완전히 대중교통이 없는 상황이다. 새벽 1시를 향해 가는 시점에서 사람들은 각기 갈길을 가 버리고 나는 무엇을 어떻게 해야 할까 고민하다가 핸드폰 앱을 통해 택시를 불렀다.

다행히 택시기사를 만났지만 이 기사는 영어를 구사할 수 없었다. 이미 앱으로 목적지를 입력했기 때문에 그 지역을 가면 되는데 카드로 요금이 결재가 되지 않았다고 현금을 달라고 한다. 나는 현금이 없었다. 유럽 국가들 대부분 카드 한 장이면 무엇이든 해결이 되기 때문에 따로 현금을 준비하지 않았다. 나는 카드로 이미 결재했다고 생각했는데 택시 운전사는 결재가 안되었다고 한다. 나는 현금이 없고 자세한 대화도 할 수 없는

상황이이서 죄송하지만 할 수 없이 그냥 내려서 다시 공항 터미널로 들어
갔다.

시간도 늦었고, 대중 교통도 없고, 현금도 없고 그야말로 난감하다. 이
러다가 공항에서 동이 틀 때까지 대중교통을 기다려야 하는 상황이 오는
것은 아닌가 염려가 되었다. 그렇게 하면 제대로 쉬지 못해서 너무 피곤하
고 그 다음날도 일정에 차질이 있어서 가능하면 빨리 숙소에 가는 방법을
찾는 것이 효과적이었다.

공항 터미널에는 인도에서 오는 마지막 비행기를 기다리는 일부 사람
만 서성이고 있었다. 나는 서성이는 사람 중 한명에게 다가가 상황을 설
명하고 도와 달라고 했다. 방향이 같으면 그 차량이라도 타고 시내로 가
면 되는데 그 분이 가야 할 방향은 나와는 완전히 반대였다. 또한 자신이
기다리는 사람이 여러 명이어서 내가 탈 자리도 없다고 한다. 필리핀에서
크로아티아에 와서 일한다고 하는 그는 나에게 먼저 공항 ATM 기계에서
현금을 뽑으라고 한 후 자기 친구한테 말해서 우버로 택시를 불러 주었다.
나는 부탁한 김에 안전하게 우버 택시를 탈 수 있도록 같이 기다려 주고
잔돈도 잘 거슬러 받을 수 있도록 한번 말해 달라고 하였다. 그는 그렇게
도와 주었고 나는 택시를 타고 갈 수 있었다.

가는 동안 괜히 겁이 나서 운전사와 한마디도 말을 하지 않았다. 목적지
에 왔다고 하지만 내가 예약한 호텔이 보이지 않았다. 나는 그냥 그렇게 내
릴 수가 없어서 같이 호텔 목적지를 찾아 달라고 했다. 다행히 운전사는 영
어를 할 수도 있고 안전하게 호텔을 찾아 준 후 잔돈도 잘 거슬러 주었다.

호텔에 도착하고 나니 안도의 한숨이 쉬어졌다. 언제 어디서나 안전을
가장 우선시 해야 하기 때문이다. 국제 공항에서 공식적으로 비행 스케줄

이 있음에도 불구하고 대중교통이 없는 경우는 처음 만나는 상황이라 적잖이 당황되었다. 물론 평상시에 이렇게 늦은 비행기는 잘 타지도 않지만 가끔 스케줄이 맞지 않는 불가피한 경우가 있을 때는 좀 더 유의해야겠다는 생각을 했다. 사실 어느 곳에서나 서로 믿고 살면서 가능하면 서로 도울 수 있다면 무섭고 겁날 일도 없을 것이다. 그렇지만 아주 가끔은 의외의 상황을 만날 수도 있기 때문에 주의하지 않을 수 없다.

수도인 자그레브 중심부는 윗동네(upper town)와 아랫동네(lower town) 사이에 전통시장(Market Dolac)으로 연결되어 있다. 시장에서 파는 크고 맛있게 익은 체리는 저렴하기 까지 하여서 과일을 좋아하는 나는 잔뜩 사들고 다니면서 피곤할 때 마다 먹을 수 있어서 행복했다. 크로아티아는 과거 유고슬라비아의 일원이었지만 1991년 독립국이 되었다. 새로운 역사 정리를 위해 국립역사박물관을 수리하고 있는 중이어서 크로아티아의 역사적 변화상을 자세하게 살펴볼 기회를 가질 수 없었던 것은 아쉬운 점이다. 아기자기하게 다양한 볼거리들이 도시 중심지에 몰려 있어서 천천히 걸어다니면서 구석 구석을 살펴보는 재미가 있었다.

길을 다니다가 와이파이가 잘 안되어서 여행 안내소에 들어갔다. 와이파이도 사용하게 해 주고 주요 볼거리들도 알려 주었다. 심지어는 한국어로 준비된 안내 지도까지 주면서 편하게 다닐 수 있도록 도와 주었다. 그만큼 한국 관광객이 많다는 증거이고 동구권의 변화를 설명하는 현상이라고 보아도 좋을 것이다.

• 플리트비체 호수 국립공원과 라스토케

세계를 이해하는 방편으로 인류의 역사문화적인 측면을 살펴보는 것도 의미있지만, 자연지리적 환경 그 자체를 보는 것도 매우 필요하다. 1979년 유네스코 세계자연유산으로 지정된 플리트비체 호수 국립공원(Plitvice Lakes National Park)은 크로아티아에서 가장 유명한 자연 명소 중 하나로 크로아티아 중부 자그레브와 자다르(Zadar) 사이에 있다. 공원은 석회암과 돌로 복잡하게 이루어진 카르스트 지형으로 석회질 퇴적물로 형성된 16개의 계단식 호수와 수많은 폭포가 있다. 그 맑고 투명한 호수와 주변 풍광이 너무 비현실적으로 어우러져 있어서 무릉도원에 들어온 느낌이다. 다양한 식물과 동물 종의 서식지로, 특히 곰, 늑대, 사슴 등의 야생동물도 관찰할 수 있지만 나는 곰과 늑대와 대화를 나누지는 못했다.

플리트비체 호수 지역은 동물과 식물의 고향일 뿐 아니라 고대부터 사람들이 거주해 온 지역으로, 다양한 문화와 역사도 있다. 유고슬라비아 내전 동안 공원은 군사 작전의 중심지 중 하나여서 많은 피해를 입기도 하였다. 전쟁 후 재건 과정을 통해 아름다운 모습으로 복구되기는 하였지만, 공원 내에는 고대 유적지와 역사적 건축물이 남아 있다.

플리트비체 호수

물 색상이 신비로운 플리트비체

　이곳은 크로아티아의 주요 관광 명소이므로 관광수입으로 경제에 이바지하는 비중이 매우 크고, 이를 통해 주변 지역 상권 활성화에도 중요한 역할을 하고 있다. 이곳은 환경 친화적인 관광 모델을 제시하는 생태 관광의 중요한 사례이기도 하다.

　이곳을 걷다보면 자연스럽게 철학자가 된다. 자연이 얼마나 위대하고 아름다운지 깨닫게 해 주므로 자연의 경이로움을 느끼면서 지구의 생태계를 관찰할 수 있고, 값없이 받은 선물을 보존해야 할 필요성도 느끼게 된다. 호수와 폭포가 형성된 과정을 보면서 자연은 인간의 시간보다 훨씬 긴 시간을 두고 변화해 왔던 것도 깨달을 수 있다. 평화롭고 고요한 자연 속을 거닐다 보면 일상 생활의 스트레스와 번잡함은 어느새 사라지고 자연스럽게 평화와 안정을 찾을 수 있게 된다.

　자연의 단순한 아름다움에서 단순한 삶의 아름다움도 깨닫게 되고 이러한 것들을 감사함으로 받아들이면서 삶속에서 조화와 균형이 얼마나 중요하다는 것도 깨닫게 된다. 인간과 자연의 조화와 균형이 결국은 모두를 조화롭고 평화롭게 한다는 것을 알기 때문에 주어진 것에 대해 더욱 감사하는 태도를 배우게 된다.

카를로바츠 주(Karlovac County)에 위치한 '천사의 머릿결'이라는 의미의 라스토케 마을(Rastoke)은 역사적 유래와 동화 같은 풍경으로 유명한 곳이다. 플리트비체 하류의 코라나 강(Korana River)과 슬룬치차 강(Slunjcica River)이 만나는 지점에 위치한 마을은 물레방아와 폭포가 만들어 낸 아름다운 경관으로 보는 이로 하여금 감탄을 자아내게 만든다.

이 마을은 오스만 제국의 지배하에서 중요한 상업 중심지로 발전하면서 최초로 물레방아가 건설되었다. 물의 힘을 이용해 곡물을 가공하는 전통적인 방식을 사용한 것이다. 동화 속에서 나올 법한 아름다운 풍경의 라스토케는 '물의 요정 마을'로 불리는데, 대부분 전통 목조 가옥으로 건축되어 자연과 조화를 이루고 있다. 백번 설명 듣는 것 보다 그냥 한번만 보

라스토케마을 전경

면 저절로 이해가 되는 곳이다.

이 마을에는 아름다운 전설도 있다. 호수는 그곳에 사는 모든 생명체에게 행복과 번영을 가져다주는 신비한 능력이 있었다.

라스토케마을 표지

탐욕스러운 마법사가 호수의 물을 마셔서 그 힘을 자신의 것으로 만들려 했지만, 호수는 마법사의 탐욕을 알아차리고 그를 깊은 어둠 속으로 끌어들였다고 한다. 호수 근처에서 탐욕스러운 마음을 품는 자는 마법사의 운명을 맞이할 것이라고 믿고 있기 때문에 이곳을 '마법의 호수'라고도 부른다. 마법의 호수와 선한 마음과의 연관성을 강조하는 전설은 탐욕과 이기심이 아닌, 선한 마음과 나눔의 중요성을 강조하는 이야기로 이 마을의 전통과 문화를 이어가는 중요한 요소로 자리 잡고 있다.

주변의 아름다운 풍경과 고즈넉한 동화속 이미지, 마을이 인위적인 수로가 아닌 자연스러운 수로를 비켜 가거나 아니면 서로 양보하는 듯 그것도 아니면 그냥 물위에 떠 있는 듯 조화를 이루면서 형성된 마을 그 자체가 무척 경이롭게 보였다. 이런 곳은 그냥 한번 지나치는 정도로는 성이 차지 않는다. 몇 일이라도 묵으면서 인간이 자연을 대하는 태도가 마땅히 어떠해야 하는지를 배우는 것이 매우 필요해 보인다. 인간이 자연의 힘을 존중하고 지속 가능한 방식으로 이용하는 것이 얼마나 중요한지, 삶속에서 평화와 아름다움을 찾고 유지하는 것이 얼마나 큰 행복인지, 서로 도와가면서 협력과 공동체의 의미를 되새기는 것이 결국 탐욕으로 파멸을 초래하지 않고 번영할 수 있는 방법이라는 것을 교훈으로 삼을 수 있을 것 같다.

사회주의 국가라 일컫는 러시아나 중국 및 동유럽도 다녀보았지만 이런 곳을 가면 여전히 뭔가 더 신경을 써야 할 것 같은 편견이 있다. 그것은 분명히 그동안 교육된 편견인 줄 알면서도 공산주의를 경험한 국가를 가게 되면 항상 긴장이 된다. 그것은 한국에서 받았던 반공교육뿐 아니라 중국에서 유학하면서 구체적으로 시스템의 차이를 경험한 것에서 나왔을지도 모른다. 하지만 실제로 그런 국가에 도착해서 사람들과 이야기 나누고 문화유산을 돌아보면 그것이 얼마나 편견에 기인된 것인지 금방 이해하고 깨닫게 된다.

드라큘라성

그동안 더위를 모르고 지냈는데, 이곳 루마니아 부쿠레슈티(Bucureşti)는 조금 더웠다. 공항에서 만원 버스를 타고 숙소를 찾아가는데 더운 정도가 아니라 찜통에 앉아 있는 것 같았다. 그나마 옆에 앉은 독일계의 루마니아인과 대화를 나누면서 새로운 지식과 지리 정보를 얻는 재미에 빠져 시간 가는 줄 몰랐다. 그는 루마니아 독일인 마을에서 태어나 독일국적도 함께 가진 사람이었다. 그가 살았던 독일인 마을을 이해하는 것 자체가 유럽사를 공부하는 것과 마찬가지

드라큘라성 외관   드라큘라 성 내부 모습

였다.

내가 머물렀던 숙소는 나름 잘 정비되어 있어서 언제든지 자유롭게 음식을 해 먹을 수 있고 부엌에 머무는 동안 다양한 사람들과 대화 할 수 있어서 좋았다. 아침에 식당에 나가보니 세필로 유럽 각 지역의 풍경을 전통적인 화풍으로 그리고 있는 사람이 있었다. 18-19세기 풍경화에서 볼 만한 그림을 열심히 그리고 있는 사람을 보니 경이로우면서도 매우 반가왔다. 그는 네덜란드 출신으로 각 지역을 돌아다니면서 자신이 생각하는 가장 아름다운 풍경을 사진 찍고 그림으로 그려서 판매하는 전업화가였다. 나름 국제적으로 명성을 날린 작가여서 한국에서도 그의 그림이 곧 출판된다고 알려 주어서 매우 반가왔다. 이런 세필화가가 여전히 활동하고 있

어서 유럽의 그림 전통이 면면히 이어갈 수 있는 것이 아닌가 생각해 보았다.

전세계적으로 대중들에게 잘 알려진 작품 중 하나가 1897년 브램 스토커(Bram Stocker)의 드라큘라 소설일 것이다. 속칭 드라큘라성으로 알려진 브란성(Bran Castle)은 "성은 무시무시한 절벽의 가장 구석에 위치해 있었다"고 소설에 묘사된 것 같이 절벽의 구석에 위치해 있었다. 내부로 들어가면 나선형의 좁은 계단을 타고 1명이 오르내리는 정도의 넓이에 크고 작은 방이 연결되어 있고 복도를 따라 나가면 정원을 감싸면서 다른 건물로 이어진다. 건물내부의 어두움에서 벗어나 복도로 이어지는 건물안 정원을 마주하면 밝은 햇빛이 쏟아지는 것도 기이하게 느껴졌다. 세월이 켜켜이 쌓인 듯한 느낌의 성 외관과 나무바닥의 삐걱거림까지 더해져 드라큘라가 살 것 같은 분위기가 충만하다. 살짝 어둡고 좁은 실내 공간에 드라큘라의 장면과 옷 등이 전시되어 있다. 어떻게 이렇게 좁은 방을 몇 층에 걸쳐 건축하는 설계를 하였을까? 한편 좁지만 각자 독립적 공간을 가질 수 있는 것이 특징으로 보였다. 관람 동선이 없으면 어디에서 어디로 가는지도 알 수 없다. 소설가의 상상력이 브란성을 드라큘라성으로 명성을 날리게 하였고 이는 판매용 관광상품에 적용되어 있어서 기념으로 양말을 구입해 두었다.

드라큘라 성과는 대칭되는 것은 루마니아 카롤 1세(Carol I, 1839-1914)의 펠레스 궁전(Peleş Castle)이다. 외관상으로 엄청난 규모를 자랑하는 것은 아니지만 자연에 둘러싼 고혹적이고 낭만적이며 정교해 보이는 궁전이었다. 1873년에 건설하기 시작하여 1914년에 완공된 성 내부로 들어가면 방 한칸 한칸 마다 섬세한 장식과 화려함으로 넋을 잃게 만드는 여름 별

펠레스 궁전(Peles Castle)

장의 면모를 만끽할 수 있다. 카
롤 1세는 이곳에서 시원한 여름
을 보내기 위해 최초로 전기를 사
용하고 중앙통제시스템을 적용한
최첨단 궁전을 짓는데 많은 시간
을 보냈지만 궁전이 완성되고 몇

펠레스 성 내부

주 후에 죽어서 궁전을 제대로 사용해 보지 못했다고 한다. 각종 화려한 무기류로 장식한 방, 음악을 연주하는 방, 고관대작을 만나 정치를 논의했을 거실에서 여유를 부리면서 한 여름을 보냈을 꿈을 꾸었던 카를 1세는 여름 별장을 제대로 활용해 보지도 못했다. 그렇지만 그 별장이 일반에게 공개되어 19세기 말 20세기 초 당시 예술로 치장된 건축을 감상해 볼 수 있게 된 것은 감사한 일이다. 각자 개인에게 주어진 삶의 무게와 누릴 수

브라쇼브 타운 광장

브라쇼브 블랙 처치

있는 자유가 다르지만 갑자기 내 삶의 자유에 대해 감사한 마음이 들었다.

13세기에 형성된 브라쇼브 타운은 중세의 모습을 잘 간직하고 있는 곳이다. 펠레스 궁전, 드라큘라성 그리고 브라쇼브(Braşov) 타운까지 방문할 수 있는 하루 일정의 투어는 루마니아의 면모를 이해하는데 도움이 되었다. 작지만 안정적으로 보이는 타운 중앙에 블랙 처치라는 유명한 교회가 있는데, 화재로 검게 그을러서 이름의 명성을 얻게 된 곳이다. 그 근처 멀

브라쇼브 타운에서 가장 좁은 길

지 않은 곳에 루마니아에서 가장 좁은 로프 스트리트가 있는데 아주 좁은 골목은 건물과 건물 사이를 끼고 한명이 지나갈 수 있지만 그곳 벽면에는 각종 그림들이 그려져 있어서 좁고 지저분한 골목이 아니라 멋과 맛이 있는 골목이어서 좁은 골목을 통해 보이는 하늘도 멋지고 골목 그 자체를 걸어보는 것도 신선한 느낌이 들었다.

최고로 공을 들인 황제의 궁전이나

드라큘라가 살았을만한 성이나 사람이 지나다니기도 힘들 것 같은 좁은 골목도 어떻게 디자인하고 활용하느냐에 따라 굉장히 다른 문화가치와 상품으로 만들어 갈 수 있다는 점이 신선하였다. 루마니아 국립미술관과 박물관에서 본 문화예술의 풍성함, 찬란한 금장식 유물도 눈에 선하다. 사회주의 동구권 유럽이라는 편견만 없앤다면 루마니아가 훨씬 정겹게 다가올 것 같다.

• 부쿠레슈티의 의회궁전과 혁명광장

1989년 12월 25일 특별군사재판소에서 사형 판결을 받고 총살로 쓰러진 노부부가 있었는데, 그가 바로 자칭 '카르파티아 산맥의 천재(Geniul din Carpați)', '500년 만에 나올 만한 영도자', '루마니아 인민의 아버지'라 불

루마니아 인민의 궁전

부쿠레슈티 박물관내 전시물

리는 니콜라에 차우셰스쿠(Nicolae Ceauşescu, 1918-1989)이다. 그는 64,000명의 대량학살과 국가권력 및 경제 훼손, 국민과 국가권력에 대항하는 무력활동 전개, 공공시설물 파괴 등 죄목으로 전재산이 몰수되었다.

루마니아 사회주의 공화국 대통령과 루마니아 마지막 공산당 중앙위원회 서기장을 지낸 니콜라에 차우셰스쿠는 1965년부터 1989년까지 정권을 장악하였는데, 초기에는 독립적이고 개혁적인 정책을 추진했으나 1971년부터는 돌연 전체주의를 찬양하는 독재자로서 악명을 날리다가 혁명으로 권좌에서 축출되고 총살되었다. 역사속에서 독재의 끝은 비참하지만 정권욕에 집착한 통치자들은 역사에서 아무것도 배우지 않는 것 같다.

루마니아 수도 부쿠레슈티에 세계적인 건축물이 있다. 세계적으로 손꼽히는 큰 행정용 건물인데 원래는 인민궁전(Casa Poporului)이라 불렀으나 1989년 루마니아 혁명 이후 의회궁전이라 부른다. 북한을 방문하고 깨달은 바가 있는 차우셰스쿠는 대지진을 계기로 거대한 궁전을 짓기로 결정하고 1984년 착공하여 1997년에 준공되었는데, 그는 실제로 제대로 사용해 보지도 못했다.

부쿠레슈티 스타브로폴레오스(Stavropoleos) 세계문화유산 수도원(1724)   수도원 내부 전경

　의회궁전의 크기와 위엄만 보면 인민이 대접받고 의회 기능이 충실히 작동하는 국가로 여겨질 것 같다. 이곳은 현대 미술관 사회주의 박물관과도 이어져 있는 거대한 지역이어서 걸어서 돌아다니기 쉽지 않다. 더운 날 뙤약볕 아래서 걸어다니려니 인민을 위한 궁전, 인민에 의한 궁전이라는 것을 생각하기 보다 당장 내가 마실 시원한 물 한잔이 너무도 소중하였다. 숙소가 의회궁전 근처여서 매일같이 이 궁전 앞을 지나다녔는데 역사는 매우 역설적이라는 생각이 들었다. 인민궁전은 인민을 위한 궁전이어야 하지만, 절대 인민을 위한 궁전일 수 없고, 소수 특권층의 권력 놀이에 충실하게 봉사하는 기관으로 전락되는 것이 모순이다.

　부쿠레슈티의 역사적인 중심지인 구시가지는 중세 시대의 건축물과 현대적인 상점들이 어우러져 있어서 과거와 현재를 오가는 느낌을 받을 수 있다. 특히 1989년 12월 21일 루마니아 혁명의 무대가 된 혁명 광장(Piata Revolutiei)으로 나가면, 옛 공산당 본부 빌딩 2층 발코니가 눈에 띤다. 차우셰스쿠 전 대통령이 관제 시위 군중 10만명 앞에서 마지막 연설을 하였는데, 뜻밖에 군중들이 야유하면서 반정부시위로 확산되었고, 이를 막기 위한 군대마저도 시위대에 가담하면서 역사는 변하였다.

이 광장은 차우세스쿠 정권의 종말과 더불어 루마니아의 민주화 과정을 상징하는 중요한 장소이다. 혁명으로 숨진 사람들에 대한 추모의 뜻을 담아 광장에 대리석 위령비를 세웠고, 옆에는 희생자들의 이름이 아로 새겨져 있다. 이곳은 1848년 혁명의 중심지였고, 1859년 왈라키아(Wallachia)와 몰다비아(Moldavia)가 합쳐져 루마니아 공국이 형성된 국가통합의 장소이기도 하다. 1989년 차우세스쿠가 마지막 연설을 한 후 헬리콥터로 탈출을 시도했으나 실패하여 정권의 종말을 가져온 곳이기도 하다.

20여년이 넘도록 독재를 지속한 차우세스쿠 정권은 권력의 중앙집권화를 실시하면서, 김일성에게 배운 개인숭배를 강요하기 위해 주체사상을 루마니아어로 번역해 보급하기도 하였다. 이를 위해서 국민의 표현 자유 및 언론통제는 당연한 것으로 인식되었고, 잘못된 경제정책에 기반한 과시용 계획으로 경제에 치명상을 입혔다.

한편 차우세스쿠가 외채를 상환하여 경제적 독립을 이루려고 했던 점, 중공업과 제조업 분야에서는 산업화에 일정 정도 성과가 있었던 점, 문맹률을 낮추는 교육과 의료서비스 보급 및 주택 보급 등에서도 기여했다는 평가도 있지만, 이는 사회주의 정권에서 나오는 일반적인 평가와 궤를 같이 한다고 볼 수 있다.

그가 정책적인 면에서 어떠한 노력을 했다 하더라도 궁극적으로 인민에 의한, 인민을 위한 정치를 하지 않았고, 24년이나 독재를 했다면 진정으로 국민의 복지를 꾀하고 국가의 체계적인 발전에 기여했다고 보기에는 한계가 너무도 극명하다. 이러한 국가에서 인권을 논의하는 것은 사치일 수 밖에 없다. 세계적인 크기의 인민궁전을 가진 루마니아에서 인민의 인권이 세계적인 크기로 존중되기를 기원해 본다.

• 변화하는 불가리아에서 만난 이상한 경우

1978년 이래로 중국이 개혁개방을 하면서 사회적 분위기가 조금씩 변화하였지만 한국과 수교를 맺었던 1990년도 초반만 해도 사회주의 사회에서 완장을 차면 굉장히 고압적인 태도를 취하던 사람들을 쉽게 만날 수 있었다. 사회주의 사회를 경험해 본 사람은 이것이 어떤 느낌인지 금방 파악할 수 있는데, 자유민주주의 사회에서 권위를 부리는 느낌과는 괴리가 있는 것이다.

공산주의 기치를 내걸었다가 새롭게 자유 민주주의를 채택하고 있는 동구 유럽은 어떠한지 확인하기 위해 나는 불가리아 수도 소피아에 갔다. 특정 지역을 가기 위해 트램을 타서 자리에 앉았는데 60세가 넘어 보이는 아주머니가 나한테 다가와서 카드 리더기를 내밀어서 카드를 찍었다. 그런데 내 카드가 승인되지 않는다고 해서 나는 트램 문 옆에 있는 카드 리더기에서 체크하려고 했더니 안된다고 막아서면서 무조건 불가리아 화폐 40레프(한국돈 3만원)를 내라고 한다. 나는 불가리아 화폐도 없지만 왜 이렇게 돈을 많이 내야 하냐고 물었다.

내 앞에 앉은 20대 젊은 여자분에게 영어로 이야기 하면서 말이 안된다고 했더니 그 여자도 불가리아어로 관리원에게 항의하였다. 그래도 관리원은 막무가내였다. 내가 오래 전에 잊고 지낸 완장찬 사회주의 관리원의 고압적인 모습이었다. 또 다른 50대의 불가리아 여성이 상황을 파악하고 관리원에게 항의했는데도 여전히 관리원은 오히려 나에게 협박이다. 돈을 내지 않으면 경찰을 부르겠다고 하면서 전화하는 척 위협을 한다.

내가 중국에서 유학했을 때처럼 젊고 시간이 있었다면 끝까지 따졌을 것이다. 경찰 불러서 오히려 자초지종을 이야기 하고 상황을 정리하면서 그 사회를 이해하는 경험으로 삼았을 것이다. 그런데 어렵게 불가리아에 와서 시간적 여유도 없는데 돈 몇만원 때문에 시간을 낭비하고 기분을 상하게 하는 것이 더 한심해서 그냥 돈을 내겠다고 하였다. 그 관리원은 무조건 불가리아 레프로 내라고 하는데 한심한 상황을 계속해서 실갱이 하기 싫어서 주변 사람들에게 내가 20 유로를 드릴테니 불가리아 40 레프를 관리원에게 주라고 하였다.

20대 젊은 여자분이 10유로에 해당하는 돈을 관리원에게 주고, 50대 여성이 10유로에 해당하는 돈을 관리원에게 주어서 40 레프를 해결해 주었다. 20대 여자분은 일찍 하차하여서 더 이상 이야기 할 기회가 없었지만 50대 여성은 이 상황이 매우 한심하고 미안했는지 내가 가는 정거장에서 자기도 하차한다고 하면서 같은 곳에서 내렸다. 그러면서 가끔 자신의 국가 사람들의 모습이 너무 창피하다고 하면서 나한테 미안한 것을 만회하려는 듯 자신이 도울 수 있으면 돕겠다고 하면서 내가 무엇을 원하는지 질문하였다.

그래서 나는 불가리아 수도 소피아에서 꼭 보아야 할 것이 무엇인지 물었더니 시 중심지에서 볼 수 있는 몇 군데를 소개해 주고 내가 가야 할 장소가 보이는 곳까지 친절하게 안내해 주었다. 또 자신의 조카가 가을에 한국인과 결혼한다고 하면서 친근감을 내 비쳤다. 나는 감사의 표시라도 하고 싶었는데 감사하다는 말이면 족하다고 하면서 혹시라도 도움이 필요하면 연락하라고 해서 번호를 교환하고 헤어졌다.

트램에서 관리원과의 해프닝으로 소피아 시민을 알게 되어 그로부터 도움을 받을 수 있어서 생각지 않게 소피아의 핵심 역사 유적 등을 자세히 볼 수 있는 기회를 가졌다. 일희일비할 것 없이 평상심을 가져야지 하면서 시간을 보냈는데, 그녀는 나중에 나에게 연락을 하여 내가 냈던 돈의 영수증을 자기한테 주면 자신이 경찰에 신고하겠다고 한다. 나는 국립미술관에서 아름다운 명화를 감상하면서 이상한 기억은 전부 지웠기 때문에 괜찮다고 신경 쓸 것 없다고 오히려 그녀를 다독였다.

불가리아 소피아가 동구 유럽국가의 마지막 일정이므로 잘 마무리 되길 희망하면서 소피아 외곽에 있는 세계문화유산 유적지를 관람하는 1일 여행을 신청해 두었다. 시간을 촉박하게 다니면 아무래도 실수가 있을 수 있어서 안정되고 여유있는 투어를 하기 위해 아침 일찍부터 지정된 장소

소피아 도심 로마 유적지

에 가서 기다렸다.

예정된 시간이 되어 관광 버스가 왔는데 그 버스는 다른 지역을 가는 것이었고 내가 원했던 세계문화유산 유적지에 가는 버스는 약속된 시간이 지났는데도 오지 않았다. 급하게 연락처를 찾아서 연락을 하였는데 사무실에서는 버스가 이미 출발했다는 말만 되풀이한다. 나는 버스가 오지도 않았는데 그게 말이 되느냐고 하니까 가이드와 연락해서 처리하라고 한다. 가이드 연락처를 알려 달라고 해도 가르쳐 주지도 않으면서 그렇게만 대답하는 상황이 너무 한심하였다.

나는 어떻게 하는 것이 좋을까 생각하면서 어제 만났던 사람에게 전화해서 상황을 설명했더니 그 분도 더 이상 할말이 없었는지 도대체 어떻게 이런 일이 계속 일어나는지 의아해 하였다. 나는 세계문화유산을 보러 가기로 마음 먹었으니 대중 교통을 이용해서라도 가 보려고 했으나 그녀는 확인결과 버스 스케줄이 내가 안전하게 소피아로 돌아오기 어렵기 때문에 가지 말라고 조언하였다. 한번은 이상한 일이 일어날 수도 있지 생각했

소피아 알렉산드르 네프스키 대성당

356

지만 또 다시 일상적이지 않은 경험을 하고 나니 이런 상황은 어떻게 이 해하면 좋을지 여전히 고민이 된다. 변화하는 사회의 단면일까? 소피아를 잊지 않도록 기억하게 만드는 장치였을까?

• 소피아 도심지의 고고학 유적

로마 제국 시절부터 있었던 유서깊은 도시인 불가리아 소피아는 과거 에는 세르디카(Serdica)라 불렸다. 비잔틴 황제 유스티니아누스 1세(Lustini-anus Ⅰ)는 6세기에 서로마 제국의 영토를 많이 회복하고 로마법을 개편하 여 『로마법 대전』을 편찬한 업적을 자랑하는 중세 로마 제국의 가장 위대 한 황제중 하나로 여겨지는 사람이다. 그의 딸 소피아가 세르디카 온천에 서 요양 후 치유된 것을 계기로 도시의 이름도 소피아로 하고 성당도 세 우게 되었다고 한다.

소피아는 809년 불가리아 제국 치하에 있다가 1018년 동로마 제국에 의해 재정복되었다. 1382년부터 오스만 제국이 점령하여 500여년 오스만

소피아 고고학 박물관

소피아 고고학박물관 전시

통치 하에 있었다. 1878년 러시아가 이곳을 점령하여 오스만 통치에서 벗어난 후 1908년 왕정 불가리아라는 이름으로 독립을 선언하게 되었다. 그러나 1945년 소련군의 진주로 불가리아가 공산화되었다가 1989년 민주화 시위 이후 민주화의 길을 걸으며 변화를 모색하고 있는 중이다.

따라서 소피아는 로마시대부터 약 1100년동안 비잔틴 제국(동로마 제국)의 지방 수도이자 동방정교회의 중심지이기도 하여서 다양한 유적지가 산재하여 도시 자체가 박물관인 느낌이 있다. 실제로 소피아의 대통령궁 안에는 4세기 경 세르디카 시절의 교회 유적이 남아 있다. 소피아의 가장 오래된 건축물 중 하나인 성 게오르기 교회는 3-4세기경 이교도 사원으로 건축되었으나, 로마 시대에는 교회로, 오스만 제국시에는 회교사원으로 사용되었다

세계문화유산의 하나인 릴라 수도원(Rila Monastery)은 10세기 초에 건축된 것으로 발칸 반도에 있는 정교 수도원 총 본산으로 역할하였다. 벽화,

불가리아 국립박물관

불가리아 국립박물관 내부 전경 불가리아 국립박물관 전시

성화, 고문서, 나무 십자가 등으로 유명한데, 규모는 크지 않고 도심지에서도 그리 멀지 않아 유적지 방문이 용이한 곳이다.

외곽지역에 세워진 불가리아 국립 역사박물관은 불가리아 1300년의 역사를 전시하고 있는데, 이곳에는 기원전 5세기 경에 만들어진 발키트란(Valchitran)의 보물이 있다. 1924년 발굴한 화려하고 정교한 금세공은 기원전 4500년 이전 트라키아인(Thracians) 것으로 세계에서 가장 오래된 것이라고도 한다. 로마인이나 그리스인으로부터 모두 호전적인 야만인으로 묘사된 트리키아 인의 유물로 왕의 황금 가면, 둥근 접시, 손잡이가 달린 주전자와 컵 등이 있는데 보존 상태도 완벽하고 섬세하고 웅장하여 당대의 정치적 권위와 위력을 느낄 수 있다는 점에서 매우 인상적이다.

외곽으로 가지 않더라도 도심지 그 자체가 박물관으로 오픈 되어 있고, 유적지 발굴 현장을 그대로 도심의 경관으로 활용하고 있어서 소피아의 역사성을 살펴보기가 매우 쉽다. 물론 고고학 박물관에는 소피아에서 발굴한 로마시대부터 오스만 시대의 각종 유물들이 즐비하고, 그 옆에는 바로 발굴된 유적의 현장을 직접 볼 수 있어서 살아 있는 역사 교육을 직접적으로 체험할 수 있는 곳이기도 하다. 도심지에는 유적지를 발굴하고 설명문을 달아 두고 무료로 자유롭게 관람할 수 있는 곳도 있고, 일부 구역은 비용을 내면 건물 내부로 들어가서 당시 목욕탕과 상업지구, 주거지 등을 자세하게 살펴 볼 수 있다.

소피아 버스에서 발생했던 비용 지불 문제로 발생한 해프닝으로 불가리아 국민이라는 이유만으로 나에게 미안함을 느꼈던 소피아 주민이 베푼 친절 덕분에 알게된 이 유적지는 나의 가슴을 뛰게 하였다. 수백여년의 풍상을 딛고 서 있는 고고학 유적을 도심지에서 자유롭게 만날 수 있는 것만 해도 신나는 일이었다. 지하는 수백년 전의 역사 유물이, 지상에는 21세기 도시 변화가 극적으로 대비되어 있으면서도 절묘하게 조화를 이룬 것이 매우 인상적이다.

소피아 도심지를 걸으면 정치, 경제, 문화, 종교를 한꺼번에 확인할 수 있다. 1888년에 설립된 소피아 대학에서 천천히 걸어 내려오면서 도시의 수호성인 성 소피아 상에 이르기 까지 걷다 보면, 유럽에서 가장 오래된 도시의 하나로서 3세기 로마시대 성벽부터 현대에 이르기까지 다채로운 면모를 확인할 수 있다. 국립 미술관, 고고학박물관, 고고학 유적지 뿐 아니라 소피아를 점령한 정치체의 변화로 나오게 된 각종 유서 깊은 것 중 유럽에서 가장 오래된 이슬람 사원 중 하나인 모스크와 개신교 교회, 성당, 유대교 회당 등을 확인할 수 있다.

도심지 자체가 온갖 역사 유적으로 둘러쌓여 있어서 그런지 음악회를 가는 사람들의 모습도 그렇고 도시 전체 문화 수준이 매우 높아 보였다. 버스에서의 해프닝만 없었다면 여유롭게 아름다운 소피아를 더욱 깊이

소피아 오래된 교회

있게 즐길 수 있었을텐데 하는 아쉬움이 있다. 공산주의 광풍이 몰고 온 문화의 찌꺼기로 인한 것인지 아니면 자신에게 주어진 일을 너무 강박적으로 해결하려는 충정이 빚은 것인지는 몰라도 공산주의를 실시했

교회 내부

던 국가에서 느끼는 일반적인 경험을 동유럽에서 재확인해 보는 것도 세계사를 이해하고 싶은 나에게는 도움이 되었다.

4

세계를 이해하는 창

애딘버러 로알마일 전경

한영수교 140주년과 영국의 경제적 정치 공학

1883년 조선과 영국이 체결한 수호조약 140주년과 한국전쟁 휴전 70주년이 되는 2023년 윤석열 대통령은 찰스 3세 대관식 후 처음으로 영국을 방문하는 국빈 정상이다. 윤 대통령은 11월 21일 윌리엄 왕세자비 부부의 영접을 받고, 영국 왕실 근위대의 사열을 받으며 찰스 국왕과 함께 버킹엄궁까지 마차로 행진한 후 국빈 오찬을 하였다. 오후에는 영국 의회에서 한영관계의 변화상과 양국의 미래 비전을 제시한 후 영국 의원들과 환담하였다.

영국 리시 수낙 (Rishi Sunak) 총리와 한영 정상회담을 가지면서 경제 안보뿐 아니라 외교 문제, 환경, 과학기술, 에너지와 투자 그리고 무역 등을 논의하였다. 한 · 영 자유무역협정(FTA)도 재협상 대상이다. 또한 영국왕립학회가 주최하는 한영 최고 과학기술인 미래 포럼, 한영 비즈니스 포럼 등 외관상으로 화려한 일정도 많이 있는 것 같지만 영국의 관심은 한국으로부터 얻을 경제적 이익에 초점을 맞추고 있는 것 같다.

현재 영국 정치가 편한 상황은 아니다. 유럽연합 탈퇴 이후에 영국의 경제 상황도 좋지 않고 사회적 문제도 산적해 있다. 정치적으로 이스라엘-팔레스타인 전쟁 관련하여 일어난 시위에 대한 강성 우파 견해를 제시했던 수엘라 브래버먼(Suella Braverman) 내무장관을 해임하고 데이비드 캐머런(David William Donald Cameron) 전 영국 총리를 외무부 장관으로 복귀시키는 개각을 단행하였다. 리시 수낙 영국 총리가 이끄는 보수당 지지율이 노동당에 밀리자 국면 전환을 위해 승부수를 던졌으나 사회적으로는 논란이 많다.

캐머런 외무부 장관은 러시아와 중동전쟁이라는 국제적 도전에 대응하기 위해 동맹국과의 관계 강화 및 영국의 역할을 강조하며 새로운 분위기 형성을 위해 매진하고 있다. 그러나 유럽연합 탈퇴로 경제가 악화되고 있다고 믿는 영국인은 국민투표를 실시했던 캐머런의 재등장으로 과거 국민투표의 결과를 직면해야 하는 영국인의 상처를 덧나게 하고 있다.

영국은 현재 한가하게 친선외교를 하고 있는 상황이 아니다. 70년 만에 처음 이루어진 국왕 연설(King's Speech)의 핵심은 코로나19와 우크라이나 전쟁의 영향으로 중대한 도전에 직면한 영국이 나가야 할 방향을 고민하는 것이었다. 가장 우선시 되는 것이 인플레이션을 낮추고, 가계의 생활비를 완화하며, 기업이 새로운 일자리와 투자에 자금을 조달할 수 있도록 지속적으로 조치를 취해 경제 성장률을 높이는 것이다. 이를 위해 무역 및 투자를 촉진하기 위한 법안을 추진하고 영국에 일자리와 성장을 제공하는 역동적인 국가들과 경제와 무역 협정을 계속 협상할 것이라고 강조하였다. 이외에도 국민보건서비스와 주택 등 영국이 당면한 다양한 문제를 해결하기 위해 노력한다고 하였다. 그러다 뜬금없이 한국 대통령의 국빈방문을 환영하게 되기를 기대한다고 언급한 후 다시 영국 대내외적 문제 해결을 위해 노력한다고 하면서 연설을 마무리 하였다.

70년 만에 이루어진 국왕의 의회연설에서 영국이 직면한 대내외적 문제와 해결책을 논의하다가 갑자기 한국 대통령 방문을 환영한다는 한마디에 모두 어리둥절하고 있다. 나는 이 부분을 보는 순간 불안하였다. 한국이 대처를 잘 해야 할텐데, 어떤 의미가 내포된 것일까? 이 연설을 한 후에 국왕은 처음으로 런던 근교 한인 타운을 방문해서 한국 문화에 관심도 보이고 농담도 하면서 한국과의 친선 분위기를 만들었다. 또한 한국전쟁 참전 용사도 만났다. 영국은 11월 2째 주 제1차와 제2차 세계 대전에서 희생된 전몰자들을 추모하는 행사가 있는데, 한국전 참전 전몰자도 포함시켰다. 이런 저런 경우를 포함해서 한국과의 만남에 보여주기 식의 공을 들이고 있는 셈이다.

이 모든 것이 그냥 우연의 일치이거나 일상적인 행사의 일부는 아닐 것이다. 한영수교 140주년을 기념하여 한국과 영국은 더 많은 분야의 교류를 확대하여 미래지향적인 관계를 유지해야 할 것이다. 지피지기면 백전백승이라는 말이 있다. 더불어 최고로 대우하는 국빈 방문이라는 타이틀 속에 은닉된 영국의 경제적 정치공학도 정확하게 꿰뚫어 보아야 할 것이다. 영국 왕의 맥락없는 '환대'의 말에 우리의 '퍼주기 식' 의전 외교로 끝나지 않게 하기 위해 국익을 위한 치열한 계산이 필요해 보인다.

• 구체적인 실리 추구와 우호 증진의 함수

한국 대통령이 영국을 국빈 방문한 사실은 여러 뉴스에서 보도하여 천하가 알고 있다. 영국은 국왕 부부 및 왕세자 부부까지 나서서 최고 대우를 하였고 의회에서 대통령 연설, 수낙 총리와의 대화 등 영국이 총동원되어 극진하게 대접한 것처럼 보인다. 영국의 국가 이익을 위해 황실과 정부가 혼연일체가 되었고, 이런 노력에 대해 영국은 분명하게 수치로 한국에게 대가를 요구하였다.

한영 양자 회담에 앞서 수낙 총리는 한국 기업들이 영국에 투자하기로 약속한 210억 파운드를 언급하였다. 내가 예상한 대로 영국이 한국에게 기대하는 이번 만남의 핵심은 한국과의 무역과 투자 유치이고, 그 일환으로 새로운 자유무역협정에 관한 협상이 진행되는 것이다. 이에 대해서는 AFP통신도 분명하게 밝히고 있다. 영국은 새로운 협정을 통해 투자와 무역을 촉진하며, 세계 안정을 지원할 뿐만 아니라 영국의 이익을 보호하고 오랜 기간 지속되는 우정을 구축할 것이라고 하였다.

한국이 영국에 투자하는 210억 파운드는 한화로 34조원이 넘는 돈이다. 월드뱅크에 따르면 2022년 기준 한국의 1인당 국민소득은 35,990달러이고, 영국은 48,890달러이다. 2023년 한국의 국가예산이 639조원이라는데, 단순하게 계산해도 국가예산의 몇 퍼센트가 영국에 투자되는 상황이다. 영국의 유럽 연합 탈퇴로 경제적으로 어려워졌다고 하지만 영국의 경제를 한국이 걱정할 정도는 아니며, 한국이야 말로 실리 추구를 위해 매진해야 하는 상황이다.

영국 하원 의장은 한국전에서 영국이 역할한 것을 언급하였고 경제 대국으로 성장한 한국의 위상에 맞는 역할론을 주문하였다. 영국은 미래에 적합한 자유무역협정(FTA)으로 경제를 성장시키고 고도로 숙련된 일자리를 지원하겠다고 하였다. 또한 영국은 한국군과의 합동 훈련에서 작전 강화를 합의할 예정이며, 인공지능, 반도체, 양자와 같은 기술 분야에서 더 긴밀히 협력할 것이라고 하였다. 영국은 두 나라가 혁신에 집중하고, 신기술을 활용하고, 규칙에 기반한 국제 질서를 수호하는 과정에서 영국과 한국은 자연스러운 파트너가 될 것이라고 하였다.

버킹엄궁에서 열린 근위병 교대식에서는 군악대가 K팝 히트곡을 연주했고, 찰스 국왕은 연회에서 팝 장르에 친숙함을 표시하기도 하였다. 걸그룹 블랙핑크 멤버들에게 환경 보호 활동을 칭찬하며 대영제국 명예 훈장을 수여하였다. 영국은 국빈 초대용 파티 비용을 지불하며 문화적인 교류를 강조하는 말잔치를 성대하게 벌인 것 같다.

그렇다면 한국은 영국과의 관계에서 구체적인 수치로 무엇을 챙겼는가? 영국 순방 결과의 핵심은 국제 지역 정세에 공동 대응하기 위한 '안보 협력', 공급망 강화 등 '경제 안보' 협력, 원전 등 '에너지 협력'이다. 구체적으로는 이미 한국에서 일찍부터 협력하고 있는 영국 에너지 기업 BP와 코리오제너레이션이 1조 5천억을 투자한다고 했다. 건설중인 해상 풍력 발전 단지 등에 좀 더 투자하는 것이다. 한국이 34조원을 영국에 투자하고 1조 5천억을 투자 받는 것이 수치적인 성과이다. 아시아태평양경제협력체(APEC) 정상회의 참석 이후 미국 기업으로 투자 받는 것이 공교롭게도 1조 5천억원이다.

물론 수치가 눈에 보이지 않는다고 해서 정치적, 안보적, 사회적, 문화적 가치를 무시할 수는 없을 것이다. 그럼에도 불구하고 정확하게 눈에 보이는 수치로 경제적 이익을 챙긴 영국과 한국이 얻은 무형의 자산 가치가 바로 비교 되지 않아서 답답하게 느껴진다.

서로 우호적인 교류를 하는 것이면 대등하게 주고 받는 것이 명백하게 보이면 훨씬 좋을 것이다. 영국에 경제적인 투자와 한영간 우호증진의 함수관계를 제대로 풀지 못해서 궁금해 하는 국민들을 위해 순방 성과가 잘 정리되어 가시적인 성과를 보여주면 아주 좋을 것 같다.

세계를 향해 위상을 확대하고 있는 한국이 알맹이 없는 명분만 챙기는 형식의 협상을 하지는 않았을 것이고 그렇게 해서도 안된다. 대등한 교류를 통해 이루어낸 엄청난 경제적, 정치적 성과에 대한 보도가 쏟아져서 말잔치 보다 손에 잡히는 실리를 느끼고 싶어 하는 국민들의 갈증을 해소해 주면 좋겠다.

• 영국의 민주평통과 국군포로 인권

영국 런던 근교 킹스턴 길드홀에서 민주평화통일자문회의 영국협의회가 주최한 「자유의 목소리」라는 주제의 회의가 열렸다. 한국전쟁시기 국군포로가 북한에서 돌아오지 못한 채 심각한 인권 침해에 시달렸다는 것이다. 회의에는 주영국대사뿐 아니라 런던 킹스턴 지역 전임 시장, 의원들, 영국인 한국참전용사 및 영국 각지에서 거주하는 한인들도 참여하였다. 런던 킴스 댄스 그룹의 힘찬 북소리에 맞춘 문화공연을 시작으로 탈북자 이은진 씨의 구슬픈 노래에다 대금과 춤으로 어울어지는 아름다운 공연이 이어졌다. 한국전에서 킹스연대 보병으로 참전했던 영국인 브라이

런던 킴스 댄스 그룹 축하공연

자유의 목소리 포스터

언 호프 씨가 당시 자신의 동료가 실종되었는데 그 후로 소식을 듣지 못한 상황에 대한 증언도 이어졌다. 실종된 동료가 살아있을 가능성은 없다고 할지라도 여전히 진실을 알아야 한다고 주장하였다. 90세가 넘은 참전용사가 행사에 참여해서 발표할 뿐 아니라 3시간 동안 진행된 행사와 그후에 진행된 식사까지 꼿꼿하게 앉아 있는 모습이 경이로왔다.

 탈북자 출신 이도영 씨와 손명화 씨는 자신의 아버지가 국군포로로 어떠한 대접을 받고 탄광에서 어떻게 일을 하였는지 증언하였을 뿐 아니라 국군포로 가족이 북한에서 '괴뢰군 43호'라는 딱지를 달고 연좌제에 얽혀 인간 이하의 취급을 받은 것에 대해서도 생생하게 설명하였다. 정말 믿기 어려운 상황이 반복되는 생활이었지만 그래도 아버지 유언을 받들기 위해 유해라도 한국에 모셔오려고 엄청난 위험을 감수하고 고비를 이겨나갔다고 한다. 심지어 유해를 2개의 가방에 담아 옮기다가 발각되어 한 개의 가방이 북송되는 바람에 아버지 유해가 하반신은 남한에 상반신은 북한에 있다는 증언에는 아무런 말을 할 수 없었다.

한국전쟁 당시 6만여 명 정도의 국군이 포로로 끌려갔으나 정전 협정 이후 북한은 포로였던 국군이 전향했다는 이유를 들어 8000여 명만 송환하였지만 UN군과 한국은 3만여 명의 북한군 포로를 송환했다. 당시 왜 이렇게까지 포로 교환이 비율에도 맞지 않게 진행되었고 수많은 국군포로가 여전히 북한에 억류되어 있었음에도 불구하고 송환시키지 못했을까? 국군포로는 북한에 존재하지 않는다는 말을 그대로 믿어서 그랬을까? 국군포로 송환을 위해 그동안 대한민국 정부는 어떠한 노력을 하였을까? 남북관계는 생각보다 깊이 있게 연구해야 할 주제가 산적해 있는 것 같다.

1994년 조창호 소위가 최초로 자력으로 탈출하여 한국에 와서 미귀환 국군포로의 실상을 알린바 있다. 그 후 80여명의 국군포로가 탈출에 성공하여 한국에 안착하기는 하였으나 2010년 이후에는 탈출자가 없어서 이미 고령이 되어 여러 가지 어려움이 있을 것으로 추정하고 있다. 민주평통 모임에서는 북한에 억류된 국군포로와 관련된 「버려진 영웅들 43호」라는 다큐멘터리도 상영되어 관련 내용을 전혀 모르는 사람들이 충격에 휩쌓이기도 하였다. 국군포로 가족들은 주홍글씨를 달고 사상검증과 공개비판, 고문, 천대와 멸시 등을 견디어 내면서 "피눈물에 뼈로 적은 이야기"를 간직하고 있는데, 얼마나 참혹하였을지 상상하기 어렵다.

국가를 위해 헌신한 분들은 한 명이라도 끝까지 국가가 책임지고 챙기는 모습을 보여야 하고 이에 대해서는 대한민국 정부라면 꾸준한 정책으로 관련 문제를 해결해 내야 할 것이다. 그것이 국가가 국민에 대한 책무임에도 불구하고 당시 정치적, 경제적, 사회적, 문화적 수준이 이에 미치지 못해서 그랬을까? 아니면 대체로 자기 삶에 바쁘다는 핑계로 이런 문제를 철저하게 외면해서 그랬을까? 지금 되돌아 보면 안타까운 문제가 한 둘이 아니다.

한민족은 국가를 잃어본 경험이 있다. 국권이 없으면 민권도 주장하기 어려운 상황은 쉽게 접할 수 있다. 한반도가 언제 어디서라도 당당하게 세계와 겨룰 수 있는 수준을 지켜 나가야겠지만 과거 국가가 제대로 역할을 못해 국민에게 크게 상처 주었던 점에 대해서는 모두가 관심을 갖고 더불어 해결해 나갈 의지를 가져야 할 것이다. 특히 국가를 지키기 위해 노력했던 분들에 대한 예우는 더욱 철저히 챙겨야 할 것이다.

그럼에도 불구하고 이런 것이 제대로 챙겨지지 못한 이유는 여전히 한반도가 분단되어 있고 정치적, 사회적으로 상호 적대적이기 때문이다. 한반도에 평화가 없으면 한반도에 거주하는 국민이 피해를 보고 인권이 유린되는 일이 발생한다. 우리에게 자유와 인권이 얼마나 소중한 것인지는 새삼스럽게 강조하지 않아도 삼척동자도 안다. 난민 신분으로 영국 런던 근교에 수 백명의 탈북자가 거주하고 있다. 그들이 어떤 경로로 영국에 오게되었든 결국 남과 북이 제대로 대화하지 않고 자기 국민을 제대로 관리하지 못해서 빚어진 사태일 것이다. 북한에 억류된 국군포로, 탈북하여 외국에서 난민으로 있는 탈북자들 모두 한민족으로서 인권이 유린되지 않도록 지혜를 모을 필요가 있다.

영국에 거주하면서 꼭 풀어보고 싶은 숙제가 아일랜드 및 북아일랜드와 영국, 스코틀랜드와 영국과의 관계이다. 이들은 역사적으로 복잡한 갈등 관계로 얽혀 있어서 이들 관계를 이해하는 것이 영국의 미래를 이해하는데도 도움이 되기 때문이다.

5세기 경 아일랜드에 기독교가 전파되었지만, 6-7세기에 켈트 다신교로 대체되었다. 9-10세기에 바이킹의 침입을 받았고, 12세기(1169) 노르만 왕조의 직할령이 되었다가 그 후 700여년간 영국이 통치하였지만 여전히 아일랜드에 다양한 소국이 존재하였다.

1261년 켈트족 군대가 노르만을 상대로 선전하면서 세력 범위가 점차 확대되었는데, 1348년 흑사병으로 도시에 거주했던 노르만의 피해가 심각하자 영국의 통제력도 감소하였다. 게다가 영국은 장미전쟁으로 혼란에 휩쌓여 아일랜드 더블린 정도로 통치 영역이 축소되었다. 그러나 종교개혁을 단행했던 헨리 8세는 1536년에 아일랜드를 다시 정복하여 영국의 통치를 선언하였다. 그럼에도 저항은 이어졌고, 1649년-1653년에 크롬웰이 재차 아일랜드를 정복하여 영연방 통치하에 두었다.

종교가 단순히 종교의 영역에만 있는 것이 아니라 정치권력과도 직결되다 보니 영국 성공회와 아일랜드의 로마 카톨릭과의 싸움으로 번져 종교핍박으로 이어졌다. 카톨릭 신자들의 공직 진출도 제한하였고, 17세기 말 카톨릭 신자를 대변하는 의원이 한명도 없는 정치적 상황에서 전체 인구 85%의 카톨릭 신자의 의견은 무시되었다. 따라서 1534-1691년까지 아일랜드에서 다양한 저항 운동이 속출했다.

1801년 아일랜드가 그레이트 브리튼 아일랜드 연합왕국에 합병될 때에도 카톨릭 신자는 의원이 될 수 없었다. 아일랜드의 저항으로 영국은 1914년 아일랜드 정부법과 1920년 아일랜드 정부법을 제시하였지만 끝내 그들의 독립 열기를 막아내지 못하였다.

아일랜드 사람들을 옥죄었던 킬매인햄 감옥(Kilmainham Gaol)은 1792-1795년에 건축되었다. 이곳은 아일랜드가 독립을 지향했던 고통스러운 과정을 살펴볼 수 있는 중요한 장소 중 하나이다. 1798, 1803, 1848, 1867, 1916년에 이르기까지 아일랜드에서 일어난 다양한 봉기로 수많은 사람들이 고초를 당해야 했다. 그중에서도 1916년에 행해진 사형은 아일랜드 사람들 마음속에 감옥의 이름을 아로새기게 만들었다. 1916년 5월 3일에서 12일 사이에 15명이 사형당하였다. 1922년 이곳의 감옥수들이 항거(The Civil War)하였고, 결국 아일랜드가 독립전쟁에서 승리함으로써 1922년 아일랜드 공화국이 수립되었다. 그 후 1924년에 감옥이 폐쇄되었다.

아일랜드를 설명할 수 있는 또 하나의 감옥은 영국령 북아일랜드 벨파스트에 있는 크럼린로 감옥(Crumlin Road Gaol)이다. 이 감옥은 19세기 A급 감옥으로 1843-1846년에 건축하여 150년간 25,000명 이상을 수용 관리하다가 1996년에 폐쇄되었다. 외관이 아름답게 장식된 육중한 건축물이어서 지도를 따라가지 않았다면 감옥인줄도 모르고 그냥 지나칠 뻔 했다. 아름다운 건물에서 가장 추악한 일들이 일어난 것은 매우 역설적이다.

감옥 안을 들어가면 먼저 감옥의 시작부터 폐쇄까지의 역사와 사형이 집행된 년도 및 사형수의 명단이 쭉 나열되어 있다. 감옥 방의 쓰임에 따라 기능별로 구분해 두고 그에 대한 설명과 소품들이 같이 전시되어 있다. 밖으로 나가면 사형을 시켰던 장소를 표시해 두고 언제, 누가 사형을 당하

크럼린 감옥 전경

크럼린 감옥 내부

였지를 간단하게 설명해 두었다.

감옥안의 조금 넓은 방을 활용하여 영상을 볼 수 있게 한 곳이 있는데, 어린이 만화 형태로 그림을 그려서 영국의 아일랜드 점령과 아일랜드 독립, 영국령의 북아일랜드로 되는 피로 물든 역사를 설명하고 있다. 만화 형태로 그림을 그린 영상으로 설명하기 때문에 당시의 처절함이 많이 희석되어 보이기는 하지만 끊임없는 분쟁이 있었음은 상상하고도 남은직 하다.

현재 영국과 아일랜드와의 관계가 정리되어 평화로운 관계를 유지한다고 보기는 어렵다. 그렇다고 교류가 통제되거나 그런 것은 아니다. 아일랜드 수도 더블린과 영국령 북아일랜드 수도 벨파스트는 분명 서로 다른 국가로 국경이 있지만 보이는 국경은 없다. 즉, 서로 다른 국가이지만 현실적인 생활에서 국경이라는 장벽을 느끼기는 어렵다. 더블린 공항에서 벨파스트로 가는 버스가 항시 운행하고 있는데, 두 지역간 경계선을 느낄 수는 없다. 아일랜드 섬 전체를 통틀어 이곳에 사는 사람을 아이리시라고 한다. 이들은 아이리시인가 영국인인가? 아일랜드에 사는 사람은 아이리시, 북아일랜드에 사는 사람은 북아일랜드 아이리시 혹은 브리티시라고 표현하기도 한다.

아일랜드 사람들하고 영국과의 관계나 영국에 대한 감정에 대해 질문해 보고 싶었지만 상처를 건드리는 것 같아서 선뜻 질문하기가 쉽지 않았다. 다만 답사 중 만난 독일에 살고 있는 아일랜드 출신 여성은 기회가 될 때마다 아일랜드를 방문하면서 조국의 모습을 마음 속에 담아 둔다고 하였다. 아일랜드로 돌아와서 살 생각은 없지만 그래도 아일랜드의 모습을

벨파스트에 소재한 퀸스 대학교

보면서 조국에 대한 그리움을 차곡 차곡 챙겨둔다고 한다.

영국과 아일랜드와의 관계를 간단하게 감옥의 내용으로 대변해 보았지만 이 또한 극히 일부분의 모습일 수 밖에 없다. 흥미롭게 느낀 것은 유럽 대다수 국가들의 차량은 왼쪽에 운전석이 있는데, 영국은 오른쪽에 운전석이 있다. 그런데 아일랜드도 오른쪽에 운전석이 있는 것을 보고 '앗, 이건 뭐지?' 하는 생각이 들었다. 영국의 오랜 통치로 어쩌면 자연스러운 일이기도 할텐데, 내가 너무 많은 아일랜드의 독립적이고 투쟁적인 스타일을 기대하는 것인가 하는 생각도 문득 스쳐갔다.

• 아일랜드 정체성과 켈스 성경

더블린 트리니티 칼리지 구 도서관

아일랜드에서 가장 오래되고 가장 아름다운 대학을 꼽으라고 하면 1592년 엘리자베스 1세 여왕(Queen Elizabeth I)의 명으로 세워진 더블린 대학의 트리니티 칼리지(Trinity College)이다. 이는 1320년 중세의 더블린 대학에 기초를 둔 것이다. 아름다운 대학 건축물도 볼거리에 속하지만 고색찬연한 도서관에 1661년부터 켈스 성경(Book of Kells)을 소장하고 있는 것으로도 유명하다. 이 성경

376

은 유네스코 세계 기록유산으로 지정된 아일랜드 국보이다.

그림과 더불어 성경 내용이 필사된 이 성경은 800년 경에 제작된 것으로 세계에서 가장 오래된 성경 중의 하나로 추정되고 있다. 이 책은 외딴 아이오나 섬(Island of Iona)에 있는 수도원 수도사에 의해 완성된 것으로 보고 있다. 795년 바이킹이 아이오나 섬을 침략하여 68명의 수도사가 죽임을 당하였는데 소수의 살아 남은 수도사가 위험을 무릅쓰고 챙겨 나와 켈스 수도원에 옮겨두었다가, 그 후 850여 년이 지난 시점에 트리니티 칼리지에 보관하게 되었다.

이 책은 신약성경의 마태, 마가, 누가, 요한 4복음서를 라틴어로 쓴 것인데, 서문과 요약문 등도 같이 있다. 마태는 그리스어로 복된 소식을 가져온다는 뜻으로 사람을 상징하고, 마가는 사자, 누가는 양(송아지), 요한은 독수리로 상징되었다. 사람의 몸을 입고 태어나서(마태복음) 세상을 구원하기 위해 희생양이 되셨으며(누가복음) 사자로 상징되는 부활을 통해(마가복음), 독수리처럼 하늘로 날아간(요한복음) 예수 그리스도의 삶을 묘사한 것이다.

암실같은 방에 유리 케이스 안에 보관된 이 책의 한쪽은 그림이, 다른 한쪽은 글자가 적혀 있는데, 그림의 정교함, 색상의 화려함, 보관 정도의 완정성을 고려하면 도저히 수백 년 전의 책이라고 믿기 어려울 정도로 말끔하다. 일반적으로 수백년 전의 책이라고 하면 모름지기 역사성과 세월의 풍파가 묻어 나는 듯한 느낌이 있는데, 이 책은 너무도 깔끔하고 완벽하게 보관되어 있어서 놀라웠다. 그런데 디지털로 만들어 둔 원본을 보니 역시 세월과 역사의 흔적이 고스란히 남아 있어서 아마도 전시관에 전시된 것은 가장 완벽하게 보이고 의미있는 페이지를 펼쳐 두고 잘 관리한 것 같다. 세월의 흔적이 보이는 디지털 본에서도 선명한 색채는 여전하여

켈스 성경

그 가치는 충분히 증명되는 것 같다.

이 성경책을 만드는데 185마리 정도의 송아지 가죽을 사용했다고 한다. 송아지 가죽을 정성껏 깔끔하게 다듬어서 매끈한 최고급 품질 상태의 가죽에 성경 내용을 기록하였다. 책의 일부인 카이로 페이지(The Chi Rho Page)는 그리스어의 약어로 크라이스트(그리스도)를 상징하는데, 그리스도와 관련된 내용이 그림에 섬세하고도 세밀하게 묘사되어 있다.

켈스 성경 글자체

378

이 책은 트리니티 칼리지의 옛날 도서관에 전시되어 있는데 사전 예약을 해야만 관람이 가능하다. 전시관에 들어서면 아일랜드 고언어를 이해할 수 있는 전시물을 접할 수 있다. 그 중 오햄 비석(The Ogham Stones)에 새겨진 것은 4-6세기경에 사용되던 아일랜드 초기 언어인데, 1세기경부터 사용된 것으로 추정되기도 한다. 이 비석은 아일랜드 서남부 지역에서 많이 발견되고 있다. 아일랜드 정체성을 담은 고어 전통은 켈스 성경으로 이어졌는데, 이 책은 종교의식시 사용한 특별한 성경인 것으로 보고 있다.

성경과 관련된 전시물을 둘러 보고 2층으로 올라가면 1712-1732년 경에 건축된 멋진 도서관의 풍모를 볼 수 있다. 가운데 65미터의 긴 통로를 두고 양옆으로 1층과 2층으로 구분되지만 연속적으로 바닥에서부터 천장까지 이어지는 책꽂이에 빽빽하게 책이 꽂혀 있어 장엄해 보인다. 옛날 도서관에 20여만 권의 고서를 보관하고 있다고 하지만 지금은 일부분 책장에만 책을 꽂아 두어서 전체적인 도서관의 분위기만 느낄 수 있는 정도로 정리하여 공개하고 있다. 전체적으로 짙은 나뭇빛 색채를 그대로 살렸는데 매우 차분하고 엄숙해 보여서 집중해서 공부하기 매우 좋을 것 같은 분위기이다.

통로 중앙에 있는 전시관에는 1916년 아일랜드가 영국에서 독립을 선포했던 아일랜드 공화국 선언문(Proclamation of the Irish Republic)이 전시되

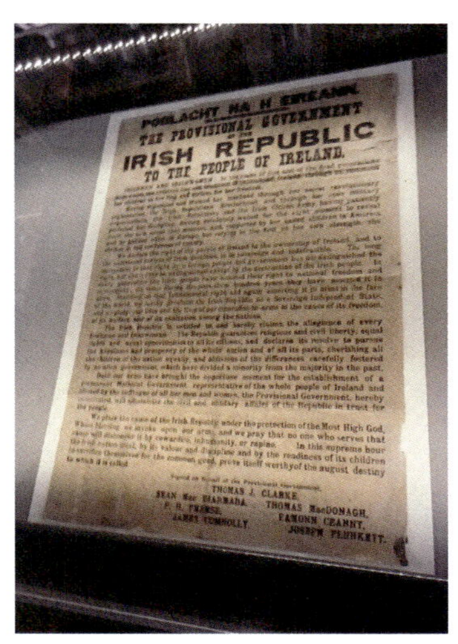

트리니티 구 도서관에 전시된 1916년 아일랜드 독립선언문

저항군의 총본산이었던 GPO전경

어 있다. 이 선언문에 서명했던 사람들은 1916년 4월 26일 부활절 봉기가 진압된 후 모두 처형되었다. 저항하는 의용군의 총본산이었던 GPO(The General Post Office)에는 당시의 역사를 증언하고 있다. 이들의 독립 의지는 사형이라는 극형의 조치에도 꺾이지 않았고 살아남은 자들이 그 정신을 이어 받았다. 결국 1921년에 영국-아일랜드 조약을 통해 총 32개주 중 남부의 26개주가 아일랜드 자유국으로 독립하게 되었다. 1949년에는 영연

아일랜드 물리학자 어니스트 왈톤의 노벨상

방에서 탈퇴하여 아일랜드 공화국으로 완전하게 독립하였다.

아일랜드 물리학자로 노벨상을 수상한 어니스트 왈튼(Ernest T. S. Walton)의 노벨상장과 메달도 같이 전시되어 있어서 아일랜드 국보

켈스 성경 디지털 연출관

전시를 확인할 수 있다.

2층 도서관을 빠져 나와 외부에 설치된 특별관으로 가면 디지털 만화 영상을 활용하여 켈스 성경이 살아남게 되는 과정을 살펴볼 수 있다. 아일랜드 고대언어에서부터 중세시기 제작된 성경의 실물 그리고 현대의 디지털 영상까지 동원하여 성경의 가치를 입체적으로 보여주기 위해 노력한 면모를 확인할 수 있다.

이 전시는 많은 유물과 자료를 나열한 것은 아니지만 짧고 굵게 아일랜드의 정체성을 명확하게 보여준 것 같다. 아일랜드 고어와 켈스 성경을 통해 아일랜드의 역사와 민족적 정체성을 보여주었다. 아일랜드 공화국 선언문을 통해 수백년간의 영국 통치에도 불구하고 독립의지를 불사르며 자신의 정체성을 지킨 아일랜드의 민족적 정기가 느껴졌다.

아일랜드 타라 유적지

아일랜드 고대 유적지

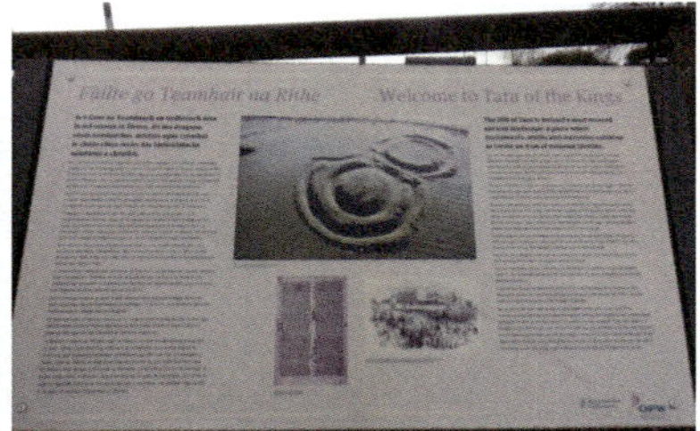

아일랜드 타라 유적지

• 아일랜드 이민박물관과 분화된 갈등

　영국의 지배를 받았던 아일랜드는 1660년대 이후 독자적인 해외무역이 제한되었고, 생산된 곡물은 영국으로 유출되어 식량이 부족한 상황이었다. 그러나 감자가 전래되면서 유럽 최초로 감자를 주식으로 하면서 점차 인구도 증가하였다. 18세기에 기근과 추위까지 겹친 흉작으로 인구의 10-20%가 사망하기도 하였는데 그 후 안정기에는 다시 인구가 증가하는 등 변화가 요동쳤다. 1845-1851년 또 다시 대기근이 발생하고 감자역병으로 수확물까지 감소하면서 엄청난 피해가 발생하였다. 이 기간에 100

382

아이리시 이민박물관 전경

만명 이상 사망하고 100만명 이상 해외로 이주하였고, 20세기 초반까지 지속적인 해외이주로 인구가 절반으로 줄어 들기도 하였다. 이를 계기로 아이리시 문화가 다양한 지역으로 확대되었다.

이런 과정을 가장 잘 보여주는 곳이 EPIC이라고 불리는 아이리시 이민 박물관(The Irish Emigration Museum)이다. 이곳은 1817-1820년에 담배와 차 등을 보관하기 위해 건축된 역사적인 건물인데, 대기근 당시 수많은 사람 들이 아일랜드를 떠났던 출발점이었던 리피강이 내려다 보이는 곳이어서 이민 박물관이 들어서기에 적절한 곳이기도 하다. 인구 600만명이 되지 않는 아일랜드이지만 전세계적으로 약 7천만명의 사람들이 아일랜드 유 산이나 뿌리와 연결되어 있음을 스스로 천명하고 있다고 한다.

이민 박물관은 조명이나 전시 기법 등에 신경을 쓰면서 아일랜드 역사 시작부터 이주의 시작, 새로운 세계로의 도착을 먼저 설명하였다. 각 사회

아일랜드 더블린의 밀레니엄 상징탑

속에서의 역할과 갈등, 영향력 및 생활 문화에 이르기까지 아이리시 문화와 역사를 전반적으로 보여주려고 노력하였다. 총 20개 전시관으로 구성된 이민박물관은 박물관용 여권을 들고 다니면서 방마다 도장을 찍으면서 최종 전시관에 이르도록 만들어서 무심코 지나치는 전시관이 없도록 구성하였다.

전시관을 돌면서 눈에 띄는 장면이 있었다. 옥스퍼드에서 지내다보면 루이스(C.S. Lewis) 작가에 대한 명성에 대해 종종 듣게 된다. 20세기 영국 최고의 작가로 대접받는 그는 옥스퍼드 대학을 나왔을 뿐 아니라 옥스퍼드 대학에서 가르쳤던 문학가이다. 그가 가르쳤던 칼리지 옛 도서관에 가면

루이스 작품 전시

모들린 칼리지 구 도서관에
전시된 루이스 동상

그곳에 2세기로 추정되는 성경 파편과 초기 성경책 몇 권 및 루이스에 대한 특별 전시가 있지만, 이는 특별한 경우만 관람할 수 있다. 옛날 도서관 자체가 특별한 경우에만 오픈하게 되므로 아무 때나 관람하는 것이 불가능하다. 루이스는 원래 무신론자였다가 기독교 신앙을 갖게 되면서 평신도로서 기독교 사상을 담은 수많은 문학작품을 발표하여 많은 사람들에게 영향력을 미친 대표적인 인물이다.

영국의 유명 문학 작가인 루이스는 아일랜드 이민박물관에서는 북아일랜드 벨파스트에서 출생한 자랑스런 아이리시라고 설명되어 있었다. 물론 현재 북아일랜드는 영국의 일부분이지만 아일랜드 민족주의자들은 북아일랜드를 영국에 점령당한 지역으로 부르기도 한다. 아일랜드와 영국간 복잡한 영유권 갈등은 1998년 4월 13일 양국간 벨파스트 협정(The Belfast Agreement) 혹은 성금요일 협정(Good Friday Agreement)을 체결하여 북아일랜드 영유 분쟁을 종결하게 되었다.

자이언트 코즈웨이로 가는 길에 볼 수 있는 아이리시 영역 표시의 국기

북아일랜드 벨파스트에서 세계자연유산으로 등재된 자이언트 코즈웨이(Giant's Causeway)를 가다보면 독특한 현상을 볼 수 있다. 특정 지역에는 아일랜드 깃발이 걸려 있고 심지어 도로에도 아일랜드 국기 색깔이 칠해져 있다. 그런데 길을 쭉 따라 가다보면 이번에는 동네 중심으로 커다란 왕관 형태의 상징물이 세워져 있기도 하다. 어느 지역에 어떤 상징물이 있느냐에 따라 아일랜드를 지지하는 곳이기도 하고 영국을 지지하는 곳이기도 하다.

물론 현재 특별한 일 없이 평화롭게 지내고 있지만 그런 표식을 대외적으로 보이는 것 그 자체가 갈등이 내재해 있음을 보여주는 것이어서 흥미로웠다. 개신교 신자들이 많은 북아일랜드는 현재 영국과 운명을 같이 하기를 희망하는 사람이 조금 더 많은 상황이지만 그들이 영국인인지 아이리시인지에 대한 정체성 질문은 끊이지 않을 것으로 보인다. 실질적인 국경이 없는 아일랜드와 북아일랜드는 하나의 국가인 것처럼 자유롭게 돌아다닐 수 있는 상황이다.

그럼에도 불구하고 영국의 아일랜드 통치부터 아일랜드의 심각한 기근과 불가피한 해외 이주의 아픔, 현재의 아일랜드와 북아일랜드가 서로 다른 국가로 존재하지만 아이리시로서 동일한 정체성이 있기도 하고 분화되어 있기도 한 상황이다. 그런 점에서 루이스 작가를 아이리시로 할지 영국인으로 할지의 문제로 다가올 수도 있겠다. 이민박물관에서는 루이스를 자랑스런 아이리시를 소개하고 있다.

북아일랜드는 자체 의회를 통해 북아일랜드 지역현안을 다루고 있다. 북아일랜드 차원에서 보면 영국과 같은 국가의 공동체이면서도 일정 부분 다른 면모의 특성도 갖고 있는데 이를 어떻게 계승 발전시킬 것이냐하는 것이 과제가 될 것이다. 영국의 입장에서는 오랫동안 아일랜드와의 분쟁이 있었음에도 불구하고 북아일랜드를 영국령으로 통치하고 있는 상황이다. 현재 북아일랜드와 아일랜드 사이에 특별한 경계선이 없는 형태를 어떻게 창조적으로 유지할 수 있을지가 향후 갈등의 폭발점이 될 수 있을 것이다.

• 자이언트 코즈웨이와 타이타닉 성찰

1986년 유네스코 세계자연유산으로 등재된 북아일랜드의 자이언트 코즈웨이(Giant's Causeway)는 고대 화산 활동으로 생성된 4만여개의 주상절리가 펼쳐져 있는 아름다운 곳이다. 거대한 현무암 기둥의 절벽 위를 걷다보면 드넓게 펼쳐진 해안 위로 솟아 있는 절경이 한 눈에 들어오지만 굽이굽이마다 새로운 면모로 속살을 보여준다. 육각형의 아름다운 주상절리는 바다 건너 스코틀랜드쪽으로 향해 있어서 성큼 걸어가는 거인의 발자국이 남겨져 있다는 전설도 있어서 태고의 모습을 보는 것 같다.

자이언트 코즈웨이

자이언트 코즈웨이의 주상절리

자이언트 코즈웨이는 지질학적으로 독특할 뿐 아니라 해안, 습지, 관목지, 황무지, 잔디밭, 자갈밭, 절벽 등 지역마다 다양한 생태계를 볼 수 있어서 천연의 지질 교육 현장이기도 하다. 한국에서도 제주도 및 동해안 일대에서 아름다운 주상절리를 볼 수 있지만 이곳에서 볼 수 있는 주상절리는 규모면에서나 생김새의 다양성 면에서도 압도적으로 출중하다.

내 손이 닿을 만한 절벽에 10여미터 높이의 병풍처럼 곧게 뻗어 있는 주상절리군과 현무암 절벽이 어우러 지는 것도 멋지지만 육각형, 팔각형 주상절리가 해안가에 드넓게 깔려 있어서 밟고 다니면서 각 층의 높이에서 게임을 즐겨도 재미있을 것 같은 곳이다. 주상절리를 일정 크기로 만들어서 벽돌처럼 쌓아 올린 듯해서 거인들의 놀이터였을 것 같은 자연의 신비에 감탄하지 않을 수 없다.

'세상에서 가장 큰 거울'이라 불리는 볼리비아 살라드 데 우유니(Salar de Uyuni) 소금 사막에서 드넓게 깔린 벌집 모양의 소금덩이를 보면서 신비로움을 느끼지 못하는 사람은 없을 것이다. 드넓은 소금 사막에 비라도 내리면 찰랑찰랑한 물결 위로 하늘의 모습을 그대로 재현하는데 이곳에 가면 하얗게 눈이 내린 듯 끝없이 펼쳐지는 광경에 매료되어 뛰어 다니고 싶지만 뭔가가 나를 잡아 끌어서 그냥 서서 명상에 잠기게 하는 힘이 있다.

거친 바다와 육각형의 주상절리가 절묘하게 어울어지는 자이언트 코즈웨이는 멀리서 보면 빨리 뛰어가 보고 싶은데, 실제로 그곳에 도착하면 주상절리 위에 주저앉아 드넓은 바다를 바라보면서 상상의 나래를 펴고 싶은 힘이 더 강하게 작용하는 신비가 있는 것 같다. 거대한 대자연 앞에서 인간의 왜소함을 느끼는 겸손함 때문일까?

그래도 천천히 반나절을 걸으면서 아일랜드의 비애와 자연의 신비와

북아이랜드의 다크 헷지(The Dark Hedges). 「왕좌의 게임」 촬영 장소로 유명

거친 자연의 아름다움을 만끽하고 난 후 다크 헷지(Dark Hedges)로 가면 동화 속에 들어온 기분이다. 주변의 드넓게 펼쳐진 목초지 사이로 난 오솔길에 길 따라 도열된 수 백년된 거대한 너도 밤나무는 자연스럽게 이러저리

벨파스트 곳곳에 그려진 그래피티

벨파스트 타이타닉 박물관

휜 모습이 기괴하기도 하고 이 세상 분위기가 아닌 느낌도 든다. 유명 드라마 「왕좌의 게임」에서 왕의 길로 나와서 더욱 유명해진 길이기도 하다. 「왕좌의 게임」이 유명한 만큼 곳곳에서 그 흔적을 찾아 볼 수 있는데 타이타닉 박물관 근처에서도 「왕좌의 게임」에 나오는 왕좌를 확인할 수 있다. 권력과 자본과 허영으로 뭉친 인간 자만함의 종합판을 상징하는 것이 타이타닉호일까?

도심지 곳곳에 그래피티로 장식된 벨파스트(Belfast)에는 타이타닉을 실제로 만들었던 조선소가 있고, 그 근처에 박물관도 있다. 박물관을 설계한 에릭 쿤(Eric Kuhne) 건축가는 타이타닉을 상징하는 배 모양에 건물 중앙에는 크리스털로 얼음을 표현하였고, 양옆으로는 3000여개 알루미늄 패널로 파도를 표현하였고, 건물 주변은 물로 둘러 쌓여 있는 느낌을 표현하였다. 1845-1852년 무렵에 아일랜드에서 발생한 감자 대기근으로 많은 사람들이 일자리를 찾아 벨파스트로 몰려 왔던 것이 조선업이 크게 성장하

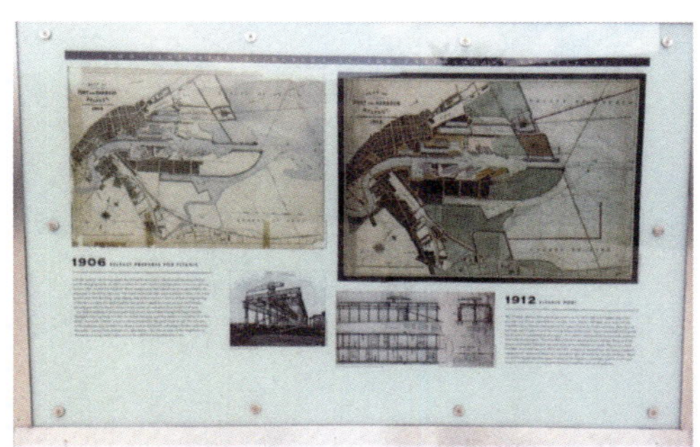

타이타닉항구설명판

는 계기를 만들기도 하였다.

집약된 기술의 상징으로 만들어 져서 어떠한 장애물에도 끄떡없을 거라고 하면서 자신만만하게 내놓은 초호화 타이타닉호는 1909년에 건조하기 시작하여 1911년에 진수하였고, 1912년 4월 10일 사우샘프튼(Southampton)을 출발하여 뉴욕으로 향하였다. 2,224명이 탑승한 타이타닉호는 4월 14일 오후 9시 40분에 빙산 충돌 위험 경고를 받았지만 심각하게 받아들이지 않았다가 결국 11시 40분에 빙산과 충돌했다. 승객들이 급하게 탈출을 시작하였지만 4월 15일 새벽 2시 20분에 북대서양 심해사이로 타이타닉호는 사라지고 탑승자의 32% 정도인 710명만 생존하였다. 심해에 잠긴 타이타닉호는 영화로 재연되면서 아련하고 슬픈 추억으로 더욱 각인되었는데, 1985년에 그 잔해가 해저 4000미터에서 발견되었다.

타이타닉이 침몰한 지 100주년이 되던 2012년에 이를 기념하기 위한 전용 박물관을 개관하였다. 박물관 근처에는 타이타닉 건조 당시 현장이 보존되어 있는데, 여기에서 무엇을 성찰할 수 있을까? 인간의 과도한 자신감과 기술에 대한 맹신으로 발생한 재난은 여전히 반복될 수 있다는 것이다. 또한 기술과 윤리의 상관관계뿐 아니라 인간 도전 정신과 한계의 의미를 고찰하여 교훈을 얻을 필요도 있을 것 같다.

• 애딘버러 성과 로얄 마일이 스며있는 비애

스코틀랜드는 영국과 매우 가까운 듯 하면서도 독자적인 색채가 강한 곳이어서 양국 사이에 얽히고 설킨 역사가 항상 궁금하였다. 스코틀랜드의 정체성과 색채를 정확하게 파악하는 것이 영국을 포함한 브리튼의 미래를 이해하는 길이기도 하기 때문이다.

스코틀랜드에서 가장 상징적인 거리가 로얄 마일(Royal Mile)이다. 스코틀랜드 에든버러 성으로 부터 홀리루드 궁전(Palace of Holyroodhouse)까지 내

애딘버러 로얄마일 풍경

려가는 약 1.8km의 길에는 중세와 근대의 건축 양식이 혼합된 다양한 건축물이 역사를 설명하고 있다.

캐슬 록이라는 바위산에 세워진 고대 요새 에든버러 성(Edinburgh Castle)은 에든버러 시의 랜드마크이다. 이곳에 올라서면 애딘버러시가 한 눈에 조망될 뿐 아니라 스코틀랜드 역사도 한꺼번에 살펴볼 수 있는 귀중한 역사적 현장이자 박물관이다. 성 주변은 기원전 9세기 전후부터 정착

애딘버러 중심지 풍경

한 흔적이 있지만, 성 안에 가장 오래된 건축물은 12세기 초기에 건립된 세인트 마가렛 교회이다.

에든버러 성은 11세기 말콤 3세(Malcolm III, 1031-1093) 이래 스코틀랜드 왕궁으로 사용되었으며, 1296-1357년까지 두 차례 벌어진 독립전쟁에서 큰 역할을 한 로버트 브루스(Robert the Bruce, 1274-1329)와 윌리엄 월리스(William Wallace, 1270-1305)의 동상이 당시를 기념하고 있다. 또한 명예혁명

애딘버러 전경

애딘버러 성

애딘버러 성에서 내려본 애딘버러 전경

으로 폐위된 제임스 2세(James II, 1430-1460)와 그 후계자들을 왕위에 복위시키려는 1688-1745년 자코바이트 반란(Jacobite Rebellions) 때에도 군사적 요새로 역할한 곳이다.

1707년 경제적 필요와 정치적 압력으로 스코틀랜드와 영국 연합법을 통해 그레이트 브리튼 왕국으로 통합되기는 하였지만 스코트랜드 독립국가로서 정체성을 유지하려는 움직임은 계속되었다. 1997년 주민 투표에서는 75% 찬성으로 자치의회를 구성하였고, 2014년 스코틀랜드 독립 국민투표에서는 비록 55%의 반대로 부결되었지만 독립의 불씨가 사라진 것은 아니다.

스코틀랜드 정체성을 설명해 주는 아주 중요한 유물이 에든버러 성에 전시되어 있다. 영국 왕 에드워드 1세(Edward I)는 1296년 스코틀랜드 왕 대관식 때 사용하던 「운명의 돌(Stone of Destiny)」을 강탈해 런던 웨스트민스터 사원(Westminster Abbey)으로 옮겼었다. 이 돌은 영국 왕 대관식에도 사용되었는데, 1399년 헨리 4세(Henry IV, 1367-1413)때 부터는 특수 제작된 대관식 의자(Coronation Chair)에 놓였었다.

스코틀랜드 글래스고 대학 학생 4명이 1950년 크리스마스 전날 밤에 웨스트민스터 사원에서 「운명의 돌」을 탈취한 사건이 발생하였는데, 이를 계기로 이 돌을 스코틀랜드로 반환시켜 줄 것을 요구하는 법안이 1951-1952년 영국 의회에 공식적으로 제기되었다. 그러다가 1996년에야 스코틀랜드에 영구 반환되었는데, 영국 왕실 대관식 때는 웨스트민스터 사원으로 가져온다는 단서가 붙었다. 2023년 영국 찰스 3세 대관식에서도 「운명의 돌」이 사용되었다. 이 돌은 수백년간 영국에서 풍상을 견디다 스코틀랜드에 반환된 것으로 민족 정서와 정체성의 중요한 상징으로 여겨지고 있다.

이 돌의 기원이 명확하지는 않지만 전설에 의하면, 성서에 야곱이 베개로 사용했던 것으로 예루살렘에서 이집트, 시칠리아, 스페인, 아일랜드를 거쳐 스코틀랜드로 이동한 것으로 보고 있다. 특히 13세기 말 14세기 초 스코틀랜드가 영국의 침략에 저항하면서 민족정서가 형성되고 「운명의 돌」이 민족 상징물로 자리매김하게 되었다고 보고 있다.

로얄 마일을 따라 홀리루드 궁전까지 걸어 내려가면 파란만장한 생애와 비극적 여주인공인 메리 여왕(Mary, Queen Mary Stuart, 1542-1587)과 관련된 역사적 사건의 현장에 도달한다. 스코틀랜드의 마지막 여왕인 메리는 어린 나이에 왕위를 계승하고 프랑스 국왕 프랑수아 2세와 결혼했으나 일찍 과부가 되었다. 스코틀랜드로 돌아와 헨리 스튜어트(Henry Stuart, 1546-1567)와 재혼했으나 정치적 음모에 시달려야 했다. 메리 여왕의 친구이자 비서격인 다비드 리치오(David Rizzio)는 이탈리아 출신 음악가로 메리 여왕의 신임을 받았다. 메리 여왕의 남편인 헨리 스튜어트는 이 둘의 관계를 의심하고 메리 여왕의 방에서 56번이나 칼로 찔러 리치오를 살해하였다. 메리 여왕은 정치적 위기로 왕위를 잃고 투옥되었을 때 영국 엘리자베스 여왕에게 도움을 요청했으나 유폐되었다가 1587년 처형된 비극의 주인공이다.

애딘버러성과 홀리루드 궁전에 얽힌 짧은 역사에서 이미 영국과 스코틀랜드의 애증을 살펴볼 수 있고 민족정체성을 강화시켜 나가는 스코틀랜드의 방향성도 보인다. 그러나 여전히 인구면에서나 경제적인 면에서 한계를 절감하지만 스코틀랜드는 타탄(Tartan)이라는 체크무늬 천과 전통 복장인 킬트(Kilt)를 통해 전통의 힘을 축적해 나가는 듯 보인다.

• 스코틀랜드 전통 강화와 의회

영국은 영국, 웨일스, 스코틀랜드로 나뉘어져 있다. 각기 나름대로 특색을 지니는데, 특히 스코틀랜드 수도 애딘버러는 영국 수도 런던과는 상당히 다른 이미지가 있다. 애딘버러 성을 중심으로 로얄 마일을 따라 홀리루드 궁전에 이르기까지 펼쳐지는 구 시가지는 세계적으로도 아름다운 곳으로 평가되어 수많은 관광 인파가 몰려 드는 곳이다. 로얄 마일 거리에는 스코티시 전통 복장을 입고 스코티시 백파이프를 연주하는 사람이 있다. 매일 사람이 바뀌면서 연주하는 것을 보면 스코티시의 독특한 문화와 정체성을 보여주려는 조직적인 노력으로 보였다.

스코틀랜드 백파이프 연주 장면

 스코틀랜드는 영국을 움직이는 숨은 원동력이 있는 곳이라는 평가를 받고 있다. 영국 역사의 고비마다 스코틀랜드가 역할한 면모가 있기 때문이다. 존 녹스(John Knox, 1513?-1572)를 대표로 하는 개혁사상의 영향으로 1560년 8월 17일 스코틀랜드는 카톨릭 체제를 쇄신하는 개혁안이 시의회에서 통과되었다. 애딘버러 로얄 마일에는 존 녹스가 살았던 집도 있어서 스코틀랜드의 정치적, 종교적 개혁을 살펴볼 수 있다. 종교와 정치적 갈등은 영국과 스코틀랜드 사이에 피로 물든 역사를 만들기도 하여서 곳곳에는 피로 얼룩진 역사를 많이 찾아볼 수 있다.

 명예혁명으로 윌리엄 3세(William III, 1650-1702)가 영국 왕이 되었지만 스코틀랜드 하이랜드 고원의 일족인 글렌코(Glencoe)의 맥도날드(MacDonalds) 가문이 기한 내에 충성 서약을 하지 않았다. 그것을 핑계삼아 1692년 맥도날드 가문 사람 38명을 집단학살하고 집을 불태워서 40여명은 저체온증으로 사망한 잔인한 사건이 벌어졌다. 풍광이 아름다운 스코틀랜

하이랜드 글렌코 사건 현장

드의 하이랜드 글렌코에 가면 피로 얼룩진 잔인한 역사를 들을 수 있지만 지금은 자연이 묵묵히 역사를 품고 있는 상황이다. 하이랜드를 갔을 때 탔던 버스의 기사는 스코틀랜드를 매우 자랑스럽게 여기면서 스코티시 전통 치마를 입고 있었다.

스코틀랜드의 정체성을 가장 명확하게 보여주는 곳 중의 하나는 국립 박물관이다. 원시시대 스코틀랜드의 자연지리환경부터 시작하여 다양한 역사를 면밀하게 설명하고 있다. 로마와 바이킹 시대를 거쳐, 중세 스코틀

스코틀랜드 국립박물관

랜드 모습이 형성되고, 16세기 종교
개혁 및 18세기 후반 웨슬리를 중심으
로 한 부흥운동 등의 역사 및 유물도
충실히 전하고 있다. 1603년 영국과
스코틀랜드가 왕실을 공유하면서 통

스코틀랜드 국민투표일 명판

합의 역사를 갖기도 하였지만 17세기에 여전히 스코틀랜드 의회가 유지되
기도 하였다.

그러다가 영국의 토니 블레어(Tony Blair, 1953-)수상이 각종 요구에 직면
하여 개혁을 하게 되었고, 스코틀랜드는 1997년 국민투표를 통해 스코틀
랜드 자체 의회를 가질 것과 자체적으로 세금 징수하는 것을 찬성하게 되
었다. 따라서 1707년 이후 1999년에 이르러서 스코틀랜드 의회가 다시
시작되었다. 2014년에는 스코틀랜드 독립과 관련된 국민투표가 있었는데
44.7%의 찬성으로 부결되었다. 영국이 유럽연합에서 이탈하는 것에 대한
투표에서 스코틀랜드의 62%가 영국이 유럽연합에 남기를 원하였지만,
영국은 브렉시트를 결정하여서 서로 다른 목소리를 내기도 하였다.

국립박물관에는 2014년 9월 18일 스코틀랜드 독립에 대한 국민투표 날
자를 크게 명패로 만들어 전시하면서 스코틀랜드 정체성이 어떻게 변화
하고 있는지를 보여주었다. 이것을 본 후 역으로 여태까지 원시시대부터
전시한 스코틀랜드의 역사를 되새겨 보면 자국의 정체성을 어떻게 만들
어 나가는지 확인할 수 있을 것 같았다.

스코틀랜드가 이렇게 까지 구체적으로 영국과는 다른 전통을 찾아 나
가고 있는 것은 또 다른 면에서도 확인할 수 있다. 국립박물관에 도착하
기 직전에 국립도서관에 들렀는데 거기에서 흥미로운 전시를 접하게 되

스코틀랜드 국립 도서관

었다. 17-18세기 정치적 텍스트와 관련된 전시를 하는데 영어와 더불어 내가 잘 모르는 언어가 같이 표기 되어 있었다. 그것이 바로 갤릭(Gaelic)어였다. 왜 이런 언어를 같이 전시할까 생각했는데, 스코틀랜드 의회에 가 보면서 의회에서도 갤릭어를 사용할 것인지에 여부에 대해 일반 대중의 의견을 청취하고 있는 것을 확인하면서 자국의 전통을 찾으려는 노력의 일환이라는 것을 확인할 수 있었다. 스코틀랜드 의회 건물 캐논게이트 외벽(The Canongate Wall)에는 6개의 다양한 지형의 스코틀랜드를 상징할 만한 각 층위의 암석을 활용하여 장식하였고 의회 내부는 각종 상징적 기호를 활용하여 특성을 설명하였다.

스코틀랜드 애딘버러 성 전경

　　스코틀랜드는 다양한 측면에서 새롭게 자신의 정체성을 형성하기 위해 노력하고 있는 중이다. 박물관에서 본 '스코틀랜드 정체성 변화'라는 타이틀 속의 전시와 국립박물관의 갤릭어를 병행한 정치적 텍스트와 관련된 전시, 더 나아가 스코틀랜드 의회에서 갤릭어 사용 문제에 대해 고민하고 있는 것을 보니 스코틀랜드 전통과 자신의 정체성을 찾기 위해 노력이 다각도로 이루어지고 있는 것은 확인할 수 있

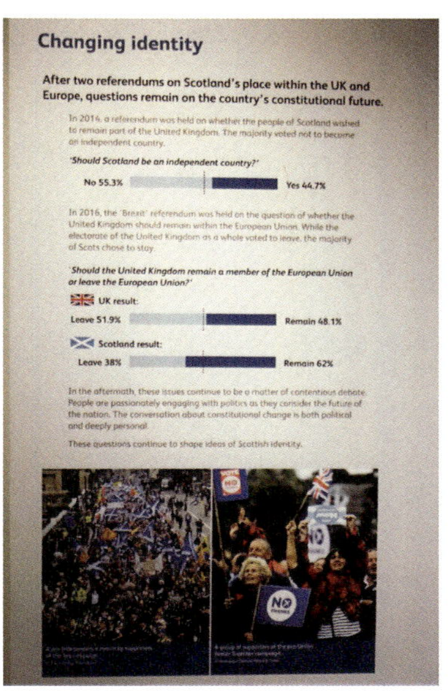

스코틀랜드 정체성 변화를 설명한 전시물

다. 이러한 노력이 향후 어떠한 미래 역사를 만들지 귀추가 주목된다.

• 옥스퍼드에서 벌어진 이스라엘-팔레스타인 분쟁

　　2023년 10월 7일 하마스가 가자지구에서 이스라엘을 공격해 1,400명 이상이 사망하고 220명 이상이 인질로 잡힌 사건으로 이스라엘이 보복 공습을 하여 5,800명이 사망했다고 보도되었다. 옥스퍼드 이스라엘회는 "역사상 가장 끔찍한 테러 공격 중 하나"로 "하마스가 제거되는 것을 보는 것은 세계의 의무"라고 하며 인질 석방 성명을 발표하자 옥스퍼드대학교의 3대 주요 정치 단체인 보수협회(OUCA), 노동클럽(OULC), 자유민주

당(OULD)도 그에 대해 지지성명을 하였다.

10월 13일, 옥스퍼드 팔레스타인회는 "팔레스타인 해방을 명백히 지지한다"는 공동 성명을 발표하고 "가자지구에 대한 이스라엘의 대량 학살 공격을 즉각 중단할 것"을 촉구하였다. 이 성명은 "지속적인 폭력의 근본 원인"을 "이스라엘의 정착민 식민지 점령"으로 규정하였다. 옥스퍼드 노동당 위원들 중 몇 명은 "즉각적인 휴전과 확전 중단을 촉구하고 이스라엘이 국제법을 준수할 것을 주장"하면서 시의원을 사임하기도 하였다.

옥스퍼드 시중심 콘마켓(Cornmarket) 거리 시위에서 "가자 지구의 국경은 이스라엘과 그 집단에 의해 통제되고 있으며, 식량 반입을 막음으로써 지난 7년 동안 사실상 점령 상태였다. 이스라엘의 이러한 통제는 주민들의 삶을 막고 있다"고 주장하자, 이에 맞선 옥스퍼드 이스라엘회는 "하마스는 민간인을 인간 방패로 삼는" 테러 집단이라고 주장하였다.

어느 쪽을 지지하든 분쟁의 성격을 정확히 모르면서 특정 관점을 지지한다고 한탄하는 사람들의 한숨도 길어지고 있다. 일부는 적극적으로 한 편을 지지하기 위해 시위하지만 또 다른 그룹은 영국이 이스라엘의 범죄에 연루되는 것을 반대하기 때문에 시위에 참가한다고도 한다. 세상에 끔찍한 전쟁이 많이 일어나는데도 크게 분노하지 않다가 중동 전쟁에 대해서는 시위와 성명으로 적극적으로 의견을 개진하는 것에 대해 의문을 품는 목소리도 나온다.

중동전쟁이 직접적으로 옥스퍼드 구성원에게 영향을 미치자 대학은 중재하기 위해 노력하면서 동요되지 말기를 부탁하였다. 옥스퍼드대학 부총장은 대학은 모든 커뮤니케이션에서 절망적이고 비극적인 인도주의적 위기와 인명 손실에 대한 인식이 있어야 한다는 것과 이스라엘과 팔레스

이스라엘−팔레스타인 전쟁 반대 시위

타인 국민을 위한 평화적 해결책이 필요하다고 밝혔다.

옥스퍼드 대학은 이 기간 동안 옥스퍼드 내 커뮤니티가 단합하는데 중점을 둘 것이며, 대학 내에서 어떠한 형태의 이슬람 혐오나 반유대주의에 대해서도 무관용 원칙을 적용하겠다고 하였다. 옥스퍼드대학 공식 메시지에는 옥스퍼드대가 모든 신앙과 배경을 가진 사람들을 환영하고 포용하는 공동체라고 하면서, 그 강함의 핵심에는 친절, 공감, 인류애, 관용이 있으므로 서로 배려하고 서로에게서 배우는 공동체로 모범을 보이자고 하였다. 어떤 종교나 민족을 향한 혐오도 용납하지 않는다는 것을 강조하면서 이러한 사건이 발생하면 신고해 달라고 하였다. 지금은 우리 본모습에 충실하면서 서로에 대해 관대하고 존중하는 태도를 유지하자고 강조하였다.

그러나 부총장의 공식 메시지는 옥스퍼드대 뉴커머스 클럽에서도 논란이 되었다. 먼저 대학이 기본적으로 팔레스타인 문제에 대해 모호한 태도를 취하고 있는 것 그 자체가 현재 진행 중인 대량 학살에도 연루되어 있다고 비난하는 목소리가 나왔다. 기본적으로 대량 학살 그 자체에 대해 비난하지 않은 것을 문제 삼았다.

이에 대해 전체 메일을 통해 각자의 견해에 따라 중동전쟁을 향한 옥스퍼드대의 공식 의견에 문제를 제기하면서 논란이 되자 뉴커머스 클럽 지도부가 나섰다. 옥스퍼드대 뉴커머스 클럽은 옥스퍼드대학에 처음 오는 사람들의 안정적인 정착과 옥스퍼드내에서의 문화 생활 등을 지원하는 것이기 때문에 정치적 견해로 논쟁하는 것은 적절하지 않다고 하였다. 전체 메일로 자신의 정치적인 견해를 주장함으로써 분열하기 보다 여전히 상호 우호적인 차원에서 교류하는 것이 좋겠다고 강조하여서 공식적인 메일로 논쟁하는 것은 멈추게 되었다.

그러나 여전히 세계적인 이슈인 중동전쟁이 옥스퍼드내에서 또 뉴커머스 클럽에서 긴장 관계를 형성하는 것은 불가피해 보인다. 전쟁없이 평화를 지킬 방법은 없는가라는 우문을 던져 본다.

• 정체불명현상과 인간의 한계

외계물체가 출현했다고 하는 뉴스, 영화, 다큐멘터리에 관심이 있다가도 내가 잘 모르는 기이한 이야기로 생각했지만 실제 미국에서 관련 프로젝트도 있었다고 하는 보도를 접하면서 호기심이 생겼다. 정체불명의 비행체(UFO, Unidentified Flying Object)나 정체불명의 현상(UAP, Unidentified Anomalous Phenomenon)에 대한 관심이 이제는 특정 집단의 관심을 넘어서는 상황이 발생하는 것 같다.

멕시코에서는 인간이 아닌 외계인 생명체로 보인다는 2구의 시체를 페루 쿠스코에서 발견하여 방사성 탄소 연대 측정 결과 1800년 전의 것으로 추정된다는 주장이 나왔다. 수백 건의 정체불명의 비행체 목격 사례를 조사한 미국 우주국 탐사선은 정체불명의 현상 뒤에 외계인이 있다는 증거는 발견하지 못했지만 지구 대기권에서 작동하는 잠재적인 미지의 외계 기술 가능성에 대해서는 부정하지 않으면서 향후 정체불명현상 사건을 조사하고 데이터를 공유할 것이라고 주장하기도 하였다.

또한 미국 우주국은 목격 사례를 조사하고 향후 UAP에 대처하기 위한 계획을 수립하기 위해 항공, 우주 여행, 행성, 심지어 의학 및 해양 등 다양한 분야의 전문가들로 연구팀을 구성한다고 하였다. 2023년 7월 26일에는 미 의회에서 정체불명현상과 관련된 증언자 3명의 이야기를 듣고 질문하는 시간도 가졌다. 2시간에 걸친 청문회는 정체불명 현상에 대해 공식 석상에 올려 논의한 것이어서 새로운 역사를 쓴 사건이라고 할 수 있다. 당시 미 의회 청문회 현장이 고스란히 녹화되어 어떤 내용이 증언되었고 어떤 내용들이 질문되었는지 유투브를 통해서 정확하게 확인할 수 있다.

이런 분위기는 영국 옥스퍼드에도 전달되었다. 옥스퍼드 다이얼로그(Oxford Dialogue)에서도 이와 관련된 발표가 있었다. 미국 의회에서 정체불명현상에 대해 어떻게 증언되었는지에 대해서 청문회 자료 및 관련 자료를 중심으로 발표하면서 미국 민주주의 상황을 병론하는 것이었다. 전 해군 조종사인 라이언 그레이브스(Ryan Graves), 전 공군정보관인 데이비드 그러쉬(David Grusch), 전 해군조종사지휘관인 데이비드 프레이보(David Fravor)의 증언이 핵심 내용이었다. 이들이 본인들이 직접 경험한 것을 말하기도 하고 주변에서 들은 증언을 모아서 설명하기도 하였다.

정체불명현상에 대해 관심을 갖는 사람들은 비행 안전이나 국가의 안보를 걱정하기도 한다. 인간존재 그 자체에 미치는 충격이나 인류 문명을 보존한다는 차원에서 또 경제적, 종교적, 군사적, 의학적, 정신적인 차원의 갖가지 이유를 들어 그 의미를 설명하기도 한다. 또한 UFO나 UAP에 대해 공개적으로 말하는 사람들의 신변 보호에 관심을 갖기도 한다.

그런데 UFO 및 UAP와 관련하여 적극적으로 활동하는 특정 그룹이 미 의회에 영향력을 미쳐서 미국의 귀중한 세금을 잘못된 곳에 사용하도록 한다고 비평하기도 한다. 구체적으로 특정 그룹에 소속된 사람들이 누구이며 그들이 그동안 어떻게 다양한 언론에 영향력을 미쳐왔는지에 대해 유투브를 만들어 밝힌 사람도 있다. 그의 경우 그동안 미국 주요 언론에 UFO나 UAP등과 관련된 거짓 정보를 올린 것, 정체불명의 현상이 있을 때 언론에 나와서 인터뷰하는 사람, 미의회 청문회에 참석한 그룹이 모두 함께 활동하는 그룹이라는 증거를 제시하면서 그 문제점을 지적하기도 하였다.

인간의 능력은 무한한 것 같지만 그 자체로 상당히 제한적이라고 하는 것은 누구나 인식하고 있다. 인간은 세상 만물의 다양한 원리를 규명해보고자 노력하면서 천재지변에도 대처할 수 있는 새로운 기술을 발명하여 새로운 시대를 열어가려고 하지만 그 한계는 분명하다. 우리가 이해하지 못하는 것은 너무도 많고 역으로 인간이 이해하는 것이 극히 일부에 불과하다는 것을 겸손하게 인정할 수 밖에 없는 것 같다.

정체불명의 현상이나 사건은 많이 있다. 이것이 외계 행성이나 외계인과 연관성이 있다는 것을 명확하게 증거로 제시하고 그것을 증명하는 것은 어려운 일일 것이다. 그럼에도 불구하고 정체불명의 현상에 대해 미 의회에서 청문회까지 가지면서 진상을 파악해 보려고 하는 것은 인간의 끊임없는 탐구심의 발로라고 보인다. 하루아침에 이에 대한 답이 확인될리는 만무하지만 이런 과정을 통해 국민이 낸 세금 활용도의 투명성을 강화하든 미국 민주주의에서 자유롭게 말할 권리를 증진 시키든 다양한 측면에서 역할할 수 있는 부분은 있어 보인다. 그와 더불어 인간이 스스로 모르는 것에 대해 끊임없이 탐구하려는 자세를 갖는 것은 필요해 보인다. 인간의 교만을 부추기는 것이 아니라 오히려 인간과 자연을 이해하고 이 세계를 이해함으로써 결국 인간의 한계를 깨닫고 더욱 겸손해 지는 계기가 될 수도 있기 때문이다. 여하튼 정체불명 현상에 대한 관심은 다른 측면에서 인간과 이 세계를 이해하는 계기가 되는 것 같다.

• 홀로코스트 기념 예배와 평화의 염원

옥스퍼드대 원로교수가 옥스퍼드대 키블(Keble) 칼리지에서 홀로코스트 기념 예배가 있다고 해서 같이 참여하게 되었다. 옥스퍼드 기독교인과 유대인회가 옥스퍼드서 합창단과 더불어 1시간 정도의 기념 예배를 드리는 것이었다. 대학 채플에서 경건하게 드려지는 예배에는 음악 연주와 합창, 말씀 낭독과 설교, 아우슈비츠에서 희생당한 데이비드 보겔(David Vogel)의 시를 낭송하는 것과 증언 등 다양한 프로그램이 진행되었다. 유대인의 언어인 히브리어와 이디시(Yiddish) 그리고 유대인의 기도 전통을 결합한 카디시(Kaddish) 등을 포함하여 다양한 유대인의 문화를 볼 수 있는 예배였다. 참석자들이 촛불에서 촛불로 불을 밝혀 주면서 희생당한 자들을 위로

하고 희망을 밝히는 순서도 가졌다.

내가 채플에 도착했을 때는 이미 300여명이 가득차서 경건하게 예배 드릴 준비를 하고 있었다. 순간 옥스퍼드내에 이렇게 유대인이 많이 살고 있었나 하는 생각이 들었다. 연세가 많은 든 분들도 많이 계셨는데 모두들 조용하고 경건하게 묵상할 따름이었다. 그들은 분노하지도 않았고 특별 히 독일을 비난하는 것도 아니고 단지 조용히 희생자를 위로하고 미래의 희망을 밝히려는 소망을 담은 채 기도한 후 예배당을 떠나갔다.

폴란드에 있는 아우슈비치를 직접 방문했을 때 현장에서 느꼈던 전율 감이 여전히 생생한데, 이렇게 조용히 경건하게 예배드리는 모습에서 또 다른 전율감이 느껴졌다. 600만명이나 희생된 유대인의 역사가 반복되지 않도록 기도하는 것이지만, 이들이 조용하게 이런 전통을 이어갈 때 그 무 엇보다도 강한 메시지를 전달하는 것임을 깨닫고 그들의 강인한 정신세 계와 우아한 방식으로 풀어내는 멋진 철학을 엿볼 수 있었다.

이를 계기로 홀로코스트 기념 예배를 찾아보니 옥스퍼드대 내 여러대 학에서 이런 활동이 있었던 것을 알고 매우 궁금했다. 정말로 옥스퍼드에 이렇게 많은 유대인이 살고 있을까? 어떻게 이렇게 다양한 곳에서 기념 예배가 진행될 수 있을까? 왜 1월 말 이 시간에 집중적으로 기념 활동이 있을까?

결과적으로 1월 27일이 홀로코스트 기념일로 지정된 것을 알게 되었다. 그 연유는 폴란드 아우슈비치 캠프가 1945년 1월 27일 해방된 것을 기념 하여 2005년 11월 1일 유엔 총회 결의안을 통해 홀로코스트 기념일로 지 정했기 때문이다. 이 결의안은 그해 1월 24일 나치 강제 수용소 해방과 홀 로코스트 종식 60주년을 기념하는 특별 세션이 열린 후 나온 것이다.

　이 결의안은 유엔의 모든 회원국이 "유대인의 3분의 1에 해당하는 600만 명의 유대인과 수많은 다른 소수 민족 구성원"인 홀로코스트 희생자들을 기억할 것을 촉구하고, 미래의 대량 학살 행위를 예방하기 위해 홀로코스트 역사에 대한 교육 프로그램을 개발할 것을 장려하기 위한 목적이 있었다. 홀로코스트를 하나의 사건으로만 치부하지 않고 민족적 기원이나 종교적 신념에 근거하여 개인이나 공동체에 대한 종교적 편협함, 선동, 괴롭힘 또는 폭력의 모든 표현을 규탄하려는 의도가 있는 것이다.

　또한 나치의 죽음의 수용소, 강제수용소, 강제노동수용소, 감옥으로 사용된 홀로코스트 유적지를 적극적으로 보존하고 홀로코스트 추모와 교육을 위한 유엔의 지원 및 사회 동원을 위한 프로그램을 수립할 것을 촉구했던 결과로 이런 추모예배가 이어져 왔던 것이다. 홀로코스트 기념 예배는 유대인 희생자 만을 대상으로 하지 않기 때문에 폭력을 규탄하는 하나의 행사로 전 세계적인 지지를 받는 기념일로 자리잡아 가고 있는 것이다. 물론 그 주축에 유대인이 있다.

　그러다 보니 옥스퍼드내 각지에서 기념 예배가 이루어진 이유가 분명해졌고 각지에서 그렇게 많은 사람들이 참여하는 것도 이해할 수 있었다. 과거의 고통스러운 역사를 비난하고 복수하려는 분노의 마음을 전하려기 보다는 나치의 잔학한 행위를 전세계적인 역사 교훈으로 삼아 이 세상에서

홀로코스트 기념 행사

전쟁을 통해 벌어지는 각종 대량학살을 막으려는 세계시민의 노력이기도 한 것이다. 개개인의 힘은 매우 미약하지만 평화를 염원하는 세계인의 마음이 미래를 밝히려는 희망으로 이어질 때 큰 힘을 가질 수 있지 않을까?

우리의 시야가 개개인의 삶을 추구하는 것에 그치지 않고 타인의 아픔까지도 생각하고 보듬어 줄 수 있을 때 더불어 살아가는 아름다운 사회를 만들어 나갈 수 있을 것이다.

• 난관과 자연에 순응하는 방법

영국 생활을 마치기 전에 대모험을 단행하였다. 옥스퍼드대학 요트부의 도전 정신을 지원하는 단체의 지원을 받아 8명이 이주일간 세일링 하는 팀을 결성하였다. 영국에서의 마지막 세일링이고 한국에서 별로 이런 기회가 없기 때문에 일생 최대의 모험으로 참여하였다.

영국 남부 포츠머스에서 출발하여 남해안을 거쳐 북쪽으로 스코틀랜드를 갔다가 아일랜드를 거쳐 되돌아 오는 일정이었다. 이 일정을 계획대로 수행하려면 출발하자마자 5일동안 정박없이 지속적으로 세일링을 계속해야 하는 것이 최대의 난관이다. 밤낮을 가리지 않고 하루종일 2팀으로 나누어서 3시간에 한번씩 교대하면서 세일링을 해야 했다. 쉽지는 않겠지만 모두들 해낼 수 있다는 마음으로 안전수칙을 점검하고 장비를 갖춘 후 세일링을 시작하였다.

서로 돌아가면서 요트를 운행하면서 호기롭게 출발하였으나 나는 첫날 오후부터 조짐이 별로 좋지 않았다. 살짝 멀미가 나고 음식을 먹는 것도 부담되었다. 그래도 첫날은 억지로 야간 교대를 하면서 세일링을 지속하였다. 둘째 날은 멀미약을 먹었더니 몸이 쳐져서 세일링이 힘겨웠다.

원래 계획대로 적어도 5일동안 논스탑 세일링을 하려면 바람이 일정하게 불어야 하는데, 중간에 바람의 방향이 바뀌면서 파고도 심해졌다. 이틀간의 강행군으로 나 뿐 아니라 다른 대원들도 조금씩 힘들었고 무엇보다 캡틴이 거의 잠을 자지 못해 여러 가지로 논스탑 세일을 강행하기가 어려운 상황이었다. 5일간의 논스탑으로 일정 거리까지 가야지 원래 계획대로 되돌아 올 수 있는데, 그렇게 하지 못하면 스코틀랜드와 아일랜드를 거쳐 내려오는 일정이 무리한 상황이 된 것이다.

원래 계획을 수정한다면 급하게 계속 올라갈 필요가 없으므로 일단 휴식이 필요하였다. 열심히 항해했던 코스를 다시 24시간이나 걸려 되돌아오는 세일링을 하여 서남해안의 웨일즈 쪽 해안 마리나에서 정박하고자 하였다. 그러나 이제는 마리나가 꽉 차서 정박할 수 있는 장소를 찾을 수가 없었다. 쉬고 싶어도 쉴 수도 없는 상황이고 다른 마리나로 가기는 너

요트 대장정을 떠났던 탈리스만 호

정박된 요트에서 본 액체휘발성유기화합물(LVOC) 운반선

무 많은 시간이 소요되어 별로 선택의 여지가 없었다. 그나마도 차선책은 웨일스 샌브라이즈 베이(St Brides Bay)의 정박소에서 머무는 것이었다. 그곳은 그야말로 바다가운데 요트를 정박하고 떠 있어야 해서 배에서 내려 육지로 갈수도 없는 곳이다. 우리는 마리나에 가면 샤워도 하고 맛있는 것도 먹고 오랜만에 쉬면서 재충전 할 수 있을 것이라 생각했는데 생각대로 이루어지지 않았다. 그나마 바다 안에 스스로 갇혀서 아무것도 할 수 없는 상황이지만 이것이 당시 찾을 수 있었던 최선의 조건이었다.

멀리 육지 끝 절벽 위에는 진짜 감옥같은 건물이 보였다. 그 감옥에서 요트를 탄 우리를 보면 자유롭게 보일지 모르지만 갇혀 있는 것은 마찬가지 상황이라는 것은 그들은 알지 못할 지도 모른다.

세일링은 자연 바람의 힘을 이용하여 가는 것이므로 내 마음대로 할 수가 없다. 조건이 맞지 않으면 최대한 자연에 순응하면서 지내는 법을 깨우쳐야 한다. 우리는 오후 4시 반경에 도착했으나 그 다음날 야간까지 정박소에 묶여서 시간을 보냈다. 바다를 감상하는 사람은 바다를 보고 옹기종

요트 조정중　　　　　요트와 자연과의 조화

기 모여 담소를 나누기도 하면서 시간을 보냈다. 오로지 바람의 방향이 허락할 때까지 기다려야 했다.

정박한 곳에서 저 멀리 앞쪽에 있는 섬에는 정유공장이 있어서 가끔 거대한 유조선이 작은 잠수정 같은 배의 인도를 받으면서 안전하게 들락거렸다. 아주 가끔은 저 멀리 지나가는 요트를 보면서 또 거대한 아일랜드 페리를 보면서 하루에 몇 대의 배가 지나가는지 세는 것이 그나마 할 수 있는 일이었다. 하루종일 요트에 앉아 하염없이 바다만 바라보고 있는 '물멍'의 시간을 통해 머릿속의 모든 상념이 지워져 맑아지는 느낌이 들었다.

가끔은 자연의 거대한 힘에 맞서서 무언가를 이루어 보겠다고 하는 사람도 있다. 무모해 보이는 도전으로 새로운 것이 개발되고 재발견되기도 하지만 자연의 흐름을 이해하면서 나만의 멋과 맛을 즐기는 방법을 터득하는 것도 중요하다.

당초 계획대로 무조건 스코틀랜드로 가는 길을 택했으면 시간도 많이 걸리고 효과적인 결과를 얻기도 어려웠을 것이다. 전체적으로 대원들의 건강 상태도 고려되어야 하지만 무엇보다도 지속적인 세일링이 가능하기 위해서는 목적지를 향하는 바람의 방향과 적절한 섬이 매우 필요하다. 바람의 방향이 맞지 않는데 무조건 열심히 세일링을 한다고 해서 목적지에 도달하는 것은 아니다.

이 잠깐의 세일링도 쉽지 않았는데, 영국인은 전세계로 세일링을 하면서 해양 네트워크를 형성하고 제국을 영위했었다. 이를 통해 영국의 부를 창출하고 해가 지지않는 제국의 명성을 날렸다. 이런 전통을 유지하려는 듯 영국의 해안가는 잘 갖추어진 마리나 시설에 빽빽하게 각종 요트로 발 디딜 틈이 없을 정도이다. 대다수 영국인이 평온한 삶 속에서 문화를 향유하며 사는 것 같은데도 거친 해양과 맞서 도전하며 사는 삶이 일상의 한 면모인 것처럼 보여서 신선한 자극이 되었다.

• 세계는 여전히 넓다

세계를 다니다 보면 내가 알고 있는 사실이 얼마나 미천한 것인가를 다양한 점에서 확인하는 경우가 있다. 세계가 일반 상식적으로 알 수 있는

코넷성 전경

국가만으로 이루어지지 않는다고
하는 것은 새삼스럽다.

주변의 다양한 부류의 사람들과
영국의 금융 경제, 왕실 부동산 등
에 대해 논의하다 영국과 프랑스
사이에 영국은 아니지만 영국 왕실

건지섬 안내문

소속의 섬나라 자치정부가 있고 이런 곳이 조세회피처로 활용된다는 사실을 알게 되었다. 그동안 내가 몰랐던 독특한 곳이어서 지적 호기심이 발동하였다.

이곳을 가보고 싶었지만 시간과 비용 등 고려되어야 하는 상황이 많아서 어떻게 해야 할지 주저하고 있었다. 그런데 생각지 않게 스코틀랜드를 가려는 요트 세일링 계획이 바뀌면서 나의 호기심을 자극했던 그 섬을 갈 수 있게 되었다. 그곳이 바로 건지섬(Bailiwick of Guernsey)이다. 이곳은 공식적으로 영국왕실에 소속(Crown Independency)된 곳이다.

건지섬에 도착하자 내 영국 핸드폰이 외국으로 인식하여 데이터를 사용하도록 요구하였다. 이곳은 영국 왕실 소속으로 1926년부터 공식적으로 영어를 사용하지만 그 전에는 프랑스어나 지역적 특색을 가진 노르만 프렌치(norman french)를 사용했다고 한다. 이곳은 영어보다 프랑스어와 유사성이 더 많은 건지어가 따로 있다. 건지어를 어린이에게 학습 시키기 위한 책도 판매하고 있다. 건지는 자신만의 법과 정부도 있지만 완전 독립국은 아니다. 영국이 1973년 유럽연합에 가입했을 때 건지는 이에 가입하지 않고 특수형태로 남아 있었다.

건지를 소개하는 책자에는 이곳이 유명한 이유를 설명하고 있다. 영국의 100대 기업중 40%가 이곳에서 영업하면서 보험금을 절약하고 있다. 해외에서 엔지니어 등 전문가로 일하는 사람은 이곳에 투자하는 것이 안전하다고 생각하고 있다. 이곳은 법무법인이나 회계법인을 통해서 특수목적 법인 또는 신탁사를 설립하고 그런 회사나 신탁사를 통해서 다른 곳에 투자하는 형태로 활용된다고 한다. 건지는 법인세도 없고 양도세도 없고 원천과세도 없다고 하는 것이 매우 흥미로운데 자세한 면모를 이해하기에는 걸림돌이 너무 많았다.

2008년 기준으로 50개의 은행과 1000개 신탁사가 건지섬에 기반을 두고 영업을 하면서 부를 창출하고 있고, 자산운용 회사와 주식, 보험사 등도 많이 있어서 고용의 2/3가 이런 기업들에 의해 창출되고 있는 상황이다. 이 때문에 이곳이 조세 회피처로 유명세를 타지만 건지는 합법적으로 운영되고 있다고 주장하고 있다.

1987년 건지는 금융업을 정비하여 돈세탁을 반대하는 법을 만들어 국제적으로 검고 부패한 돈이 이곳에서 불법적인 이득을 얻는 것을 방지하는 규칙을 제정하였다. 그 말은 역으로 그 이전까지는 훨씬 자유롭게 국제적으로 검은 돈이 들어와 깨끗한 돈으로 세탁되었음을 의미한다고 볼 수 있다. 워낙 조세회피처로 유명세를 타다 보니 새로운 규칙을 만들어 이미지 쇄신을 하려고 하고 있지만 여전히 자금이 자유롭게 유통될 수 있는 많은 기반을 갖추고 있는 것 같다.

이 섬을 버스를 타고 해안도로를 따라 일주해 보았다. 아름답고 넓은 해변이 곳곳에 펼쳐져 있고 파도가 세게 들이치는 것도 아니고 놀기 좋은 정도의 깊이로 다채로운 푸른색을 띤 바다가 펼쳐져서 휴양지로 휴식하기에 좋은 곳으로 보였다. 섬 전체를 해안 일주로와 중간을 가로지르는 도로로 다녀 보아도 전체적으로 풍요로운 삶의 흔적이 묻어져 나왔다.

이런 섬도 세계사적인 전쟁에 관계되어 상흔을 입었다. 영국과 프랑스 사이에서 프랑스 쪽에 근접해 있지만 1259년 파리 조약으로 영국 소속이 확정되었다. 그 후로도 부침이 있기는 하였지만 당시 헨리 3세(Henry Ⅲ)가 그의 아들에게 또 에드워드 1세(Edward Ⅰ)로 내려오면서 왕실 소속으로 남게 되었다. 건지섬의 샌피터항(St. Peter Port)은 1206년부터 건설되기 시작하였고 1260년에는 확실하게 완성되었다고 역사는 기록하고 있다. 그 후로 800년간 건지섬의 코넷 성(Cornet Castle)이 중요한 역사적 장소가 되었다. 코넷성에 들어가면 신석기 청동기 시대부터의 설명과 역사적 유물이 전시되어 있고 제1차와 제2차 세계 대전시의 역사에 대한 설명도 포함되어 있다.

1940-45년까지 이 섬을 점령했던 독일은 이곳을 영원히 통치하기 위해 각종 요새들을 많이 쌓았고 거대한 지하병동도 만들었으나 제대로 사용해 보지도 못하고 철수해야 했다. 외부에서 잘 보이지 않게 지어진 지하 병원은 적어도 500명 이상의 환자를 수용할 수 있는데 실질적으로는 1944년에 3개월 정도밖에 사용하지 못했다고 한다. 독일이 다양한 민족을 동원하여 튼실하게 만든 요새는 섬 곳곳에 방치되어 있다.

이 섬에는 르노와르(Renoir)가 와서 그림을 그리기도 하였고 프랑스 시인이자 소설가인 빅토르 휴고(Victor Hugo)가 나폴레옹 3세의 폭압 정치에 반대하여 14년간 유배생활을 하기도 했던 곳이다. 빅토르 휴고는 이곳에서 사는 동안 유명한 「레미제라블(Les Miserables)」를 완성하였다. 「레미제라블」은 뮤지컬로도 만들어져 영국 런던 뮤지컬 극장에서 가장 오랫동안 상연되고 있는 뮤지컬의 대명사가 된 작품이다. 이 뮤지컬은 내가 꼭 관람해

함께 여행했던 요트대원들

요트여행 중 만난 귀염둥이들

야 하는 것으로 지정해 두었던 것인데, 배우들의 가창력과 무대장치, 발빠른 전개로 숨 쉴틈 없이 전개되었던 것이 아직도 눈에 선하다.

건지섬을 보면서 내가 모르는 것이 너무도 많고 세계는 여전히 넓다라는 것을 새삼스럽게 깨닫는다.

• 로마 특별전이 대영제국에 주는 함의

전 세계 역사상 가장 넓은 영토를 지녔던 제국은 누구일까? 대체적으로 로마제국이 가장 먼저 떠오를 것이다. 서양역사의 뿌리를 이루는 로마역사는 유럽 어디를 가나 벗어날 수 없기 때문이다. 그런데 영토 넓이로 판단한다면 역사상 가장 큰 제국은 대영제국이었다. 소위 '해가지지 않는 거대한 제국' 영국은 약 3,670만 평방킬로미터로 전성기는 세계 육지 면적의 1/4를 지배했다.

서양 역사상 유일하게 지중해 세계를 통일한 거대제국인 로마제국은 속국을 포함하여 약 650만 평방킬로미터의 판도를 누려서 영토 넓이만 보면 몽골제국, 러시아 제국, 스페인, 프랑스, 포르투갈 등을 이어 제12위에 속한다고 한다.

로마는 고대에, 영국은 근대에 가장 핵심적인 제국을 이루었다는 점에 대체로 동의할 것이다. 영국박물관에서 로마제국의 유물전시라는 특별전을 개최하였다. 이 전시를 위해 영국박물관 소장 유물뿐 아니라 옥스퍼드 에쉬몰리안 박물관을 포함하여 영국 각지의 미술관 및 박물관의 협찬을 받았고, 이탈리아와 미국 등지에 있는 유물도 포함되었다.

팍스 로마나(Pax-Romana)라 불리는 태평성대를 구가했던 로마 첫 번째 황제인 아우구스투스(Augustus, 63 BC-AD 14)는 최소 6천만명을 다스렸는데, 그중 로마시민은 20% 정도였다. 그는 로마의 조세체계 및 육로 교통망 등을 구축하여 제국의 영토를 급속하게 확장하였다. 이런 상징성을 보여 주기 위해 아우구스투스의 청동상도 전시하였다.

로마제국의 최대판도를 표시한 지도와 영토를 확장하는데 주된 역할을 했던 군사 시설과 무기들, 로마 군사 조직표, 각 지역에서 발굴된 역사적

로마제국 판도

180-220년경 로마군 전투 장면을 담은 대리석 부조

영국박물관 전경

유물 및 180-220년 경의 전투 장면을 담은 대리석 부조물, 로마군 점령지 생활상 등 각종 유물을 설명과 함께 빼곡하게 전시해 두었다.

영국박물관 자체가 혼잡한데, 이곳에 로마 특별전을 개최하여서 더욱 더 혼잡해 보였는데, 특별전 티켓을 별도로 구입하고 관람하려는 사람들이 아주 많아서 여유롭게 유물을 관람하기가 어려울 정도였다. 로마제국이 점령 영토면에서 전세계 역사의 1위와 2위를 다투는 것은 아닐지라도 서양 역사의 뿌리로 또 대영제국으로 이어지는 역사성을 포함한다면 묘하게 중첩되어 보였다.

영국박물관을 보면 전세계 문명의 기원에서부터 각지의 유물들로 가득해서 영국박물관에 과연 영국 유물은 있는가 하는 생각이 들 정도이다. 영국박물관에 전세계 중요 유물이 이렇게 많다는 것은 전세계로 나가 수많

로마 초대 황제 아우구스투스의 청동상

420

은 유물을 가져왔다는 것을 증명한다고 볼 수 있다. 영국박물관이 무료로 개관하는 이유중 하나도 약탈유물 논란을 최소화한다는 차원에서 인류의 유물로 공개하고 있는지도 모른다.

이집트 문화의 전체상은 영국박물관에서 확인할 수 있다고 해도 좋을 만큼 유물이 많이 있다. 그리스 로마 전시관에는 그리스 파르테논 신전을 장식한 소위 엘긴 마블(Elgin Marbles)이 있고, 세계 7대 불가사의라고 불리는 에페소스의 아르테미스 신전(Temple of Artemis) 유물도 있다.

400년 동안 로마제국의 일부였던 영국은 12세기에 이르러 로마 시대 유적에 관심이 시작되었다. 그러다가 로마 세계의 일부로 '브리타니아(Britannia)'라는 학술적 개념을 정립한 윌리엄 캄덴(William Camden)이 1586년에 한 시대를 획하는 역저 『브리타니아(Britannia)』(라틴어)를 출판하였다. 이는 중세풍의 연구를 넘어서서 르네상스 지적 배경의 영향을 받은 연구로 평가되어 200년 이상 후대 학술계에 영향을 미쳤다. 그는 유적지를 직접 답사하여 목격담을 남김으로써 역사에서 현장 연구의 중요성을 배가시켰다. 그의 학문적 업적을 기리기 위해 옥스퍼드 대학은 로만 브리튼 전공 교수 중 최고 영예는 '캄덴 프로페서'로 부르고 있다.

이런 연구의 맥을 이어 20세기에는 바스(Bath)의 온천장 연구도 더욱 활발하게 진행되었다. 그 이유로는 바스가 영국에서 가장 각광받는 휴양지였기 때문이기도 하다. 경제적 번영과 엘리트층의 로마문화에 대한 동경도 한 몫을 하였다.

영국이 로마제국 문화에 관심을 갖는 것은 서양문화의 기초가 되는 우수한 문화라고 생각했기 때문이기도 하다. 윈스턴 처칠은 영국의 문명화 과정이 로마 지배하에서 시작되었다고 하였듯이 로만 브리튼 유적에 대한 이해는 로마 제국에 대한 이해뿐 아니라 영국 더 나아가 세계로 뻗어나간 영국 제국을 이해하는 중요한 요소가 되기 때문이다.

로만 브리튼 연구는 제국과 변방 속주와의 관계를 이해할 수 있는 요소가 된다. 이를 통해 영국제국이 세계 각 주변부 속국과의 상호관계를 이해하고 추적할 수 있는 요소가 되지 않을까? 영국은 유물 발굴과 보존 그리고 전시로 이어지는 연결성과 실제 활용성이 매우 뛰어난 국가이다. 영국박물관에서 개최된 로마제국 특별전의 함의를 이해할 수 있다면 더욱 의미있게 관람할 수 있지 않을까?

● **영국박물관과 세계사**

세계 각국을 다니면서 해당 국가의 역사와 문화를 가장 효과적으로 이해하는 방법 중의 하나는 국가적으로 가장 중요하게 취급하는 각종 유물들을 전시한 국립역사박물관, 국립미술관 등을 방문하는 것이다. 한 발 더 나가 세계문화유산에 등재된 각종 유적지와 유물들을 확인하면 금상첨화가 될 것이다.

대다수 국가들의 박물관 및 미술관은 입장료를 내야 각종 유물을 볼 수 있다. 소위 식민지를 영위했던 서구 유럽 국가들은 타 문명의 유물들을 상당히 많이 소장하고 있지만 그렇지 않은 경우는 주로 자국의 유물을 중심으로 전시하고 있다. 유명한 박물관마다 나름대로 중요한 유물을 많이 소장하고 있고 각기 다른 가치를 가지고 있지만 현지에 가서 입장료를 내고 관람해야 하는 상황을 고려하면 시간과 비용이 많이 든다.

개인적으로는 비용과 효율적인 면모를 따져 보면 영국 박물관(The British Museum)을 관람하는 것이 의미있다고 본다. 영국의 주요 박물관 및 미술관은 무료인데다가 소장 유물도 우수하여서 일거양득이기 때문이다.

영국박물관은 세계사적으로 문명의 출발과 각지의 역사 변화에서 현재에 이르기까지 주요 문명을 관찰하기에 더없이 좋을 뿐 아니라 유물의 가치와 규모면에서도 압권이다. 사실 박물관이 너무 크고 유물도 많은데다 관람객도 넘쳐나기 때문에 여유롭게 관람하기는 매우 어렵다. 무료 관람임에도 불구하고 사전에 관람 시간을 예약하지 않으면 입장도 어렵다. 사전에 예약을 했어도 안전 검사를 받아야 박물관 안으로 들어갈 수 있으므로 입장하기 까지의 과정이 지난하다.

세계최초의 국립박물관으로 자리매김하는 영국박물관은 수집가이자 의사였던 한스 슬로언(Hans Sloane, 1660-1753)경이 세계 각지에서 수집한 71,000여 점의 유물을 국가에 기증한 것이 토대가 되어 설립되었다. 이곳에는 선사시대부터 현재에 이르기까지 800만점의 소장품을 보유하고 있어서 전 세계 역사의 보고라고 할 수 있다.

세계 문명사를 이해하는데 중요한 자료가 워낙 많이 있지만, 대표적인 유물을 꼽으라고 하면 1799년 이집트 라쉬드(로제타)에서 발견한 로제타 비석(Rosetta Stone), 1816년 이집트 룩소르 신전 유적에서 발굴한 람세스 2세 흉상(Bust of Ramesses II), 그리스 파르테논 신전에서 뜯어온 조각상들과 부조 조각인 엘긴 마블(Elgin Marbles) 등 다양하다. 메소포타미아 수메르 문명을 엿볼 수 있는 우르의 군기(Standard of Ur)도 있고, 기원전 7세기 경 만들어졌다는 길가메시 서판(Gilgamesh Flood Myth)에는 홍수와 관련된 내용도 담고 있다.

함무라비 법전

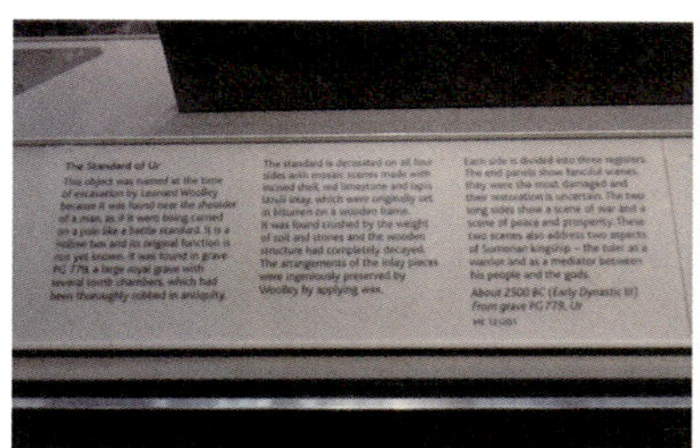

우르의 군기 안내문

우르의 군기

4세기 경 제작된 로마 제국 시대의 유리잔 리쿠르고스 잔(Lycurgus Cup), 라파누이(Rapa Nui, 일명 Easter island)에서 가져온 모아이(Moai) 석상, 마야문명, 아프리카 문명 등 전 세계에서 문명과 역사를 설명할 수 있는 다양한 중요 유물들로 가득하다.

워낙 유물이 많아서 몇 번을 봐도 제대로 다 보기가 쉽지 않다. 나는 영국 박물관을 몇 차례 관람하였기 때문에 유럽의 다른 국가 박물관을 다녀 보았지만, 영국박물관에서 차분하게 세계사를 검토해 보는 것이 얼마

영국박물관에 소장된 바벨론의 홍수 이야기

나 효과적이고 편리한지 새삼 깨닫게 되었다. 특히 성경에서 나오는 인류의 여명 창조에서 아브라함 시대, 출애굽시대, 가나안을 정복하고 열강들과 투쟁했던 시기, 다윗과 골리앗, 유대의 포로 귀환, 예수 그리스도와 얽힌 신약 시대의 유물 등을 전반적으로 관람할 수 있다는 것은 매우 놀라운 사실이다.

우리가 내용을 잘 모르니까 그냥 슬쩍 보고 지나가지만 어느 전시관에 무엇이 전시되어 있고 그 의미가 무엇이며 이것이 성경의 역사와 어떤 관련이 있는지 설명할 수 있다면 자연스럽게 입이 벌어진다. 나는 영국 박물관에 전시된 유물과 성경 내용을 관련 지어 설명된 책자를 들고 거기에서 설명하는 내용에 따라 다니면서 유물을 살펴본 적이 있는데, 너무 많아서 도저히 자세하게 다 볼 수가 없었다. 큰 마음을 먹고 시도한 것이지만 이미 제시된 자료를 따라가면서 보는 것만 해도 시간도 많이 걸리고 힘들었다.

내가 이런 것을 하나 하나 자세하게 본다고 해서 금방 역사의 실타래가 다 꿰어지는 것은 아니지만 마음 먹고 연구한다면 이곳에서 세계사를 그려볼 수 있겠구나 하는 생각은 들었다. 물론 처음 관람했을 때도 막연하게 그런 생각이 들었지만, 다양한 국가의 박물관을 보니 영국 박물관에 소장된 유물의 가치가 더욱 새삼스럽게 다가왔다.

그동안 전공인 동아시아 역사에 집중하였으나 영국을 매개로 세계사 속의 동아시아, 동아시아 속의 세계사로 이해의 폭을 더욱 확장시켜 나가는 것은 이 세계를 살아가는데도 중요한 의미가 있겠다는 생각이 들었다. 영국 옥스퍼드 대학에서 다양한 것을 경험하고 연구하면서 세계를 조금 더 이해할 수 있는 기초를 연마할 수 있었던 것은 내 인생에서 다시 얻기 어려운 아주 값지고 멋진 기회였다.

옥스퍼드 인사이트
OXFORD INSIGHTS

초판인쇄 2025년 10월 1일
초판발행 2025년 10월 1일

지 은 이 박선영
펴 낸 이 채종준
펴 낸 곳 한국학술정보(주)
주   소 경기도 파주시 회동길 230(문발동)
전   화 031-908-3181(대표)
팩   스 031-908-3189
투고문의 ksibook1@kstudy.com
등   록 제일산-115호(2000. 6. 19)

ISBN   979-11-7457-202-8 03300

이담북스는 한국학술정보㈜의 학술/학습도서 출판 브랜드입니다.
이 시대 꼭 필요한 것만 담아 독자와 함께 공유한다는 의미를 나타냈습니다.
다양한 분야 전문가의 지식과 경험을 고스란히 전해 배움의 즐거움을 선물하는 책을 만들고자 합니다.